追求与命运
——造反派自述

PURSUIT AND FATE

Reminiscence by Former Rebels in the Cultural Rvolution

黄玉梅 编著

Yumei Huang

美国华忆出版社
Remembering Publishing, LLC. USA

Copyright © 2021 by Remembering Publishing, LLC. USA

PURSUIT AND FATE:
Reminiscence by Former Rebels in the Cultural Rvolution

Yumei Huang

ISBN:　　978-1-951135-74-4（Print）
　　　　　978-1-951135-75-1（Ebook）

Remembering Publishing, LLC
9600 S IH-35, C600
Austin, TX 78748
RememPub@gmail.com

追求与命运——造反派自述

黄玉梅　编著

出版：　美国华忆出版社 奥斯汀•得克萨斯州
版次：　2021 年 4 月第一版，第一次印刷
字数：　218 千字

美国国会图书馆编目号码 LCCN：2021 907118

All rights reserved.
No part of this book may be reproduced in any form or by any electronic or mechanical means including information storage and retrieval systems, without permission in writing from the publisher. The only exception is by a reviewer, who may quote short excerpts in review.

作品内容受国际知识产权公约保护，版权所有，侵权必究

作者简介：

黄玉梅，女，1947年生，湖南长沙人。1966年高中毕业。1983年市教师进修学院大专毕业。1989年北京师范大学（续本科）毕业。中学高级教师。设计和主持《初中学生口头表达能力培养暨fyzzy积分在评判口头表达能力中的应用》（后者系与葛自牧合作）、《少儿文学对学生整体优化的作用》、《高中语文学法研究》等教改科研课题，分获市级和全国性奖励。教学论文十余篇发表在各级教学刊物或获奖。1990年获长沙市首届教学成果奖。1999年入选《中学骨干教师词典》。

业余从事文学创作。有新诗100余首、少儿文学作品50余篇发表于省内外近二十家公开报刊，出版有少儿小说《红裙子绿裙子》。1999年入选《湖南文艺家名录》。

晚年致力于文革反思和研究，尤重地方文革。以碧琼子的笔名在《博客中国》《华夏知青网》《爱思想》等网站发表博文三十余篇，有些篇目被多处转载。另有论文若干篇。著有《生存与命运：造反派自述》。

序 言

在文革的反思和研究中，对造反派的研究是文革研究的重要课题之一。

造反派是文革中两大派群众组织之一。它由文革而产生，经历了文革的大半个历程，制造和参与了文革中大大小小的许多事件，又因文革而灭亡。作为一个组织，他们存在的轨迹大部分时间和文革重叠。可以说，没有文革就没有造反派、没有造反派也就没有文革。一时间，造反派成了文革的代名词，也承担了文革的全部罪责。在早年一些反映文革的影视作品中，他们是整个文革的符号，以冲锋队的形象存在。一些经历了文革，如今也坚定地反对文革的人们，对造反派的认识也常常概念化、笼统化。而造反派本身，对当年历史和个人的经历的认识也会截然不同，继而对今天改革中社会现象的看法不同，在许多重大的问题上无法形成共识。

没有历史的真实就不能得到历史的正确认识。不正确的认识历史就不能照亮今天，更遑论未来。完整地、正确地认识造反派，他们缘何而来，到何处去，他们的产生、发展，在历史关头曾经的选择，追求、迷失、狂热、幻灭……他们的主张、行为、思想、意识，都可以使今天的人们从中窥见那个年代的政治、经济、文化、教育，从而正确地认识文革，并形成对今天的观照。

所有历史都是人的历史。基于以上认识，并认识到个人在反思文革中应有的责任，从 2000 年开始，我多次来到广西，访问那些当年的造反派，那些本来是普普通通，积极上进，勤奋工作的工人、学生、教师……那些在运动中冲冲杀杀，一度以为得了天条，亢奋无比，后来又历尽坎坷的人们，倾听他们的回忆和讲述。我希望真实地还原当时事实，一个个人真实的经历和思想。

柳州市位于广西中部。当年，管理区域跨越湖南、广西、贵州、广东四省的超大型央企柳州铁路局位于柳州，扼守着内地通往越南的交通要道。这又使这座城市更凸显地位的重要。1968年，中共中央、国务院、中央军委、中央文革小组发出的"7.3布告"（这个布告最后宣判了广西造反派的政治死刑）中，所指斥的"中断铁路运输""抢劫援越物资"等所谓"反革命事件"，就发生在柳州。

我走进柳州，走进那些当事人和连带者。他们的讲述使我非常的震撼。那里有许多我未曾了解的真相，未曾认识的社会和人生，那里也有一颗颗需要理解的灵魂。

他们的讲述使我走出了固有的视野，从新的广度和深度认识文革。我坚定了关于他们的经历和思想对于反思文革的重要意义的认识。

这是一本民间口述史。叙述者一部分是柳州铁路地区造反派的头头和骨干，一部分是柳铁地区部分文革受难者的家属。他们的叙述有的较详尽，有的较简略，有的记忆较清晰，有的思维较跳动，对于历史的认识也不尽相同。但大家遵循一个共同的认识：讲出自己的真实经历和真实思想。

笔者所做的工作，是将这些口述记录后整理成文。深知此事的意义，力求客观和审慎。一般是形成文字稿后，再交本人审阅，订正有出入之处，修改后再定稿。有些如是者三。同一件事，几个人说，凡有矛盾的，则必反复比较，去伪取真。有些史实较为重要，但只有一人提到，则多方搜寻，找到印证，方才收入。所以本书涉及的史实，虽远不全面，但尽可能的真实。

本书体例为人物口述史。对柳铁地区文革中发生的一些重大事件，如最终宣判四二二政治死刑的1968年中央"7.3布告"针对的所谓1968年抢劫援越武器的"5.21""5.25"事件，为使行文简洁，不致重复累赘，学习司马迁《史记》的互现法，将其分散于各个当事人的叙述之中，不再对事件做单独叙述。

我的访问得到当事人的热情支持和帮助。原柳铁工务段的工人杨建平先生，在此之前就开始了对文革历史资料的搜集和对文革真相的追寻。对本书的采访，他从资料的无偿提供，到采访线索的联络，都提供了大量帮助。后得知自己患了绝症，仍打长途电话给远在千里的笔者，交代未尽事宜。年届高龄的王反修先生，不辞辛苦，帮助我联络了相当部分的访问线索，并陪同采访。初稿完成后，在与口述者反复核实，去伪存真的过程中，由于笔者远在千里之外，相当部分都由王先生协助完成。他们都是曾是柳铁地区文革的重要参与者，都经受过多年的牢狱之灾。他们在新的历史条件下对自我的超越，对历史责任的主动承担，使我感动至深。

感谢几位受难者的亲属。揭开伤疤，再次触及亲人悲惨死去的往事，对他们不是一件轻松的事。感谢他们对我的理解和信任。

感谢所有的参与者，父老乡亲、师长、朋友、同学，感谢对我的理解和支持。我才能最终把这件事完成。

采访中，我也强烈而感受到，五十多年前恐惧的阴影，仍笼罩着许多劫后余生的人们。对那段恐惧之极而又错综复杂的历史，他们小心地保持着距离。一位很好的朋友，曾表示愿意帮我核对一些史料。终于发信来说："当我试图着手来做的时候，我马上头痛欲裂，彻夜不眠……"我理解和尊重他们，他们有权利选择自己的生活方式。

但这也正说明彻底反思文革，肃清流毒的必要。

而最终促使我的，是这样一件事：当我记下一位无辜者的死难经过和他的妻子多年艰难上访的经历，有两处细节需找他的亲属核实。他的孩子——就是这个孩子，当年只有三岁，在父亲带她回家的时候，目睹了她的父亲被人绑架。从此她再没有见过父亲——质问我："你为什么到现在还在问这事？你的目的是什么？"我惊愕之极。这口气，这思维方式，文革过来的人都很熟悉。这种自以为站在政治正确的高地，动辄对人作诛心之论的思维方式，和文革一脉相承。我也知道，得益于改革开放，她在事业上小有成功。因而我也理解了，在她主动的表示忘却无辜死难的父亲的背后，未必是真正的绝情，而可能是深深的恐惧。这是何等的悲哀！

我的目的很明确，那就是希望世间再无文革。曾经，我在灯下整理她母亲倾诉的事实经过时，看着窗外婆娑的树影，眼前竟幻化出那位不曾谋面的死难者、那孩子的父亲（他还是那样的年轻）的灵魂，几十年后在暗夜里悄悄潜回自己的家，看望自己的妻儿……不禁泪水潸然。1986年诺贝尔和平奖的获得者Elie Wiesel说："忘记死者，无异于二度杀死他们。"当然，我理解这种遗忘或故作遗忘可以有很多原因。其中，文革的真相没有得到彻底的清理，文革的根源没有得到认真的反思，是主要的原因之一。以至于文革，那头超级巨大又超级恐怖的怪兽，它的阴影竟投射得如此久远，它的罪恶的理论和思想方法，似乎是轻而易举地，自然而然的，作为集体无意识遗传下来。

  由于种种原因，我的访谈远不足以反映柳铁地区文革的全貌，这是很遗憾的。又局限于自己的能力，特别是认识能力，我错过了一些本来就很难得到的史料；又作茧自缚地局限于自己设定的体例，一些其他范畴的史料没有收入，这也很可惜。以上都希望在有生之年，有机会得以补正。少数已在其他同类书刊中发表过的资料，依循出版惯例，也没有再收入。仅此说明。

  是为序。

目 录

序 言 I

我的文革路　杨建平 1

"5.21"事件始末和我的文革经历　王反修 28

文革中的上书和交枪　傅得怀 61

一个老红军的文革遭遇　裴文秀　黄永辉 74

我的文革回忆　张启文 86

我的母亲杨芳老师　汪洋 110

我的爸爸朱守仁先生　朱珠 119

步行长征和一次打架　张艺权 126

文革：伤痕与脚印　陈宪中 129

文革杂记　骆水荣 152

造反与绝食　汤宗纯、刘晓芬、黄伟强 160

我的造反经历　吴学忠 163

文革的经历与见闻　邵中领 171

文革琐忆　林家钟 194

我的文革经历　张传诚 201

我的丈夫吴根深　向君桃 216

"吃化肥而死"的许保只　周桂花 222

我的文革经历　王明松 231

一个红铁军的文革自述　黄应龙.................................. 236

我的文革自述　唐光国.. 239

我经历的文革与"9.5"事件　王　翙................................ 243

李旺生的文革经历　胡桂兰　王反修　杨建平................ 249

我曾经是造反派　窦立诚.. 253

附一：我的几个同学之死　黄玉梅................................ 260

附二：就《柳铁一中大事记》中　关于文革历史部分的
　　　一些错谬致李遂武老师...................................... 275

附三："7.3"布告前后，柳铁工机联联合战队《红卫兵战报》
　　　集中发表的几篇文章.. 280

　　　今日的"哥达纲领"——评"倒旗协议"................. 280

　　　广西革筹必须转向.. 286

　　　必须全盘否定资产阶级派委会............................ 292

　　　今日向何方　——从军管会"3.17"决定到
　　　"3.29"事件综评.. 298

　　　广西军区必须改组.. 304

附四：柳州铁路局革命委员会斗批改小组关于批判
　　　《今日的哥达纲领》等六篇大毒草的通知............ 313

我的文革路

杨建平

杨建平（1942—2012）柳州铁路局工务段工人，养路班长。1958年初中毕业于柳铁一中，1960年参加工作。系单位的优秀共青团员，1963年被评为单位的学雷锋积极分子。1965年四清[i]中系单位的四清积极分子。1966年参加文革。1968年被诱捕，在铁路拘留所关押七年，1975年由单位"领回"，交群众批斗。1989年平反。晚年从事柳铁文革的史料搜集和反思，在身患癌症的情况下奔走各地，访问文革参加者，搜寻文革史料。拿出微薄的退休工资购买史料。

2012年，肠癌手术后，并发脑出血离世。

本文由作者根据其生前口述和文字资料整理而成，并在其生前经由审定。

初衷

我是柳铁工务段工人，家庭出身工人，本人出身学生，1960年参加工作。我1958年初中毕业于重点中学柳铁一中，在工务部门算是较有文化的。文革前我年轻热情，积极要求进步，是工务段的优秀共青团员。1963年学雷锋，我又积极投入，是单位上的标兵，后来得到铁路局颁发的一尊雷锋石膏像做奖励，这在当时是很大的荣誉。

四清运动[1]开始了，我又是四清积极分子，协助工作队开展各项工作。我每天兴致勃勃地忙着，觉得自己的前途一片光明。

四清中不断地有人被揪出来，批斗。工作队又给我们这些积极分子开出证明，让我们到单位上去查人家的档案，看哪些人历史上有问题，把他们揪出来批斗。

渐渐的，我感到这样不对，对这种做法开始反感。人家现实中并没有问题，历史上的问题已经做过结论，为什么又要去挖出来，再整人家一次呢？

538（铁路工区编号）工区有个巡道工，是个穷得伶打光的人。三十多岁还没有结婚。1960年大饥荒，有一个不知哪里来的流浪女孩流浪到538，无处安身。这个巡道工看着可怜，就把她带回来，当女儿抚养。五六年过去，那女孩长大了，愿意嫁给他，两人就成婚了。他工资低，老婆没工作，为了养活家人，就在住地附近的荒地开荒，种菜，后来又养了鸡鸭，养了猪。

四清开始后，工作队把他打成资本主义复辟的典型，说"农民都不能私自种地养猪，你是工人还这么做，不是复辟资本主义吗？"就开会斗争他。还开会斗争他的妻子。后来职工斗她不便，又组织家属和十几个学生斗。那女人是流浪女出身，平时见了生人说话都脸红，哪里见过这等场面？回家就上吊自杀了。

我很同情这对夫妇，对工作队的做法产生怀疑。

柳铁的文革，是从批判四清工作队开始的。但是，我对四清工作队的做法虽然有看法，但我这样的老百姓，历来对党委，对领导，对工作队，是唯命是从的，看法归看法，怎么会敢于起来反对工作队，批判四清运动呢？

---

[1] 四清运动是指1963年至1966年上半年，中共中央在全国城乡开展的社会主义教育运动。运动的内容，前期在农村中是"清工分，清账目，清仓库和清财物"，后期在城乡中表现为"清思想，清政治，清组织和清经济"。1965年1月14日。中央印发《农村社会主义教育运动中提出的一些问题》。这个文件是1964年12月中央工作会议讨论制定的。它纠正了在农村社教运动中打击面过大等问题。首次提出了要整党内那些走资本主义道路的当权派。文件规定城市和乡村的社会主义教育运动，后简称"四清"运动。

这是因为，首先是中央否定了四清运动，说是"形左实右"，接着又否定了文化革命初期派出的文革工作组。

广西地处偏远，柳铁的文革，比起文革的发源地北京，要慢一大拍，是从批判资产阶级反动路线开始，更确切地说，是从毛泽东贴出《我的一张大字报》开始的。毛泽东在这张大字报中，指责前一段运动的做法是"打击一大片，保护一小撮""何其毒也"，这让我联想到我们单位四清工作队的那些做法，想到那个冤死的巡道工的妻子……我似乎直接听到了伟大领袖的号令！于是，我们根据这张大字报的调子，开始造四清工作队的反，批判四清工作队执行的"打击一大片，保护一小撮"的资产阶级反动路线，批判四清工作组。

我参加了造反派。我年轻，在单位又算较有文化，文革前在群众中有一定威信，群众又把我选成了小头头。

源于心里一腔正义的诉求，我从这里出发，走进文革，也走进了后来的七年牢狱，走进后来十五六年的贱民生涯。

经历与错误

参加文革时响应毛主席的号召，坚信自己的大方向正确，我投入文革，如同投入一项神圣而伟大的事业。我废寝忘食地参加各项活动。支持给邓承钢平反，支持红铁军……参加大辩论，写大字报……支持和参与工机联[2]组织的所有行动，有些是理解到它的正当性，有些是由于渐次形成的派性。

文革是一辆疯狂的战车，你坐上去了就停歇不下来。渐次的，我受文革理论影响越来越深，派性也越来越大。

武汉"7.20"事件后，柳州也发生了武斗。1967年9月底，我喊了几人一起到新圩去抢枪（那里有个军事仓库）。到那里后，部队已有防护，我们赤手空拳，什么也没抢到。我把那几个工友带到工人

---

[2] 工机联，全称"柳铁革命造反派工人总部、机关总部、教工总部、家属总部、联合战队"的简称。"四二二"观点。

文化宫。当时我们的工作地点在鹧鸪江，我们以为走路就可以回去，就走路。不料穿过柳钢背后的欧阳岭时，被联指[3]抓住，把我们一个个打得半死。关了几天后，在一个半夜，把我们扔上一辆卡车，开出去，一个一个地把我们往外扔，每隔百米左右扔一个。我们坐起来，爬着，走着，渐渐又聚集到一起。但我们考虑，还是得分散走，集体走目标大，怕又被抓起。就有的又回了工区，有的找附近的亲戚躲避。我一个人走在山上，深夜穿过欧阳岭和洛埠，想找熟人帮我。天亮了，走路不安全，火车也不敢坐……后来有个好心人，帮我买了一张船票，我才悄悄地坐船回到柳州。这件事中，我们完全没有惹对方，他们随意抓人，关押毒打，这使我和他们的对立情绪越来越大。

同年十一月，柳铁三小的柏清扬老师带学生到矮岭去进行文艺演出，宣传毛泽东思想，刚到就被预先埋伏的民兵射击，不幸遇难。这更事使我义愤填膺，派性情绪更大，陷入也越来越深。

后来我被抓的主要事由，是参加了所谓"5.21"抢夺援越物资反革命事件。

1968年5月20号，我抬着一个花圈到铁一中去参加练剑明的追悼会。会场外遇到几个老工人，他们告诉我说，他们来时经过车站，看见那里停着军车车门敞开着，看见里面装的是绿箱子，不知里面装的是什么东西。我一听就来劲了——当时广西已全面武斗，在各县郊，已开始对造反派的大规模围剿，全副武装准备进城武斗的农民，已驻扎在柳州郊区不到三公里处。而此时，离周恩来总理代表中央表态"四二二是革命造反派"，广西军区作出方向性路线性错误的检查不到九个月。此时我已满脑子文革思维，顺理成章地把军区支持和直接参与下对造反派的大规模军事围剿，看作资产阶级反动路线对毛主席革命路线的反扑。为了求生存，群众要求搞枪搞武器的呼声很高，我也积极支持搞枪。我就把这消息告诉总部的李选凤。李选凤说，你去看过没有，最好自己去看看，把事情搞清楚。我就冒险到车

---

[3] 联指，："无产阶级革命派联合指挥部"的简称，"四二二"的对立面。柳铁地区的联指在1067年"八二四"在中央表态"四二二是革命造反派"后，又称为"钢联指"。

站去（当时车站是联指据点）了一趟，找着军车，绕着看了一遍。

晚饭后，我就转悠到设在林场的工机联总部去。总部正在议论着些什么，但周围并没有人站岗也没有警卫什么的，闲人可以自由自在的进进出出，随你的便。我就坐下来听。他们杂七杂八的议了些事，主持人就问："今天还有什么要议的？"有人就提出了绿箱子的事。有人问："这是谁报来的？别搞错了。"我就把我听来的看来的又讲了一遍。大家就七嘴八舌地议论。一个人说："我当过炮兵，绿箱子装的是炮弹，拉来也没用。"议论到最后，归结为：管它是什么东西，拉来再说，没用再退回去。

接着就分工。机务段的出车出人，但他们的头头往后躲，说"我不行"，另一个不是司机的站出来自告奋勇，说"启动拉闸，前进后退我还是会的，我去。"又找调车的，也是没人出头，车站一个扳道的站出来说，我可以，只是我去调车就没人扳道了。大家都说："没人扳道怎么行？"我一看这情形，就说："没扳道的我去！"心里想：怎么到了要为保卫毛主席的革命路线挺身而出的时候，都当孙子啦？

分好工就分头行动。我在深更半夜黑灯瞎火的一个人摸到离"联指"⁴的火力据点200米处，确认了股道，扳好了道岔。我等着从538方向的机车缓慢的开过来，告诉调车员已经准备好啦。机车就开过去挂上军车车厢，又拖出来。我也随着军车进到了东站的冷库。打开车厢一看，果然是绿箱子，再打开箱子一看，果然是炮弹。

在这件事中，我的错误就在这里了。到此为止，没有涉及"援越子弹"。

后来的事实是，炮弹车拉到东站冷库后，押车的解放军说："你们千万别乱动，只要一颗掉在地上炸响，大家全部完蛋。"混乱中又有一名军人说了一句："你们想要的在后面，这个炮弹你们要了也没用。"一个头头喊："大家不要走散，再去拉一次看看。"于是机车就

---

⁴ 联指，"无产阶级革命派派联合指挥部"的简称，四二二的对立面。柳铁地区的联指在1067年"八二四"在中央表态"四二二是革命造反派后，又称为"钢联指"。

拉了这车炮弹送回去。清晨五点十分，第二次又拉回了八个车皮。打开一看，里面全是子弹！大家高兴的没法说，各总部群众都来搬运。肩扛手搬，甚至有老爷爷老奶奶，十多点岁的小孩子。

这就是后来被定位"抢劫援越物资"的重大反革命事件。说它是援越物资，是因为这批物质原计划送到位于凤凰（柳州南部距离柳州三个区间的一个小站）的军用仓库，然后从那里调拨到越南的。

事情的全过程就是这样。它当然是错的，在和平时期看，是匪夷所思的。但事出有因。后来把我抓起，逼迫我承认是"搞反革命活动""要推翻无产阶级专政"，则是完全莫须有的。我跟所谓"援越子弹"没有关系。

至今[5]我感到疑惑的是，那军车是 1968 年 5 月 18 日就到达柳州的，距离目的地凤凰仅仅三个区间，当时柳州武斗激烈，不安全因素很多，为什么在看守人员很少的情况下，敞开车门在柳州摆了五十多个小时？其次是，5 月 18 日刚好有广西军分区司令员欧致富在柳州制止武斗，为什么在这时候欧司令员竟然忘记了拟定中的援越物资的安全准时送达？

我在文革中的另一个错误，是打过对立派的工友李玉琦一拳。1968 年 5 月下旬，柳州的武斗气氛浓烈。5 月 23 日，长期离开单位的李玉琦回到工务段——李是工务段联指头头之一，1967 年 8 月，他担任武斗营副营长，在工机联几乎完全没有武器的情况下，率队伍攻打工机联总部所在地工人文化宫，在后来大联合时又不承认错误——我对此很气愤，就走到他面前，质问了他一句什么话。他反口说："怎么样？"我说："怎么样？老子揍你。"就打了他一拳。当时有军管会的解放军在场，把我俩拉开了。

参加过武斗，在大鹅山碉堡站过岗，也开过枪。但没有打伤人。

其他我没有做过任何为了个人利益而做的要不得的事。

---

[5] 指杨建平当时说话的时间 2012 年。

抓捕

1967年8月24日,周恩来总理代表中央对广西文革表态,"四二二是革命造反派",在当时,没有什么能比这给我更大的鼓舞了。我劲头更大,也就陷得更深。

到1968年的8月,形势就发生了180度的大逆转。

8月16日,柳铁军管会有人找到我,说要找我谈话,把我带到柳铁公安处。一个叫于存泉的科长(后来得知,此人专管我案情,在铁路局革委会成立后,任革委会保卫组副组长。再后来,因故被清除出公安队伍,安排到柳钢。在柳钢,他伙同他的儿子一起强奸了一个女孩,被判刑7年)对我大声呵斥责骂,说我犯了罪。我不服气,和他发生争执。于存泉当场动手对我毒打,用脚狠踢,抓住我的头往墙上猛撞……打的得我头破血流,无人理睬。随后就强行把我送到柳铁拘留所。

在拘留所,多次被公安人员和看守毒打,被踢得像皮球一样在地上滚来滚去。以后又几次把我押送回单位批斗。当时单位已成立革命委员会,实际上是联指一派掌权。我被挂上现行反革命的大牌子,揪头发示众。对我拳打脚踢,打得我鼻青脸肿,头上的血流下来把胸前的大牌子都染红了。还不给我吃饭,不给我喝水,强迫我在会场上下跪,又拉到马路边,在烈日下跪在路边示众……对于这些对肉体的残酷摧残,对人格的野蛮践踏,直到今天,仍没有人对那一切说个错字,更没有人对此道歉和反思。

1969年4月,我被从拘留所解押到位于铁路局党校的铁路局革委会第二专案组的学习班。这个专案组的任务是清查以"5.21""5.25"为主的一系列反革命事件,我的一切还是按拘留人犯对待。到了1970年初,清查不了了之。元月3日,学习班宣布结束。负责人张坚(联指派头头,后任运输处处长,清理三种人时被撤职)宣布我和任树德、李达道、李选凤等几人可以回单位,由单位"领回"。这事实上等于宣布我们几人不合拘留条件。但我们单位就是不来领人。到6日,学习班又宣布"因为没有协商好",又把我们几人连同原来就没有被拘留的公安分处干部金常坤、赵克义,电务工程处干部刘俊杰等几人一起,又送回到看守所了。

此后两年间,除了时不时地打骂外,一直无人理我。直到1972年3月份,才开始由单位来人"提审"。但问的不是我的"罪行",而是问我的"思想收获"——这说明,我的案情已清楚,在"二专"就已经做过挖地三尺的审查,现在已问无可问,我无罪。但不愿意释放我,只好从态度上找借口——果然,他们强迫我承认自己是反革命分子。我不承认,就说我"态度不好",宣布"再关一年"。第二年又是如此,,又宣布再关一年。关到1975年8月,又来提审。这时我想,我被关押,再过半个月就7年了,这样下去,人生有几个7年呢?于是我被迫承认自己是"反革命分子",在有关结论上签字。8月1日,我被释放,结论是"定敌我矛盾,按人民内部矛盾处理,开除团籍。"释放证上写的是:"犯反革命罪,免于刑事处分,教育释放"。

株连

我被抓捕后,我的所有亲属都受到不同程度的株连。

父亲杨少钦,论文化程度,只是刚刚识字,做的工作旧社会叫"跑码头",也就是为了谋生到处跑。1965年他人已退休。文革来了,大家都参加群众组织,父亲怕自己不参加会落后,为了响应毛泽东的号召,也报名参加一个群众组织,做过一些杂事,例如跟着别人贴一些大字报,开会时烧些开水给游行的开会的人喝,跟着喊喊口号等。1968年8月13日,单位突然派了三个人到家里通知他,要他到单位交代问题。随即被送到单位的"牛鬼蛇神队"关押。几天以后召开全工程队大会,批斗"坏分子杨少钦"。会上逼他承认参加了攻打小鹅山。这是完全莫须有的事,他不承认,就捆他,毒打他,给他挂上大牌子并且加上砖头,拉出去游斗。强迫他跪煤渣,跪石渣……后来又反复捕风捉影的追问所谓参加"中统特务"的问题,是敌人"电台台长"的问题——这是完全莫须有的事,什么原因追问这些,不清楚。可能是有人诬告,也可能就是某领导一句话,怀疑,还是什么时候档案中被塞入了诬陷之词，都不清楚。反正之后就长期被放在牛棚中关押，日夜有人持枪看守，不许回家，有病也不许看。有病也得强迫劳动，扣发了所有的工资。

1979年，父亲向落实政策办公室反映情况，提出了一些要求：

在被关押期间除了批斗时间外，都参加了劳动，应该补发扣押的全部工资；

曾被打伤，要求发给医疗补助费100元；

在队一级大会上，宣布他不是"特务""敌电台台长""坏分子"，承认以前的做法是错误的，当面销毁黑材料；

应该说，父亲的要求都是最基本的，但是却未能实现。理由是他不是正式拘捕，就不须平反。

他就这么被打被斗被关牛棚，被白白折磨了10年。

我的母亲刘兰香，家境较好（但不是地主出身），识字，高小毕业，1951年成立桥隧队家属委员会时，就参加义务工作，一直到1958年。1958年8月成立家属人民公社，母亲任副社长。她把家里的桌子板凳大木桶都献给了公社。工作性质仍是尽义务，数月后才发给25元工资。到1962年3月1号，原来的公社分为两个居委会，母亲任南八居委会副主任兼调解委员。

1968年10月15日，柳铁工程一队熊某某和原南八居委会主任姜某某夫妇等，冲进我家，把我母亲用绳子捆起，抓去挂牌批斗。诬蔑她是"地主婆"，不是劳动者。（母亲被斗，本是受我的牵连，把她打成地主婆后，斗我的时候就说我是地主崽）"伪军官老婆""走资派张炎的黑干将"等。没道理讲，他们就伙同被煽动来的小鹅山武斗被打死的人的家属，对我母亲拳打脚踢，打得她鼻青脸肿，浑身是伤。

第二天，在母亲已被打得双眼肿起，连路都看不见的情况下，把她拉去挂牌游街。辛某某把我母亲的鞋子脱下来，挂在她的脖子上，拉她游到个居委会和各办事处。每到一处，就要站到高板凳上，"向人民低头认罪"，念自己的牌子上他们强加的罪名。从第三天起，又让我母亲挂着大牌子，把她拉到菜场口示众，任由别人踢打，受尽了凌辱。

他们还不甘心，10月31日上午，谢某某突然到菜市把母亲叫回去，把她单独带到一间黑屋子里，由姜某某、熊某某等十几个人审问母亲。他们无中生有地说我母亲留了一把刀，是要杀人的，现在不敢杀，等以后翻案的时候报复杀人……母亲刚开口反驳，他们就不由分说地脱下她的衣服，把她的头蒙住，用拳脚，大木棍，耐火砖等朝母亲头上身上一顿乱打。一边打，一边逼母亲承认他们臆想出来的奇葩罪名：是张炎（铁路局原党委书记，当时被打成走资派）叫她拿这把刀去挖"小鹅山烈士"（指小鹅山武斗中被打死的人））的心肝的……又把所谓"小鹅山烈士"的家属叫来，再次朝母亲头部乱打，还不许母亲喊叫。只打得母亲浑身紫黑伤印，头上打起几个碗大的疤，最后人事不省，晕死过去……母亲身体因此受到严重摧残，终身留下经常头昏头痛，恶心呕吐的残疾。

以后又天天强迫她挂牌站在菜市口高凳上示众，一直站了十几天。过后又强迫她"劳动改造"，天天扫马路，洗阳沟……恫吓她不老老实实就把她扭送到专政机关去。居委会派了一个退休职工监督他们。这样被监督劳动了半年。

1969年3月13日，工程一队工代会负责人朱建国和朱本银在原机修所礼堂召开群众大会，朱本银宣布代表第一工程队党委宣布对母亲的决定："撤销刘兰香南八居委会副主任职务，工资从批斗之日起停发"，又故作宽大地说，"本来还要扣掉武斗以来几个月的工资（为什么？母亲和武斗没有半分钱关系），经研究决定就不扣了……"

从此母亲正式失去工作权利，政治上受到迫害，人格上受到侮辱，经济上受到打击，一家人的生活进一步陷入困境。

1970年"一打三反"[6]，第一工程队派出工宣队员马某某、谭某

---

[6] 1970年月1月30日中共中央发出《关于打击反革命破坏活动的指示》，2月5日又发出《关于贪污盗窃、投机倒把的指示》和《反对铺张浪费的通知》以上统称"一打三反"，是文化大革命中深入斗批改的一项重要措施。在当时左派

某，伙同南八居委会主任姜某某，对我母亲又一次迫害。姜某某在大会上造谣污蔑，说杨少钦（我父亲）是伪军少校，敌电台台长，刘兰香根本不是贫下中农，是地主出身，伪军官老婆，旧社会穿高跟鞋，穿旗袍，她的儿子是反革命，坏头头……又说我家买了新单车、手表、缝纫机，钱哪来的？要查一查帐，这次运动是彻底清算刘兰香的时候了。由于她的诬告，铁路局和工程队联合派了一个主要由财会人员组成的工作组，说历次运动都没有搞过家属区，这次要把家属区彻底搞一搞。当即就把母亲管过的账封存起来。查了一个多月，结果表明，我母亲没有任何贪污。半个月后。工作队又转而查姜某某的账，结果查出姜某某利用各种手段，贪污公款 800 多元！宣传队只好在本家属区召开了一个小规模的会，宣布姜某某的贪污事实，撤销了她的居委会主任职务。不久，街道办事处两名负责人又利用派性，把姜某某安排到红旗拖拉机配件厂工作。母亲去找这两个负责人，要求澄清问题，恢复工作。他们说不是他们撤的母亲的职，他们不管。

查账工作队离开的时候，母亲也向他们提出要求：1. 我的账已查清楚，请你们向群众公布；2. 要求恢复工作。工作组长罗某某说，你的问题不是我们办理的，我们没法解决。

此后的 971 年、1979 年、1981 年和 1983 年初，母亲又多次找到办事处，柳铁工程处落实政策办公室，柳铁工程一队党委，要求落实政策，恢复工作，都被以各种借口挡了回来。母亲投诉无门。

直到 1983 年 7 月，中央向广西派出工作组，处理广西文革遗留问题。母亲再次向他们申诉：

在居委会群众大会上宣布平反，推到全部诬蔑不实之词，当众销毁全部黑材料；打人凶手根据情节不同，有的应赔偿医疗费，有的应赔礼道歉。

恢复职务和工作，工资按工龄和规定的年限定级。

补发被扣发的工资。

思想的指导下，在贯彻"公安六条"和许多地方一派掌权的情况下，这场运动制造了不少冤假错案。

妹妹1965年进厂当学徒。系共青团员，受我的问题影响，被延长转正定级时间，冬季补助也被取消停发。

弟弟是共青团员，1968年下乡，每次招工都因哥哥我的问题"政审"过不了关而泡汤，直到1975年我被释放，才得以招工。

我所知道的邓承钢事件

邓承刚事件是文革初期柳铁地区的一件大事，是两派的重要分歧之一。

邓承钢是柳铁电务工程队总务室主任，转业军人，是文革初期由群众民主选出来的单位文革委员会负责人。一次群众大会由邓承钢主持。当时开群众大会，会前都有向毛主席敬礼，学习毛主席语录等程序。这些程序都由主持人带领。会后有人写了一份揭发检举材料，说邓在宣布程序时，讲了"向毛主席静默三分钟"的话，构成"恶毒攻击伟大领袖的反革命罪"。

对于这一揭发材料，没人向参加会议的群众调查具体情况，没人来核实和确认事实，柳铁公安处就于1967年2月3日拘捕了邓承钢。随即有人贴出大标语"坚决支持和拥护公安处的革命行动！""坚决镇压一切反革命分子！"大造声势。

柳铁一中的学生红卫兵组织联合战队成员丘黔桂等组织了调查小组，对事情的实际情况进行调查，得出的结论是不应该抓人。理由之一是，当时的情况究竟如何，在场群众说法不一。事实不清，证据不足。不能因为几个人的揭发就给人定罪。第二个理由是，即使真的出现了"静默"这样的词语，也只是出于口误，且此词是个中性词，并不含"恶攻"的意思，不能以反革命罪名予以惩办。他们把自己的观点写成大字报张贴出来。

于是，针对邓承钢事件，形成了两种不同的观点——

原先拥护四清工作队的人，也拥护公安处抓捕邓承钢的行动；

认为四清工作队犯了方向路线错误的群众，也不认同公安处抓邓承钢的行为。

三月十二日，柳铁公安处采取了更严厉的措施，宣布正式逮捕邓承钢。在群众中引起更为激烈的反应。反对的一派喊出更激烈的口号"坚决为邓承钢翻案！""砸烂公检法！"，支持的一派则喊出"为反革命翻案绝没有好下场！""坚决捍卫无产阶级专政！"带有强烈的高压性质和威胁性。

这一案件在公安处内部也有不同意见。一些干部和警员认为案件在办案程序上有缺失，提出过一些异议，但并没有造反派那样激烈。邓承钢被正式逮捕后，内部也对他们进行了打压。逼迫他们"悔过""悔罪"。

后来由于中央在八月份对广西的文革表态，周恩来总理宣肯定"四二二是革命造反派"，稍后的由毛泽东签署"照办"的红头文件也明确肯定"广西两派都是革命群众组织"，公安处在十月份释放了邓承钢。可当时抓捕的人和支持抓捕的人，又贴出大标语"抓得对，放的也对"，真不知是什么逻辑。

几则见闻

1. 一条死了三次的蛇

从1968年起，我被关押在柳铁看守所共七年。一天，看守所的公安人员安排在押人员在荒地上除草，烧草木灰。

一名叫高礼成的犯人，抓起一条被人打得半死的蛇（蛇的第一次死），塞进草灰堆里——想把蛇烧熟（蛇的第二次死）了吃，他太饿了。不想刚刚过了几分钟，一名看守叫他的名字，吩咐他到另一处去做一件什么事。

高礼成急忙从草灰中掏出那条烧得半熟都不到的蛇，立刻塞到嘴里咬嚼，边咬边用手遮掩着（若是让看守看见了，是要受处罚的）。当时我就在他的旁边，看见那条蛇的尾巴还在他的嘴边蠕动着（这次是彻底地被吃掉了）呢。

犯人都被饿到不顾一切的地步了。

铁路局原党委书记张炎，当时被打成"走资派""工机联的黑后台"，也关押在看守所。他的肚皮被饿得嗒拉下来，放牛的时候只好摘路边的生豆角充饥。

2. "代管"

1968年四月，铁路局成立了第二专案组，专门清查"和反革命事件有关的人和事"。被清查的犯人，有在北京被抓进卫戍区的原工机联头头，在刮十二级台风中被群众专政抓到铁路拘留所的干部群众，还有临时被从单位押送来参加清查的几名干部和工人，柳铁党校被改装成临时监狱关押他们。

经过了几个月，查来查去，怎么都查不出这真相之外的"真相"，只好不了了之，于次年元月宣布"告一段落"。那些清查对象，监狱来的回监狱去，拘留所来的回拘留所去，那几名临时从单位押来的干部群众，却不愿意放他们回单位（有些是要单位来领，而一派掌权的单位执意不领），于是专案组宣布把他们送到拘留所去，交公安机关"代管"。

所谓"代管"，就是不办任何法律手续下的非法拘押。

这一"代管"，就分别把他们关了几年。

三名被非法拘押的干部是：柳铁公安分处原副处长金常昆，柳铁公安分处干事警员赵克义，柳铁电务工程队副队长刘俊杰。

一名非法拘押的工人是柳铁机修所工长，转业军人张德明。

四人全部是共产党员。

3. "反标"事件

孙长滨，柳铁公安处某科科长。曾专任专案办工作人员，专管我们这些"反革命分子"，不想后来他也落入牢笼。

大约是1974年，在铁路局水电段木材厂一带的一根电线杆子上，出现了一条标语"打倒孙连捷"。孙连捷文革中支持联指，革委会成立后是结合进革委会的革命领导干部，当时是铁路局的一把手。出了这事还得了，标语立刻被当作"反标"。一时间柳铁公安处全体出动，全力破案。不知什么原因，怀疑上了孙长滨。那年代怀疑就可以抓人，孙长滨被抓到了柳铁看守，成了一个"新生的反革命分子"。

我当时还没有被"从宽"，还在拘留所关着。孙长滨关到这里后，有时就和我见上了面。彼此当然不能交谈，也彼此示个意。他常对着我用手拍拍肚子，指一下。意思是说，这饿肚子的滋味真不好受！

后来案子破了，事情成了一个大笑话：作案的原来是孙连捷自己的女儿！那女孩子和孙连捷相处不和谐，就想出这样一个奇招，戏弄一下爸爸，出出怨气。

4. 延安旅社血案

1968年5月，在柳铁文化宫斜对面的延安旅社，出了一桩惊天血案：一位外地出差的解放军军官，在延安旅店的四楼楼顶被残酷杀害，随身所带配枪一支和现金400元被抢走。此案当时一直没破，后来清理阶级队伍，刮"十二级台风"，红铁军（由长沙来的造反队伍，工机联观点）负责人之一黄应龙因此事被抓。

黄应龙一进拘留所就被当作重刑犯，最重的脚镣手铐伺候。左查右查，黄应龙在此案发生时都不在柳州，和此事没有任何关系，仍重判十八年。大约关到1985年才释放。

后来此案终于侦破，原来是鹿寨县一个被调进城武斗的民兵（联指观点），将那位解放军军官骗到楼顶，"观看武斗的战火"，预谋杀害抢枪，而后栽赃于造反派。

我所知道的文革死难者

文革给我留下的最深切的伤痛，是一批批的工友熟人的死难。不论他们是被无辜杀害，或者在武斗中、事故死去，都是死于文革。他们都曾是一条条鲜活的生命，为人子人夫。

柏清扬，柳铁三小教师。1967年11月，中央《关于广西文革问题的决定》刚刚下达。这个文件明确定性"两派都是革命群众组织"。

两派在军管会的组织下着手大联合的准备。柏清扬老师满怀热情，带领一些学生红卫兵组成文艺宣传队，到铁路沿线去宣传毛泽东思想。不料刚刚到达鹿寨县所属地域的矮岭车站施工工地，准备演出时，遭到埋伏在山上的武装民兵开枪射击。他们手无寸铁，且毫无防范，柏清扬老师当场遇难。

吴根深，柳铁建工队工人。1968年5月，由军管会指派，作为柳铁地区工人代表赴北京参加周恩来总理亲自主持的全国铁路工作会议。会议散会后，返柳途中，在柳州北站被联指武装力量绑架，后残酷杀害。留下四个孩子，最大的年仅九岁，妻子没有正式工作。

许保只，柳铁工务段工人。武斗期间，许保只一直坚守岗位。1968年5月的一天，在家被联指武装力量绑架，毒打致死。死后被凶手在嘴里塞上化肥，谎称"吃化肥而死"。留下没有工作的妻子和三个幼小的孩子，无以维持生计，被迫回到河南乡下老家。

左治平，柳铁东站工人。1968年在工机联总部文化宫看守单车。7月30日，联指举行大游行，中途冲进文化宫，打人抓人，左治平当场被暴力打死。

张涛，湖南岳阳人。参加抗美援朝后专业到地方工作。遇害时系来宾县小平阳镇食品公司经理。1968年被公社武装部派民兵枪杀于荒野。其妻也是本镇供销社干部，为躲避追杀，带着四个女儿举家迁回湖南。

常留弟，南铁车辆段工人。在柳州车站被柳铁钢联指抓捕，随即被枪杀于车站旁边的东风旅社。死时全身仍被捆绑。

柳州拖拉机厂某干部，四清下台。文革中没参加任何活动。1968年的一天，在西鹅乡一鱼塘钓鱼，被柳铁东站派出所民警刘某某、柳铁南站工人吴某某抓捕后枪毙。

张贵清，柳铁东安站派出所民警。曾因躲避武斗住在桂林。中央号召回原单位抓革命促生产后，张贵清响应号召，返回原单位。刚到东安即遭到受人派遣来的农村民兵伙同铁路局人员杀害。

邓柳林，柳铁防腐厂工人。1968年被关押批斗，后于一天晚上被打死。

张重礼，原第三工程队（后改为二线段）工长。文革中一直坚守单位，从未离开工地。1968年在田心铺工地无辜遭当地民兵用棍棒打死。

黄长林，原第三工程队（后改为二线段）工人，转业军人。躲避武斗返回单位上班，下车即被毒打，第二天在批斗会场被打死。主凶有：联指派头头李某某（后调融安工务段），分队支书李某某，段汽车队长沈某某等。

虞立德，干部，1968年被批斗，后被打死。

徐阳，全州工务段技术员，1968年8月，在批斗会上被打死。

甘远教，全州车站货运员，1968年8月，在批斗会上被打死。

雷某某，庙头车站站务员。1968年被抓到全州，无辜被打死。

蒋生梅，全州工务段井头墟工人，1968年，发觉要来抓他，逃跑，被开枪打死。

李春奎，全州车站行李员，1968年，被私刑关押后秘密杀害，伪称自杀死。

周如光，才湾车站站长。1968年，被私刑关押后秘密杀害，伪称自杀死。

杨振林，1968年被抓，逼迫他承认参加"反共救国团"，不服从。被打死。

蔺金喜，全州铁路派出所副所长，1968年被抓，逼迫他承认参加"反共救国团"，不服从。被打死。

简易宣，柳铁水电段工程师，1968年到南宁躲避武斗，后返回柳州时，在南宁车站被打死。

淘荣跃，和吉村站扳道员，1968年被民兵枪杀。

杨联浩，宜山工务段工人，1968年被抓，头上钉钉子处死。

陈光林，桂林机务段机车副司机。1967年11月的一天，陈光林开始一天的正常工作，加油，检车，出乘。他没有带什么枪支弹药，也没有带一张哪怕是有点派性的报纸传单。没有想到，车开到新安县属地的百里村车站进站信号机处，遭到早已奉命埋伏在此的武装民兵的袭击，陈光林当场遇难。

胡新沂，柳铁车辆段工人。1967年9月5日到来宾武装部抢枪，被枪击死。

卢忠民，柳铁机务段工人。1967年9月5日到来宾武装部抢枪，被枪击打死。妻子系农村妇女，时孩子刚刚满月。

练剑明，柳铁机务段工人。1968年5月，因传说联指头目万某系抓捕南铁女学生王慧萍杀害南铁工人常留弟等人的凶手，试图抓捕万某，被打死。

王金龙，柳铁机务段工人，1968年5月死于防腐厂武斗。

俞国华，柳铁机务段工人，1968年5月死于防腐厂武斗。

叶成章，柳铁工务段工人，1968年5月死于防腐厂武斗。

王利如，柳铁工务段工人，1968年5月死于防腐厂武斗。

叶长海，柳铁水电段工人，1968年5月死于防腐厂武斗。

姜速松，柳铁水电段工人，1968年5月死于防腐厂武斗。

王孔勤，柳铁防腐厂干部，1968年5月死于防腐厂武斗。

黄育湘，柳铁局机关干部，1968年5月死于技术馆武斗。

刘立柱，柳铁建工队工人。1968年守武斗据点时被本派工友枪支走火误杀。

杨树松，柳铁车辆段工人，因本单位工友枪支走火打死。

任德杰，凭祥车站工人，因柳铁车辆段工人某某枪支走火打死。

漫漫上访路

在被迫承认自己"犯反革命罪"后，我在关押近7年后，被释放回原单位。但我很快就发现，我已完全回不到原来了。除了不坐牢以外，释放和没释放差不多。一连串的歧视压制接踵而来，几乎无所不在，我深感透不过气来。

释放后不久，我在值班时看见一个持枪的人破坏铁路，我赤手空拳和他搏斗，最后将此人抓获。这属于重大立功表现，但人家视而不见，提都不提。

有人帮我介绍了一个对象，是农村人，我前往相亲，因路远耽误了一天工作，回来后立刻按手续补了假。支部指导员知道了。在生产时间停下工作，追问我"昨天到哪里去了？""住在哪一家？"干什么事？"口称代表党和人民继续对我审查，要我"老实交代"。连谈恋爱也受到监视和干涉。

1976年7月，我因工负伤，摔断了手腕骨。在治疗期间，单位连续三个月停发我的工资，借口是"没有病假条"。事实是，当时医院和卫生所有个规矩，伤病假四个月后无须再开假条，继续休息。而在同一时间，本单位有另一个人，也是工伤期间没有病假条，工资却照样发。而本单位本来有规定，春节期间对伤病员进行慰问，就更加没有我的份了。

1972年调工资时，我还在被关押，自然失去了机会。到1977年调整工资时，根据文件，我在必调人员之内。但单位领导以"上面有指示"为理由，不调我的工资。一直到1980年，经我再三申诉，再次复查我的问题前，一直拿着1960年参加工作，1963年定级的二级工工资。单位上几个判过刑事犯罪徒刑的人都比我工资高。

我本是工会会员，给我定案处理时也没有宣布开除我出工会。单位却借口要我重新登记，我写了申请，又毫无理由地拒不批准，剥夺了我参加工会的权利。

所到之处，人们指指戳戳，不明真相的孩子朝我吐口水，扔石块。

一直到"四人帮"被打倒，在揭批"四人帮"的一次大会上，单位负责人还宣称，"对杨建平要老账新账一起算""走着瞧"。

文革就是这样，把我这样一个本来积极向上的青年工人，一个优秀共青团员，变成了造反派，又变成囚徒，变成贱民。而且，连带我的全家亲人，一并变成了贱民或另类，黑五类或黑五类子弟。

在静静的暗夜里，工作中停下休息的片刻，我一次次愤懑地叩问自己：你是坏人，是反革命吗？你是怀着不可告人的个人目的参加文革的吗？我断然回答：不是，绝不是！我的思想上，一直是觉得自己是忠于毛主席保卫毛主席的。1968年6月19号，我参加了防腐厂武斗，枪还没打响我就被打伤了（他们的武器先进，有夜视镜，看得清我们，我们看不清他们。）我以为自己会死，就高喊"毛主席万岁"。到了被关起来后，我也一直是觉得自己是忠于毛主席保卫毛主席的。心里好想不通，一遍遍的嘴里心里念叨着："毛主席呀毛主席，您知不知道我们是忠于您的呀……"

我无法忍受强加在自己身上的种种莫须有的罪名，我必须根据坚守事实和常理，努力抗争，争取恢复事情的本来面目。

我开始了漫长艰苦的不断的上诉。

找单位，找铁路分局，找铁路局，摆事实，援引相关的政策和法规，据理力争。

他们一次次的推诿，拖拉，但也一次次地退让，挤牙膏一般，我的定性一次次地改变。

从被关押到释放，涉及我的处理和定性，正式和非正式组的结论一共有五次：

1968年10月12日，遭单位批斗毒打，罪名是"打死打伤解放军、妇女、小孩多名"的"现行反革命杀人犯"——这纯属无任何事实根据的污蔑。

1970年元月3日，铁路局第二专案组在经历了将近一年的"清查反革命事件"后宣布结束，对我的处理结论是"回原单位"——我到二专前，已被关押到拘留所，到二专是从拘留所提来的，这个结论可以说是二专认为我不够条件进拘留所，相当于"无罪释放"。但后来单位不愿意接收，又被无端关进拘留所。

1975年八月一日，柳州铁路局党委75字070号文件，将我定性为"敌我矛盾，按人民内部矛盾处理，开除团籍，"释放证上是：

"犯反革命罪，免于刑事处分"；

1979年柳铁分局党委第十五号文件又改为："犯严重政治错误，免予处分，恢复团籍，补发拘留期间工资及附加工资"；

1980年6月30日，柳州铁路分局党委又草拟了一份复查决定："杨建平同志在1968年犯了错误，但考虑到杨犯错误的特定历史条件，杨对错误有一定的认识，撤销原柳州铁路局党委《对杨建平所犯反革命罪行的决定》，……恢复团籍，免予处分，补发拘留期间扣发的工资和附加工资"。

这些所谓平反决定，虽然一次比一次轻，整体上看，又都是非常荒谬和混乱的——

关押七年，相当于剥夺了公民权利十余年，这些行为的发出者，有时是企业（柳铁工务段），有时是专案组（革委会下的所属临时机构）有时是铁路局和铁路分局的党委，完全看不见司法机构的踪影，法律程序彻底缺失。以党代法，以企代法，群众专政，肆意横行，登峰造极。

我的罪名，一开始是"打死打伤解放军、妇女、小孩多人"的"现行反革命杀人犯"（纯属信口开河的血口喷人），到后来的"敌我矛盾""反革命罪"再到"犯严重错误""犯错误"……如同小儿手中的泥团，不断地变化换着形状。这种悖谬和混乱，恰好说明：我无罪。对我多年的迫害，既没有事实依据，也没有法律准绳。

更荒谬的还有，最后一个决定，竟然由"中共柳铁分局革委会"发文，撤销其上一级党委柳州铁路局党委对《杨建平所犯反革命罪行的处理决定》！

最重要的是，尽管这些"决定"不断变换面孔，由重到轻，但一以贯之的，是有一只法律之外的大手，在以绝对的权威，蛮横霸道的强盗逻辑，主宰着我的命运——

尽管处理由重到轻，但充斥其中的"按人民内部矛盾处理""免于刑事处分""免予处分"等字眼的言外之意，就是：你是有罪的，对你抓得对，也放得对，放你是因为党对你的宽大；

抓人的时候，"刮十二级台风"，高音喇叭喊叫，大会批斗，肆意凌辱，人尽皆知；最后平反的时候，仅由单位的一名工作人员陪同铁路分局落实政策办一名工作人员，私下向我"转达"分局党委的这一决定，不给文件原文，也不向群众公布。

尽管他们的决定前后矛盾，相互抵牾，后面的决定撤销前面的决定，但自始至终，对他们把一个无罪的人关押七年的做法，不说一个"错"字。

这样，我七年的牢狱生涯，十余年的贱民生活，我在大庭广众被狗一样的毒打批斗，一日又一日血流满面，被迫跪在街边示众，我受到的所有人身侵犯，人格侮辱，都定格在我的历史上，定格在周围人们的心目中。

我不得不在申诉书中愤怒地质问：

"你们多次在公共场合，以文件的形式宣布，杨建平是反革命，犯反革命罪，不是犯错误的问题。现在你们撤销了这一决定。所以，杨建平同志的问题，不是什么'抓得对放得也对'的问题，不是什么'罪行严重，处理从宽'的问题，而是杨建平的反革命罪行这个结论是否成立，是否有事实依据的问题，归根结底是应不应该把杨建平关押七年的问题……既然你们撤销批了过去的决定，就说明，那些决定是错误的，可是，你们就是不承认错了，从头到尾不出现一个'错'字，更不愿意当众宣布平反，只有一个人私下传达分局党委的讨论意见，这怎么能肃清我七年牢狱，多次公开批斗毒打羞辱所遭受的冤屈和屈辱呢？"

我提出了义正词严的要求：

在群众大会上公开平反。恢复名誉，几个主要的打人凶手承认错误，赔礼道歉；

当面清理销毁被抓捕以来的全部反革命定性材料，并以组织名义保证没有复制、抄写、转移任何材料；

补发关押期间的工资和附加工资，解决因关押而受影响的1972、1977年两次工资调整问题；

解决父母弟妹受株连被迫害受歧视的问题。

我觉得，这是我作为一个公民维护自己生存权利人格尊严的正义呐喊。

思考与追寻

对于我的呐喊，周围一片寂静。没有人看见我的愤懑，没有人听见我的呐喊。我知道在我的周围，我的上面有很多人，他们曾经或挥拳，或踢脚，或动笔，或一个眼神，一个示意，合力把我推向深渊。但这会儿他们充耳不闻，视而不见，装聋作哑，不声不响。我已经平反了，但我根本就回不到原来。我挥舞着拳头，但不知道砸向何方。或者说我砸向的是棉花，是橡皮，是空气，力气很快就被消耗掉了，连痛感都没有。我感到了周围有个巨大的气场，他是全部，他代表公正。可明明知道，他暗中操纵和包庇着施害的那一方。

在漫长的受迫害过程中，在同样漫长的申诉过程中，很长时间，我一直坚信，上面的政策是好的，是下面的和尚把经念歪了。

出狱以后，我很惊讶地发现，1968年，在所谓贯彻"7.3布告"的过程中，在所谓"清理阶级队伍"的过程中，刮起的十二级台风，凶猛地扑向群众的时候，在整个柳铁地区，那些被抓捕、批斗、关押，受尽和各种酷刑和侮辱的柳铁工机联（造反派）头头、骨干，以及一般群众，在经过残酷的批斗和挖地三尺的清查后，竟没有一个人是真正意义上的坏人或反革命分子！

而在文革前，这些人中不少人是单位骨干，党团员，机关干部，重点中学的优秀学生，他们和曾经的我一样，有着清白的历史，看好的前途。是什么，使他们走到今天？

文革把他们绑上了一辆疯狂的战车。他们在一系列邪恶理论的忽悠下，随着这辆战车发狂地奔跑，逢山开路，逢水架桥，不料，渐渐的，"伟大展开略部署"变得捉摸不定，朝令夕改，自相矛盾……最后，那辆战车猛地回过头来，对他们张开血盆大口……

我又叩问自己：是什么使我走到今天？

回首文革中做过的哪些错事，何等荒唐，匪夷所思！但做的时候却何等理直气壮，因为都有着冠冕堂皇的理论支持……

经历的事越来越多，知道的事实也越来越多，我逐步认识到真相，开始对整个文革怀疑。开始对引诱我们参加文革的那些理论怀疑。

在拘留所，我为自己也为和自己有同样遭遇的难友愤懑不平，释放后，我又看到，在那段时间，监狱外面也是另一座大监狱——大刮"十二级台风"，以暴风骤雨的方式打击群众，遍地私设牢房，被揪出被毒打被批斗被关押的人数不胜数……

太多的苦难，太多的沉冤，使我苦痛，也使我深思——

同一个单位的工友吴根深，是革委会钦定的赴京代表，从北京返柳时，列车停在一个车站，从下面冲上来一伙人，将他抓捕后残酷杀害，至今无人过问。

老实忠厚的工友许保只，无辜地被从家里抓走，毒打致死，却在他嘴里塞上一把化肥，称吃化肥而死。

低调谦和的工会干部黄鸣皋，被残酷的活人碎尸，杀害他的凶手路却一路升官至自治区工会副主席，"处遗[7]"时民愤太大，受到清理，也只判七年徒刑，服刑是到下面一个煤矿管图书。

还有邓柳林、李旺生、莫兆明、邱黔桂……他们死得那样悲惨，他们的平反却莫不经历了千辛万苦，得到的是一个含含糊糊，羞羞答答，遮遮掩掩的结论，甚至一直沉冤莫白。

每一个单位都可以私设牢房，一部分人轻易的有了对另一部分人生杀予夺的权利……我曾经认为的下面和尚念歪经的理论轰然倒塌。

---

[7] 处遗，即处理文革遗留问题。指1981年4——6月，中央纪律检查委员会、中共中央办公厅、中组部、公安部、最高人民法院、最高人民检察院组织的"中央赴广西落实政策，文化大革命问题调查组"，和1983年4月——1984年1月，中共中央组织的"处理广西文革遗留问题工作组"，两次赴广西处理文革遗留问题。史称"处遗"。

苦痛，不是我一个人的苦痛，文革，这绝不是一个人的事。

改革开放以来，人们有了一定的话语空间。痛定思痛，一些人开始叩问历史，追寻未来。渐次形成了一个个民间思想者的群落。他们从历史深处打捞碎片，还原出历史事实的真相。他们冲破思想的牢笼，突破意识形态的樊篱，品评时政，激浊扬清。这些都给了我以启发和影响。我的视野和思想都不再只是停留在自己的个人的遭遇上。

为了那旷世的灾难不再，必须彻底反思文革。

而这里那里，出于不同的认识水平和不同的目的，时不时地有人把那场血腥的大欺骗，大罪恶，大杀戮，大镇压，打扮成大民主大平等……在有意无意地歪曲、封锁与掩盖下，年轻一代已不知文革为何物……

我感到，自己作为文革的参与者，也是文革的受害者，有责任在有生之年，抢救历史，还原真相，叩问原因，也检讨和反思自己的思想历程，以给后人留下经验和教训。我理论准备不足，文化水平也不太高，我把自己能做的工作定位在资料的收集和史实的打捞上。

我逛地摊，找一些私人收藏者，搜集当年的"中央文件""中央首长讲话"当年两派的传单和小报……本来，这些都应该在国家档案馆和国家图书馆中就能查到，现在民间研究者需要时却只能走这样的途径。残存于民间的一些资料成为可居的奇货。我常常面临索要高价的尴尬。一方面，我或者找关系说情，或者锱铢必较的讨价还价，认为很重要的东西，就掏出自己的退休工资毫不犹豫地买下。

我一个个地走访活着的受难者和那些死难者的遗属，倾听他们的遭遇，搜集他们当年留下的原始材料。为了弄清当年柳铁发生的几件大事，我一次次的南下南宁，北上桂林，走访当年的当事人和知情者。到了晚上，就反复阅读选择这些资料，将他们分门别类地整理誊抄…几年来，我整理过"柳铁文革大事记""柳铁文革死难者名单"等，有些材料是借阅的，又很重要，就自费复印下来。这些事，我明白了它的意义，做得兴致勃勃，一点也不觉得累，也不觉得自己年纪大了。常常在自家昏黄的灯光下，我一忙起来，不知不觉就到了深夜一点。

对于这些花了许多时间、精力、金钱得来的材料，我总是主动的无偿地提供给一些需要的人，因为我不是为了个人利益做这些事。

困难是不难想象的。时间已过去四十余年，当年出生的孩子，都已进入了中年。许多受难者，都已带着遍体伤痕和屈辱悄然离世，他们的遗属，忆起往事也唯有泪水长流，不愿意更多的触及流血的心灵。有的耽于残存的恐惧，而讳莫如深。苦难的人们，平静的生活来之不易，他们对此格外珍惜，唯恐一不小心，就会变成一块易碎的玻璃。对此，我尊重他们。

也有人对我不理解，把我视为敏感人物，避而远之。

对此，我不在意，也不为所动。

柳州人有喝早茶的习惯。每每聚起三五熟人，谈生活，评时局，骂贪腐，发牢骚，见仁见智。相对于过去，这种现象是一种社会的进步。我也参加过一些。但是我觉得，光发牢骚没有用。要学习，要思考，要表达，找到根源，才有意义。因此，我对自己主动找起的这份艰辛而不完全被人理解的事，感到充实和欣慰。

遗言

连续几天拉肚子，到医院检查出肠癌。

对这个病，既在意料之外，也在意料之中。年轻时的七年牢狱之灾，十余年非人歧视、毒打、迫害，不可能不在血肉之躯留下痕迹。对于生死，我看得很淡。能活到今天，已经很不错了。我牵挂的是我没有做完的事。这些年，我断断续续的搜集文革资料，寻访当事人，积累下来，也有一两个手提箱。我若不在了，当心家人当作废纸处理掉。

于是，做完手术，在病房中，我打长途电话给远在千里之外的碧琼子[8]——当年她作为中学生也在柳铁参加文革，退休后致力于文革反思和地方文革的研究。这些年，我和王反修，和她，多次合作打

---

[8] 本书编著者曾用笔名。

捞文革历史——郑重地把这些资料托付给她，希望她一定要看看这些材料。

  还有两个人，我希望碧琼子将来一定要把他们的情况写出来，一个是吴根深，当时他是中央指定的柳铁工机联赴京代表，在北京返柳的路上，被人绑架抓走后打死，一直没有人过问。一个是李旺生，他在单位的群众专政中受尽折磨后死去，家庭又饱经劫难……

  碧琼子曾约我谈谈参加文革的心理路程和思想经历。文革的这段经历，太丰富，也太复杂，我想自己写。我至少要写五万字。现在来不及写完了。我全部把它做成录音。已经录了一部分，大约还有几个小时才能录完，我就在病房里录。

  这些是我的遗言。

"5.21"事件始末和我的文革经历

王反修

王反修（1936.7— ）浙江杭州人。济南铁路运输学校毕业，共青团员，在校期间历任班长，团支书，市学联执行委员。1955年进入铁路工作。先后在天津、张家口、柳州车辆段等处任实习生、技术员。1958年参加中国共产党。后调入柳州铁路分局任宣传干事、办公室秘书。多次被评为先进工作者和优秀共产党员。1966年参加铁道部四清工作团。

文革中参加柳铁工机联（四二二观点），后阴差阳错成为总部负责人。因涉所谓"5.21"反革命事件，1968年在北京"中央办的毛泽东思想学习班"被抓捕，蒙冤入狱，判刑十年。1983年平反，重回铁路工作。在柳州铁路车辆段任助理工程师、工程师及服务公司经理。现退休在家养老。

1968年8月19号，在北京解放军政治学院，我被抓捕关进北京卫戍区第二监狱。两个月后解押回广西，在全区遭受残酷游斗，最后关进柳铁看守所。在关押半年后得以第一次会见妻子。她问："你不是说你干革命吗？怎么变成了反革命呢？"我低下头来，无言以对。记得在柳铁武斗最激烈的时候，妻子把我锁在厨房里，不让我去参与。我砸开门，严肃地对她说："你不要拉我的后腿，干革命要紧。现在总部没有人，我一定要去。"现在我成了反革命，这是为什么呢？

1949年我十三岁，在南京中大附中读初一。解放军占领南京后，帮百姓挑水，给我留下很好的印象。就在那年我参加了少先队，是新中国第一批少先队员。由于在抗战胜利前夕，父亲患肺结核早逝，母亲一人难以抚养三个子女，解放后在四野政治部当军官的叔叔就把我们一家接到武汉，介绍母亲到一家印刷厂当出纳员，我和妹妹寄养在叔叔家。为了减轻母亲负担，我初中毕业后就考了铁路中专。那时中专吃穿用国家全包，我一心读书，很快就成了学校的优秀生，入了团，当了生活班长和团支部书记。我积极要求进步，一切都认真地按学校和党团组织的要求去做。很快又成了济南市学生联合会的执行委员。1954年，又作为全校两千名师生中唯一的男生代表，随学校领导一起到北京参观了当时的苏联展览馆。毕业时我被分配到北京铁路局天津车辆段。后来张家口要人，那里是个风口地区，最冷时气温可达零下二十度。我抱着那里艰苦哪里去的决心，义无反顾地去了那里。1958年北京铁路局支援边疆建设，我又被调到柳州车辆段，成了当时的一名技术骨干，在大跃进中火线入党。

1969年被柳州铁路分局党委调到分局机关宣传部工作。我决心不辜负党的信任和希望，不断完善自己，努力工作和学习。在工作之余，常给报社写稿，以锻炼思想能力，提高写作水平。在机关和基层，我多次被评为先进工作者，优秀共产党员和优秀通讯员。当时的思想状况，觉得自己是党的人，要坚决做党的驯服工具。那时机关很难有加工资的机会，一旦有，名额很少，就主动地提出放弃，让给生活有困难的人。

对于党组织，我是赤胆忠心，言听计从。我经常向党支部书记用口头和书面的形式汇报自己的思想，请求组织的帮助。像一个虔诚的教徒，把领导当成自己的牧师和神父，不断地检讨和忏悔自己的过错和不足。连自己婚恋中的隐私都向领导交代得一清二楚。不久。我又从宣传部调到了党委办公室。

从四清到文革

1964年，铁道部从柳州、郑州、广州三个铁路局抽调了几百名科以上的干部，组成铁道部四清工作团。论级别我不够，但我和几个同样不是科级的年轻干部，也被派到了四清工作团，听说是为了培养接班人。从1964年到1966年大约两年半的时间，我先后在广州南宁柳州等地搞四清。至此时为止，在党的历次政治运动中我都没有受过冲击，在前进的路上顺风顺水。因此，一种莫名的自信和自豪常常占据我的心。

1966年的下半年，文革之火烧到了柳州，我还在柳州机务段和当时柳州铁路局党委书记张炎一起搞四清。一些红卫兵开始到机务段搞串联，揭露和批判四清工作队执行的资产阶级反动路线。机务段工人开始投入文化大革命运动，批判四清工作队。张炎被批斗游街，铁路局的各级党委也渐次陷入瘫痪。工作队无法开展工作，队员们无事可干。

对这些突如其来的变化我看不明白，不理解，想不通。对当时红卫兵和工人起来造反的行动我也看不惯。我这个一贯把领导当拐杖扶当肩膀靠的人，一下子失去了主心骨，茫然无措。

但我想，作为一名共产党员，在这场大革命面前不可以袖手旁观。但文化大革命到底怎么搞并不明白，只能从毛主席关于文化大革命的指示，中央文件和报纸社论中去寻找答案。于是我天天读毛主席的书，背毛主席语录，学中央文件和两报一刊社论。渐渐地在脑海中有了一些基本概念，一知半解的教条式的掌握了一些理论，明确了这场史无前例的大革命重点是整党内那些走资本主义道路的当权派，这是无产阶级和资产阶级两个阶级，两条道路，两条路线的斗争，是你死我活的斗争，这场斗争关系到党和国家的前途和命运，我们应该保卫党中央保卫毛主席，把隐藏在党内、政府内、军队内的赫鲁晓夫式的人物揪出来，以保卫红色江山永不变色。中央一再强调要充分发动群众依靠群众，让群众在运动中自己教育自己，自己解放自己，尤其号召共产党员要经风雨见世面到大风大浪中去锻炼自己改造自己，我感到自己接受考验的时候到了。

在思想上有了初步的认识，但在行动上依然是犹豫不决，生怕站错了队。

那段时间我很久没有回原单位去了。一天我忽然想回去看看。和老领导老同事叙谈叙谈。可我回到机关后，原来那些熟悉的脸见了我好像见了陌生人一样，瞪着眼睛不理我。我很奇怪。当我走到会议室大厅时，一切都明白了。会议室大厅横挂在空中的一根根绳子上，挂满了大字报。再一看吓得非同小可，原来那些大字报全是揭发和批判我的。什么"揪出反革命修正主义分子王反修"，什么"坚决清除埋在我们身边的地雷"，"王反修是'三家村'在柳州的代理人"，"王反修恶毒攻击党，别有用心，罪该万死"……还在我的名字上打上了红叉叉。我真是丈二金刚摸不着头脑。三家村讲的是北京的吴晗、邓拓、廖沫沙，他们不是专家学者就是副市长之类的政府高官，我和他们八竿子也打不着，连他们有什么作品都不知道，我怎么代理，怎么开分店？我根据组织的安排外出搞了两年四清，怎么就成了阶级敌人？冷静下来，细想原因，大概是因为我为了提高工作能力，平时给报刊投稿，写的那些文章，例如"兼听则明，偏信则暗""要以雷锋精神学雷锋""知错能改，善莫大焉"等等。想来都是为了配合党的宣传工作，也得到领导和报社以及同志们的肯定，他们甚至还称赞我是"小马铁丁"（马铁丁是当时活跃于报刊的一个著名杂文家），怎么这会儿一搞运动就恶意曲解，反过来当作大毒草批判呢？对这些莫须有的罪名，我没有力量去反击，只是暗暗的告诫自己，一定要加倍小心，不要有什么辫子被他们抓住。所以一时间，柳铁两派我都迟迟没有参加。

为了进一步认清形势，我决定到北京去看看。因为那里是文革的发源地，毛主席和党中央在那里指挥着这场斗争，到那里会对形势看得更清楚一些。1967年初我只身到了北京，北京到处是标语口号，传单小报、大字报、

批斗会遍地，整个京城被一种浓烈的革命气氛笼罩着。我大部分时间都待在铁道部。铁道部办公大楼所有办公室都被来自全国各地铁路系统的战斗队和群众组织占领，铁道部长吕正操穿了一件洗得发白的军装搞卫生扫厕所。铁道部大楼内外贴满了大字报，每天都有各种最新消息号外和传单，不断有中央和地方各级领导被揪斗批判，给我的感觉，除了毛主席，林彪，周总理和中央文革的几个人外，其

他人都靠不住了，也都难以逃脱被揪斗的命运。造反派和红卫兵明显地受到中央的宠爱和支持。我不知道谁是真正的走资派。给我的总印象，当权派就是斗争对象，红卫兵就是革命先锋，毛主席号召造反，造反就是对的，是革命的需要，要坚定地站在造反派和红卫兵这一边。带着这样的印象我回到了柳州。

当时柳铁地区在上海"一月风暴"的影响下，各个单位纷纷夺权，接着分成两派，一派是支持韦国清的广西联指，一派是打倒韦国清的广西四二二。在铁路上一派是打倒张炎的柳铁钢联指，一派是支持张炎的柳铁工机联。二月份军队进驻柳州铁路局实行军管。

起初我还是在观望。为了弄清哪派是造反派，我没有急于表态，而是暗暗观察。一开始两派的活动我都参加，两派开批斗会我都去听，两派的大字报和传单我都看，对两派提出的口号，两派争论的焦点，两派人员的构成等情况，进行了比较和分析。

两派的口号有区别而且互有针对性。工机联这边的口号是"革命无罪，造反有理"，"造反到底就是胜利！""舍得一身剐，敢把皇帝拉下马"，联指那边的口号是"只许左派造反，不许右派翻天"；工机联这边的口号是"打、打、打、打倒保皇派"，"保皇有罪，罪该万死！"而联指那边的口号是"坚决保卫党中央，坚决保卫毛主席"，"一保到底，永保红色江山永不变色"……单从这些口号的表面看，都没错都有道理，如果细细地品味一下又有不同的倾向，工机联这边强调的是造反，而联指那边则有压制造反的意味。

从两派人员的构成来看，工机联这边学生、工人占多数，干部很少，他们活动的地点主要是公共场合，如文化宫、体育场和学校、基层单位。而联指主要是车站、客运、工程部门的工人和党政机关中的大多数干部以及公、检、法人员。他们除了大型集会在公共场合外，所有机关，包括铁路局、分局、工程处、公检法的办公楼都是他们活动和控制的地盘。在总人数上联指明显是占优势的。

行为上看，联指常常抛出工机联头头的档案，指责那些头头成分复杂、出身不好、动机不纯，通过揭人老底，进行人身攻击等打击对方；而工机联这边常常有些过激行为，或者例如，在对方的批斗大会上去砸场子等等。

参加两派的批斗会也很有意思。工机联方面组织的批斗会，多以联合战队（中学生组织）的学生们为主发言。他们能熟练自如地运用毛主席语录，逻辑严密，观点鲜明，语言犀利。那种"敢把皇帝拉下马"的精神，让人钦佩。反观联指的批斗会，有时就让人感到好笑。他们的批斗会总是以机关干部发言为主。一次，局政治部一位机要秘书，在批斗局党委书记张炎时说："我们跟了你这么多年，现在你不管我们，却去支持工机联，那我们这些人怎么办？"这哪里是批斗会，倒恰恰证明了他们对领导对张炎的依赖。我又联想到分局机关那些将我打成什么三家村代表人物的人，运动来了，他们不敢触及领导，昧着良心把我这个机关里级别最低的干部抛出来。我不愿与他们为伍。

总的来看，我觉得两派都有不妥的地方。但最终决定参加工机联。除上述理由外，以下几件事起了很大作用。

军管以来，南宁抓了工人造反司令熊一军，柳州市抓了造反派工人刘占云，在柳铁地区，取缔了铁路先锋造反团，取缔了合同工造反组织红铁军，抓了他们的头头和一些骨干。电务工程队一个参加工机联叫邓承刚的工人，开会时喊口号发生口误，被柳铁公安处当反革命抓起来。对这几件事，联指派认为"抓得好"，"打击了反革命的嚣张气焰"，而工机联则认为是镇压了群众运动。两派鲜明的态度，对立的观点，势不两立，不可调和。由此我想到，这次运动的重点是整党内那些走资本主义道路的当权派，矛头应该向上。可广西、柳州、柳铁偏偏把矛头向下，把一些工人群众当反革命抓起来。这不是资产阶级反动路线又是什么？联指派支持和参与镇压，偏离了运动的大方向；工机联反对镇压，他们是造反的。我认定造反是对的，压制造反是错的，于是我决定参加了工机联。

参加工机联后，一开始我只是斗批改组的一个普通成员，不是总部头头。但和历次政治运动一样，我抱着极大的热情全身心的投入，全力以赴，十分积极。不论是开批斗大会还是游行示威，我总是带头喊口号，踊跃上台发言，奋勇争先。

文革的发展出人意料。

两派斗争越来越激烈。敌对情绪不断升级,开始时互有小动作。你覆盖我的大字报,我涂掉你的大字报,开大会互相谩骂,辩论时互相围攻、指责,然后肢体冲突,双方矛盾越来越深。各派为了弘扬自己的观点,维护自己的利益,显示出各自的力量和决心,三天两头组织游行示威。到一九六七年七月,江青在武汉"7.20"事件中,公然提出"文攻武卫"的口号。文斗迅速演变为武斗。随即联指就扛着棍棒、长矛、大刀上街游行了。刚开始看见尖尖的长矛、闪亮的砍刀,我心中有胆战心惊的感觉。

事态变化之快出乎我的预料。8月3日那天,铁一中联合战队的学生胡超亮在看大字报时,和东方红公社成员(对立派学生组织)发生口角,被抓到党校,被联指派的武斗人员用长矛刺死。这是柳铁文革中第一个被打死的人。接着第二天,铁路机车车辆厂工机联派的工人朱智权又被联指刺死。一死人,双方仇恨就加深了,形势急转直下。斗批改不搞了,机车司机不敢出乘,单位上势力弱的一方跑掉,向本派力量强大的地方集结。双方加速在自己控制的地盘上,做准备防止对方的进攻。

那时我是总部斗批改小组的成员,我们斗批改小组和总部的人一起搬到机务段的行车公寓集中。那是一栋三层楼房,我们在楼上用玻璃瓶装汽油在瓶口塞上棉花,如果联指来进攻可以点燃棉花扔出去当燃烧弹使用。工厂的人也零零星星磨制了一些长矛。但就整个总部而言,当时没有任何热武器。

随即,柳铁地区第一次真枪实弹的进攻发生了。8月23日晚上铁路联指武斗人员携带枪支弹药、炸药包,在一些干部的带领下,攻打工机联大本营柳铁文化宫。他们用炸药包炸坏了文化宫西边的大门,但由于文化宫当时只有刘重阳(工总负责人之一)一个人有一支不知从哪里搞来的老枪,基本唱的是空城计,无法还击。联指因此反而没敢攻进去,不知道里面有什么防备。不料天亮以后,打扫战场,联指大部已撤退,刘重阳发现还有武斗人员在,那人也发现了刘,双方对峙,互击,刘先动手,打死了那人。

当晚（8月24日）周总理在北京接见广西两派赴京代表时表态，"四二二是革命造反派"，"联指是群众组织"。这对我们是极大的鼓舞。但联指对总理的表态极为不满，当晚刷出大标语"周某某'8.24'表态罪责难逃""周某某，你算老几"。对工机联的攻击升级，骂我们是"右派"，是"反革命派"。而且把铁路联指更名为"钢联指"，表示要更加强硬更加坚强的斗下去。

当时，广西军区掌握各地武装部，和公检法一起，基本上站在联指一边。联指手中有大量的武器，是抢的还是发的我们并不清楚，他们用真枪实弹向我们总部发动进攻却是不争的事实。攻打铁路文化宫是文革以来在柳铁地区发生的第一次大规模的用真枪实弹向工机联发动的进攻性武斗。此事使工机联造成了极大的恐慌，内部群众纷纷向头头施加压力，要求搞武器。抢枪舆论盛起，武斗时刻面临升级。

"9.5"事件

1967年9月6日傍晚，机关总部头头镇市[1]在机务段找到我，对我说，反修，部队讲四二二的人到来宾武装部抢枪，被打死不少人，你和六九八四部队去来宾看一下，处理一下。在"8.24"周总理宣布四二二是革命造反派之后，六九八四部队和他们的上级五十五军就宣布支持四二二。天黑以后部队开来一辆卡车，上面有十多个军人带我和他们一起前往来宾县，大概半夜十二点多到达武装部。车停在大门外，先由解放军进去联系好以后才带我进去。一进武装部，借着灯光我看见大门左侧地面横七竖八的一堆尸体，血腥味扑面而来，我几乎惊呆了。我从未见过这么多死人，心中五味杂呈，目不忍睹。解放军带我进了一间平房，里面关的是伤员和被抓的人。有一个腿上中了枪，有一个断了胳膊，他们直喊口渴，吃了牙膏也喝了同伴的尿。见此情景我立即决定请6984部队把伤员和被抓的人立即开车带回柳

---

[1] 人名。工机联总部负责人之一，部队家属。

州。我让车辆段的王翊留下，他参加了抢枪，好向我介绍事件的经过。我请解放军第二天派车来把所有的尸体运回柳州。

第二天天亮，我和王翊清点了武装部院内的尸体，一共十八具。其中三个是铁路的，一个是铁二中的学生方天行，年仅十六岁；一个是车辆段的胡新沂，还有一个是机务段的芦宗明，其余十五人全是柳州市"柳江风雷"红卫兵，他们也都只有十五六岁，全是花季少年。王翊向我介绍了抢枪经过。9月5日上午，柳江风雷的红卫兵开了辆卡车停在车辆段附近的马路上，他们跑下来对我们说："到来宾抢枪去不去？"那时候谁不想要枪呢？听说有枪抢一下来了十多个人，一起爬上了车，整整一卡车装满了人。大约下午三四点钟到了来宾武装部。车停在武装部大门外，大家争先恐后下了车就往武装部里冲。跑进武装部十多米枪就响了。一听枪响后面的人不敢进来了，进了武装部的人有的被打倒了，没打倒的就往左右两侧的过道跑，大部分人都死在进大门后的开阔地上，因为武装部的食堂窗户正对着大门，解放军在那里架设了机枪，室外还有流动的持枪军人。王翊告诉我这些死者被打死时的位置。有一个是跑过左侧通道跑过红薯地翻墙时被打死在围墙下，有一个是跑过右侧通道，在翻越围墙时被打死的。铁二中的方天行腿部中弹，当时没死，从开阔地慢慢挣扎着爬向右侧通道躺在那里。当时下了阵雨，他口干，张口接雨水喝，没多久因流血过多死掉了。车辆段的胡新沂和另外三个被抓的人被押到食堂旁一栋房子的墙边，脸朝墙站着。一个战士拿着手枪上来，对准他的头开枪把他打死了。有一个年纪稍大的解放军军官上来制止那个战士的行为，说不打了不打了，另外三个人才活了命。我一边听王翊介绍，一边画简易草图，画武装部平面图和被打死人死时的位置。我在武装部边问边走边画，旁边好几个解放军战士在那里骂骂咧咧，他们说，他妈的这些家伙坏透了，什么都抢，前几次抢不到枪连我们的衣服、皮带、帽子都要，真不像话。有的说，你们敢抢枪，就让你们尝尝味道，解放军是不好惹的。其实在中央"9.5"命令下达之前武装部把枪是埋在地下的，当"9.5"命令宣布抢夺人民解放军的武器弹药是反革命事件，部队可以开枪之后，他们就把武器取了出来做了充分的准备，他们说谁再来抢就让他们有来无回。

当天，还有工机联总部刘重阳也带了几个人去来宾武装部抢枪。但走在前一拨人之后。快到时，听说打死了人，就没有行动，返回了。

这里要补叙一下。文革武斗以来，多地多处都发生了抢解放军枪的事件，对此中央军委有文件，一律不许向群众开枪。（应该说，即使在这种情况下，解放军要防止枪被群众抢去，还是有很多办法的，因为群众没有对解放军开枪动武的。但有些群众组织轻而易举地"抢"到了大批枪支。）"9.5"抢枪的那些孩子们，就是在这种背景下到来宾武装部的。但9月5日中央军委又下达了"9.5命令"，宣布在群众强抢枪时解放军可以开枪还击。作为群众，"9.5"抢枪的那些人，出发时还没有听到"9.5"命令的传达，而来宾武装部的军人已经得到传达了。而且前来的人是他们不支持的四二二派。但执行"9.5"命令，具体的做法很有讲究，是不是来者皆杀，俘虏也杀，这和群众分成对立的两派，解放军支左也各有倾向，有很大的关系。所以，文革中的群众抢夺解放军枪支事件，是特殊历史条件下产生的，情况极其复杂，值得文革史家专题研究。

这件事对我触动很大。为什么同样是解放军，有的保护我们，有的却对我们恨之入骨，要置我们于死地？毛主席不是说红卫兵的斗争大方向始终是正确的吗？他们为什么抢枪？主观意图也是为了保卫毛主席，保卫毛主席的革命路线，可把他们当反革命打死了。解放军是最可爱的人，为什么把枪口对着这些尚未成年的孩子们呢？他们怎么可能反对革命呢？来宾武装部的那些人对那些赤手空拳没有还手能力，甚至已经放弃抢枪拼命逃跑的人都不放过，抓住的俘虏也要打死。受了伤的也不施救，任凭他们去死……我十分不解，带着疑问画了示意图。当六九八四部队军车开来后，我和解放军一起，把一具具血淋淋的脸部白得变了形的尸体装上军车一同返回柳州。

这些死者中让我永远难忘的是机务段的芦宗明。他的肠子被打出来了。他的妻子是一个农村妇女，肚里怀了一个六个多月的孩子，住在机务段附近的棚户区，一间用油毡搭盖的四面漏风的棚子里。她以后怎样活下去呢？

后来我写了"9.5"来宾抢枪事件的调查报告交给镇市，准备交给广西四二二赴京代表团反映给中央。但石沉大海，再也没有听到和看到关于这一事件的任何消息。那些在这一事件中死去的人，那些满腔热情参加文革的工人学生，就像被踩死的蚂蚁一样消失在这个世界上了。运动发展到这一步，我感到难过、不安和惶恐。但是，想到中央刚刚表态我们是革命造反派，野战军也纷纷表态支持我们，我又充满了信心。

革命大联合

　　九月份毛主席视察了大江南北，号召两派联合起来。1967年10月下旬，铁道部军管会召集全国铁路局军队代表以及两派群众组织的代表，到北京铁道部开全国铁路运输工作会议，学习贯彻毛主席最新指示。我被机关总部的头头陶煦派往北京作为工机联的代表，同去的还有机关总部的桂树林，工人总部的肖福祥，联合战队的黄雄民。我们这几个代表都不是主要头头。在会上我们学习了毛主席最新的指示，铁道部军管会和柳铁军管会主任游走于两派代表之间，不断做工作。铁道部军管会主杨杰很耐心，柳铁军管会也在两派之间不断的沟通和调解，要求我们联合起来。我觉得应该按毛主席的指示办事。联想到柳铁地区的实际情况，铁路运输停顿了，调度所联指掌控，而火车头却在工机联手里，两派对立，谁也不听指挥。军管会也干瞪眼，没办法。越抓革命越无法生产，成天只听两派在广播喇叭中对骂。我感到两派不能再对立了，不能老这样无休止地打下去，要把矛头向上，共同指向走资派。我想到铁路运输中断国家损失太大了，不能再乱了，这样局面失控肯定不行。我希望和联指联合，大家有矛盾有分歧可以坐下来谈。我怀着良好的愿望和一颗真诚善良的心，作为工机联的首席谈判代表，鼓励我方代表积极推进两派谈判，竭力说服其他几个代表在联合协议上签了字。两派在会议期间达成了全国铁路第一个革命大联合的协议（后来简称为"铁路八条"）。

　　我的做法得到了总部头头陶煦的支持。

　　签订协议的消息传到周总理那里，总理非常高兴，要亲自接见我们，还把协议作为中央文件转发全国。十月下旬的一个晚上，总理在中南海总理办公室接见全国铁路运输工作会议全体代表时，让我坐在他的身边，那时我真有说不出来的欣喜。我觉得我做对了，感到非常自豪。我期待两派不要再势不两立，摒弃前嫌回单位把生产搞起来。

回到柳州以后，在铁路鹅山广场召开工机联群众大会，我满怀期待地向大家汇报在北京签订大联合协议的经过以及总理接见我们的盛况。出人意料的是群众反应冷淡，会场上鲜有掌声。当主席台上喊口号的时候，下面稀稀拉拉的很少人响应，不像往日开批斗大会时口号声此起彼伏，群情激昂，更不像迎接毛主席最新指示那样欢呼声震耳欲聋。这是因为两派对立情绪严重，积怨很深，从感情上来说是难以接受对立派。尤其是死了人以后仇恨加剧，又未能如群众希望的那样，查惩凶手。也和本派别内部观点激进的一些负责人的态度有关。自那以后，工机联中许多人都称呼我为"修头头"，（因为我原名就叫王修，文革中为了赶时髦才改为王反修的）。大家认为我丧失了立场，这种联合损害了本派利益。对于群众的反映我是理解的。我想不是签订协议就能解决全部问题的，需要一个疗伤过程，只能慢慢来。

当年十月，中共中央、国务院、中央军委、中央文革小组联合颁布了《关于广西问题的决定》，史称"广西十条"。在这个文件中，广西两派都定性为"革命群众组织"。应该说，这种定性，更符合实际情况，更利于大联合的实现。但运动后来的发展完全出于意料，令我们瞠目结舌，手足无措。我的思想也渐次左转。

12月，在军管会的主持下成立了柳铁革命大联合委员会，双方派对等的代表参加。成立大联委的主要目的，是想尽快恢复铁路运输。号召大家回单位上班，不再以派别的名义活动。因而决定把两派的派旗砍掉，一切活动都在大联委统一组织下开展。大联委不是权力机构，只是给双方提供了一个谈判协商的平台。谈生产还好，一谈斗批改，就吵得一塌糊涂。这派要批韦国清，那派要斗伍晋南。双方代表观点不同，利益不同，立场不同，在诸多问题上都互不相让，寸土必争，吵得不可开交。总是指责对方违反协议，往往是台上握手台下踢脚。大联委达成的唯一协议并付诸实现的就是各方派十五人组成大联委巡逻队共同巡逻，以维持铁路地区的治安秩序。关于斗、批、改，抓革命促生产的问题上仍然严重分歧，没有达成共识。

大联委巡逻队一开始共同住在铁路招待所。一直维持到大约1968年4月初。到1968年4月，联指抢占了车站、柳州分局等地，又殴打了我方队员楚树亭，最后把工机联方面的巡逻队员赶跑了。

大联委作出的"砍旗"决定，超越了工机联大部分群众的认识，因而在工机联特别是联战的内部引起了强烈反弹，成为《今日的哥达纲领》出笼的导火索。

柳铁文革不可能孤立地存在，摆脱不开广西文革和柳州市的文革的影响。1968年初广西整体的文革形势和个别偶然事件，彻底打破了柳铁两派试图大联合的努力。

1968年元月21日，铁一中学生联战"大喊大叫"毛泽东思想宣传队（文艺宣传队）成员莫兆明、陈宪中到柳州市借小号，遇市造反大军愤激的群众围住两位十七八岁的解放军战士辩论（因刚刚发生造反大军群众被打死的事情），致使两战士不能前行。莫、陈两同学从军装颜色认出这两位战士系驻铁路某部队的，该部队新近从越南战场上调回，对文革不了解，全无派别倾向。遂帮两战士解围。但两战士旋又被另一拨群众围住。因为同路，两同学决定陪同和护送两位年轻战士回部队驻地，途径探矿厂。探矿长的联指武装力量早已当街筑起工事，此时冲出来，持冲锋枪，毫无缘由的射杀了莫兆明，打伤了陈宪中。事后大联委虽组织了调查组，但似有隐衷，不敢正视事实，结论含糊其词，对追查凶手的合理要求予以推诿。这一事件激怒了工机联特别是莫兆明所在的联合战队。大家深感人身安全收到了威胁。在前段大联合浪潮中略有缓解的两派对立情绪，重新变得紧张。

从广西全区看，韦国清和广西军区在运动初期犯了"方向性路线性错误"，中央解决广西问题时做了检查。以韦国情为首的区革筹成立后，加快了夺权步伐，迫不及待地要在全区各地从上到下成立革委会。广西四二二是打韦派，顺理成章地被视为障碍。

1968年2月14日，广西革筹、广州军区调动正规军某某部队，武装围剿柳江县422据点里高中学。由此开始，在广西各县郊，由省军区和各地武装部的直接控制指挥，由武装民兵伙同联指武斗人员，有时还加上正规军，这里那里不断围剿四二二，把四二二剿灭或者打跑，在此基础上成立革委会。各地县四二二派血淋淋的告急传单不断传来，引起了工机联的恐慌情绪，感到自己的生存受到了威胁。内部反对无原则联合，主战派的声音渐高。

《今日的哥达纲领》

1968年2月8日，联战常委柳铁一中学生肖普云针对柳铁当时的形势和倒旗协议，将柳铁两派签订的倒旗协议和恩格斯当年批判的《哥达纲领》作类比，写了一篇文章叫作《今日的哥达纲领》，批判本派别头头在大联合中表现出来的"右倾投降主义路线"。这篇文章经高音喇叭播出，又发表在联合战队的铅印报纸《红卫兵战报》上，很快引起了联指的注意，掀起了对该文的批判高潮。有关方面又很快地将该文交到了中央文革。随即在三月份的全国运输工作会议上，康生宣布该文为"大毒草"，"是要颠覆无产阶级专政"，并且罔顾事实，信口开河，断言这篇文章"不是学生写的"，"背后有黑手"，"有黑教师爷"（指教师），下令要抓黑手。随即肖普云被抓进了拘留所。

《今日的哥达纲领》被中央点名后我们感到非常被动。军管会和联指乘机向我们施加压力，要我们组织批判这篇文章。这篇文章本是针对我们工机联总部参加签订倒旗协议的头头的"右倾机会主义路线"写的，和我们意见并不一致。看文章，我们也认为这篇文章是有些问题，但不是什么要"颠覆无产阶级专政"。而且只是个别人的观点，作者肖普云又只是个中学生，发表的意见即使有不对的地方，可以讨论，大张旗鼓地对他口诛笔伐，不是变了整学生吗？《十六条》规定"这次运动不整学生"，这会违背斗争的大方向。所以我们消极对待，按兵不动。

联合战队反应激烈。又在《红卫兵战报》发表了《广西军区必须改组》、《广西革筹必须转向》等六篇文章，矛头直指军区和革筹。革筹领导下的《广西日报》连续发表社论，对这几篇学生文章无限上纲，口诛笔伐，"批判大毒草"，"揪现行反革命"，在全区大造舆论。谁都看得出，这实际上是针对整个四二二的，要搞垮搞臭四二二。

这运动究竟要怎么搞，毛主席最近的战略部署是什么，我越来越弄不明白。

思想

文革中的行动依据，就是尽力去理解、揣摩毛主席的伟大战略部署，以便紧跟。

正当我被错综复杂的形势弄得云遮雾罩，弄不明白该干什么的时候，1968年4月中央发出了粉碎右倾翻案风的号召，在北京揪出了杨成武、余立金、傅崇碧三个代表人物，说他们是"反革命的小爬虫"，反对文化大革命，为走资派翻案。我无从知道他们究竟具体犯了什么罪，我想的是我们这里什么是右倾翻案风。当时，广西全区各地农村县城的四二二已被各地武装部指挥的民兵以联指群众组织的名义出现，打得差不多了。只剩下南宁、柳州、桂林、梧州四个城市的四二二还在坚守。新形势下南宁四二二分成"老四二二"（只几个人）和"新四二二"，省革筹对老四二二怀柔，对"新四二二"（实际上是整个四二二）打击。并制造谣言说反共救国团的分部在广西，混进了四二二，四二二是被坏人操纵的，要对阶级敌人刮起十二级台风……我就在想什么是右倾翻案，必须要有案底才会翻，造反派红卫兵参加文革是没有案底的，所以无案可翻。倒是韦国清，运动开始就执行了资产阶级反动路线，他作了检讨是有案可查的，他曾经镇压过群众运动，现在成为省革筹负责人，又在全区各地镇压四二二，把矛头指向学生和群众组织，这不是典型的右倾翻案吗？当时深入造反派人心，指导造反派行动的重要理论就是所谓"两个司令部"的理论（详见博客中国碧琼子的博客：《说说文革中那些坑爹的理论》），周总理表态四二二是革命造反派之后，我始终认为我们是紧跟无产阶级司令部的，是站在毛主席的革命路线一边的，现在广西的一系列情况，都说明了韦国清故伎重演，变本加厉的镇压群众，这是典型的右倾翻案。看来韦国清就是广西的祸根。我们必须予以抵制和反击，坚决击退这股歪风。这成为我后来勇气十足的策划和指挥抢劫军用子弹（所谓援越物资）的重要思想基础。

"5.21"抢劫所谓援越物资

1968年7月25日晚上，在人民大会堂以周总理为首的当年的党和国家领导人康生、陈伯达、姚文元、黄永胜、吴法宪、温玉成等接见广西两派赴京代表和军队负责人，谈到柳州问题时我站了起来。总理问：你叫什么名字？

我答：王反修。

总理说：你是真反修还是假反修，我看你是忘反修。

我没吭声。

总理说：援越物资是你们抢的吗？

我说：是的，是我们抢的，我向全国人民请罪。

总理说：你们什么时候恢复通车？

我说：我们从来没有阻拦过列车，随时准备通车。

总理说：你们不是放了脱轨器吗？

我说：那是学生不懂事搞的。

康生说：什么学生不懂事搞的，我问你走资派张炎还在操纵你们吗？

我说：张炎早被关进了卫戍区，我们调查过张炎的历史没什么问题，文革初期有错误能改正，所以我们继续支持他

康生十分生气地说：是你们掌握的材料多还是我们掌握的材料多，是听你们的还是听中央的？

我无言以对。

康生说：对抢援越物资的人你们是什么态度？要实行无产阶级专政。反共救国团的分部就在广西，四二二中就有反共救国团。

他还把四二二说成是杀人放火的四二二。

黄永胜说：因为是援越物资所以才抢的。

事实上，我们抢时根本不知道是援越物资，事实上也还不是援越物资，是途经柳州，准备进入凤凰军火库备用的。

听了这些我感到非常吃惊，国家领导人怎么可以不顾事实呢？毫无疑问这次接见给广西四二二带来了灭顶之灾，为广西镇压和屠杀四二二这派群众发出了总动员令。从此广西大屠杀一浪高过一浪，四二二被彻底镇压了。

那次接见之后，我和四二二的其他一些头头被关进了北京卫戍区。几十年来，噩梦般的文革生涯，始终像一个沉重的大山压在我身上，煎熬了我一生。

抢劫援越物资的确是一件前所未有骇人听闻的大事。想想看吧，八个车皮的子弹，共计11800百箱，1700万发。百姓抢了这么多子弹，在中外历史上都是罕见的。为此毛主席亲自批示了"7.3"布告，指出这是刘少奇及其在广西的代理人搞的，是走资派和黑手操纵的，是反共救国团有计划的破坏活动，是为了破坏毛主席的伟大战略部署。

现在许多参与者和当事人都已离开了人世，而我看到的一些研究文革的文章对那段历史的陈述并不清楚，一些事实被搞错，因此直到现在某些真相仍不为人所知。我是抢劫援越物资的策划者和指挥者之一，比谁都清楚这一事件的真相。现在有人还在鼓动搞第二次文化大革命，人们常说历史是一面镜子，要以史为鉴，所以我想用亲身经历告诉人们，我是怎样被卷进恶浪中被吞噬，成为那段历史中的牺牲品。

文革葬送了千万人的生命，泯灭了人的良知，给国家和人民造成了无可挽回的损失，是史无前例的灾难和浩劫。

其实我是一个普通老百姓，不是什么坏人，既没有野心也不疯狂，更没有"黑手""走资派""反共救国团"操纵我。我是响应毛主席的号召参加文化大革命的，越积极就陷得越深，以致不顾一切地干下去，作出在常识常情下匪夷所思的事情。

四月下旬柳州武斗升级。在周边县郊四二二都被围剿殆尽的情况下，鹿寨、武宣、象州的武装民兵，在革委会武装部的直接指挥下，攻打柳州造反大军。柳州水厂、青云路，柳江边一带造反大军被打得节节败退，联指用越战时的土办法，用炸药包带炸药包，下面炸药包一点燃，上面炸药被射出去，飞向对方阵地，一栋栋的房屋立即倒塌。每天晚上火光冲天，爆炸声震耳欲聋。造反大军不得已退守到柳南箭盘山、谷埠街一带。许多从农村逃出来的四二二难民和所谓黑五类子弟，纷纷涌入铁路地区，集中在车辆段、机务段、铁一中这一带，也就是三四平方公里的地盘上。学校的教室、工厂的车间、会议室、宿舍区都住满了人。柳州市造反大军抵挡不住联指和武装民兵的进攻，从柳北退守到柳南，龟缩在几个孤立的地点。

铁路地区虽未发生大规模武斗，但形势已经岌岌可危。四五月间，柳铁钢联指和柳州市联指，不知从何处搞来大批武器弹药，迅速占领了柳州市和铁路地区的所有制高点，马鞍山，鱼峰山，铁路地区的大鹅山、小鹅山以及分局大楼、铁路局大楼，火车站也被联指武力控制。另一方面，他们派出武装人员，在两派杂居地区，有计划的抓捕绑架四二二的头头、总部的工作人员以及亮相支持四二二的领导干部，先后抓捕了张启文、温国良、姜泗维、潘红卫以及张炎（铁路局党委书记）徐一、王春湘、林荷达等人。他们陆续被绑架后被强行关进柳州市人委礼堂联指私设的临时监狱中，严刑拷打逼供。（那里先后关押了六、七百人。）工机联已完全处于被动挨打的地位。

五月上旬铁道部召开全路运输工作会议，工机联主要头头和各基层站段头头都上北京去了。走的走，抓的抓，工机联领导层出现了真空。在这种情况下，如果没人出来领导，工机联无法统一行动，势必被动挨打，广大群众的人身安全都难以保障。为了工机联的存亡，我想我应该发扬共产党员不畏艰险，越是困难越向前的大无畏精神，主动站出来，勇挑重担。于是我主动站出来组织了一个临时的五人核心小组和"工机联文攻武卫指挥部"，组织群众对抗联指对我们的进攻。由我和机关总部的周继文、工总的王立和、李振岭、联合战队李崇泰组成。李振岭是转业军人懂点军事，又是工机联和造反大军的联络员便于和造反大军配合，由他担任文攻武卫指挥部总指挥，我任政委，下设三个指挥所。一所在文化宫由王立和负责，机务段、车辆段为二所，小鹅山附近各单位为三所，并选择林场为指挥部办公室，那里树木多，便于隐蔽，可进可退。由于联指从他们控制的制高点不断向工机联地盘射击，几乎每天都有人被打死打伤。联指武装人员从马鞍山上用高射机关炮打铁路文化宫，子弹穿过一砖厚的墙，把驻守在文化宫的人打死。又从小鹅山及分局不断向机务段路口射击，封锁文化宫和铁一中之间的道路，使我们进退不得。而我们没有武器，无法还击，只有被动挨打。

柳州造反大军和工机联在一个越来越小的包围圈中坚守着。头头们着急群众也着急。对此，我们每天晚上在铁路林场召集指挥部成员会议，研究当天发生的事情和应对的办法。每天晚上指挥部开会的时候，门口和窗外都站满了焦急的群众，大家期待我们能拿出对付事态的办法来。开始的时候我总是安慰大家，我说，我们是造反派，要相信党中央和毛主席，中央是支持我们的，我们要沉着不要害怕，中央知道广西的情况，镇压四二二的人是不会有好下场的。讲这话的时候，我的心里也是没底的，我不知道该怎么办。我多么希望像1967年8月24日周总理表态支持四二二那样，说一句"不要攻打四二二，农民不要进城，让联指撤退"，那多好啊。但此一时彼一时也，现在广西革筹广西军区幕前幕后坚定的支持联指，因而联指攻打四二二有恃无恐。我也弄不清中央现在到底怎样看待广西问题。

那时候因为道路被封，白天我们在家休息。一个中午，我睡在自家不到四平米的柴房，我爱人把门外加了锁不让我外出。醒来以后，我大发雷霆，对爱人发脾气说："干嘛把我锁起来？"我爱人说："打得这么厉害，怕你出去不安全，你不要去了。"我说："现在总部没人，我不能不去，干革命要紧. 你不要拉我的后腿。"我岳母反问一句："你出了事我们怎么办？"我说："我也不知道，听天由命吧。"就头也不回就离开了家。那时我爱人已有四个月的身孕，还有一个脑瘫的儿子躺在床上，我都不顾了。

1968年5月18日"五三八"车站工人张先恭对我说，车站有两个代号车，可能是炸药。问总部要不要。铁路上的代号车一般都是危险品、易燃易爆品，插在车边上的货牌上不写品名只用号码七、八、九来代替，有可能是炸药和其他物品。晚上对他提供的情况大家进行了讨论，这就是把我们抢枪、抢武器弹药的注意力指向铁路的开始。

在讨论中，由于无法确定车上究竟装的是什么，没有贸然行动。那时我内心还是十分矛盾，究竟中央会不会救我们我不清楚，只是一厢情愿的渺茫的单相思。我希望广西的问题由中央作出政治解决，而不至于要我们自己拿起武器才能保卫自己。每次开会我都会重复的告诫大家要相信党中央、相信毛主席不会不管我们的。现在想来非常幼稚可笑。

5月19日晚上指挥部开会仍未作出决定，只知道柳州市造反大军被打得很惨，不断来铁路求援。

5月20日的下午工务段的养路工杨建平也来报告，说路过柳州站时看见线路上有军车，有几个车开着门上面装的是绿色的长长的箱子，一边用手比画着问我要不要抢。我问装的是什么东西，他说不知道。

5月20日晚上和往常一样在林场召开指挥部会议，除了指挥部成员外还有各指挥所的代表，也有一些焦急的群众。那天开会的核心内容就是对铁路上的武器弹药抢不抢。开始还是让张先恭、杨建平介绍他们在车站看到的情况，大家进行了分析，认为军车上的长箱子绿箱子有可能是炮弹也可能是枪，"五三八"车站的代号车有可能是炸药也可能是其他危险品，一直争不出个结果。由于外面形势危急，内部主战派呼声越来越高，多数人认为不管是什么，抢了再说。我认为不能盲动，建议再到两个车站去看看车子还在不在，把事情做细一点，最好能弄清车上装的是什么。到凌晨三点去车站调查的人回来了，说"五三八"车站的两个代号车不见了，杨建平说军车还在，只看见车上有长箱子、绿箱子，和原来讲的是一样的。这时参加会议的人几乎全部表态认为要抢，再不抢等军车开走了就抢不成了。

我非常犹豫，迟迟没有表态。有围观的群众不耐烦了，冲着我发了脾气说，他妈的，当头头干嘛这么怕死，怕死就不要当头头。这句话像一根针一样刺痛了我的自尊心。我这个头头不是上面任命的，也不是群众选举的，完全是我主动站出来的，既然站出来了，就要勇于承担责任。可是去抢军车我内心还是很害怕。如果去抢了，中央怪罪下来，有可能打成反革命，头头肯定跑不掉；如果不抢，又怎么应对联指的围攻？我好像走到了悬崖边上，进退两难，前面是死路后面是追兵，不是找死就是等死，无路可逃无计可施。为了挽回面子我斩钉截铁地说："我不是怕死，打成反革命我去坐牢就是了。我是想把事情做得稳一点。我们要抢有用的东西，没用的抢它干什么。如果是炮弹我们就不要，对我们用处不大。我的意见是可以把军车拉进冷冻厂，看看上面装的是什么，如果是枪和子弹我们就要，如果是炮弹我们就不要。"最后大家同意我的意见。

会议结束后我们都到冷冻厂去等，由司炉韦立仁开车头，扳道员李达道带车，杨建平跟车，三个人开了火车头到柳州站去挂车了。起初拉进冷冻厂的只有五辆车，车门是开的，上面装的全是绿色长箱子，有解放军跟车押运。当我们的人上车搬箱子的时候，解放军急眼了，他说，你们不要抢，车上全是炮弹，你们拿去也没什么用，我们回去没法交代。有人打开箱子一看果然是炮弹。我对押车的解放军说，同志你别急，我们是来抢枪和子弹的，我们不要炮弹。押车解放军不假思索地对我说："要子弹有，后面车上装的全是子弹。"我一听简直要跳起来了，立即告诉李振岭、桂树林等人，并让大家把已经卸下的炮弹一箱箱装上了车。李振岭又去通知韦立仁、李达道、杨建平三人，把五辆炮弹车送回柳州站，顺便把刚才没有拉来的军车拉回冷冻厂。

这时天快亮了。第二次一共拉了八辆车到冷冻厂，车门都是关上的。等在冷冻厂的人打开车门，一看全是白色木板条钉成的小木箱，打开小木箱里面有两个小铁盒，铁皮盒内装的全是子弹。在场的人都蜂拥而上，大家都开始卸车。而且人越来越多，有用肩扛的，扁担挑的，自行车、三轮车、板车、汽车都用上了。工人、学生、家属、难民，甚至老头老太都有。我们没有动员，没有呼叫，因为枪炮声是最好的动员令，人们都渴望拥有武器，这样才有生的希望。没多久时间八个车皮的子弹就被抢完了。

在我们卸子弹的过程中，押车的解放军急得不行。他看见站在车旁的我难过地说："同志，你们把子弹抢走了，我回去怎么交代？"我说"你是那个部队的？"他说是沈阳军区的。我说："子弹运那儿去？"他说上凤凰军火库。凤凰站离柳州不远，只隔两个小站，那里是有军火库。我说："同志你放心，这不是你的责任，事情是我们干的，由我们负责。"他说："那你给我打张收条"。我说："行。你要怎么写？"他讲了大致的数量，我找来纸和笔毫不犹豫地写了收条，大意是今收到沈阳军区56—1式子弹11800箱，1700万发。最后签名的时候，我先写了一个"李"字，因为李振岭是总指挥，后来想想写真名不好，而这事也不能由他一个人负责。由于以前看电影看得最多的就是《铁道游击队》和《平原游击队》，我忽然有一种英雄情结，下意识地写了"李向阳"三个字，然后把收条交给了押车的解放军。

天亮以后，联合战队头头钱文俊到冷冻厂一看，就说，这么多子弹怎么用得完。建议将冷冻厂站台上尚未运走的子弹全部装上车，送回柳州站去让钢联指来抢，这样中央怪罪下来各打五十大板。我觉得这个建议可行，在和其他头头商量后动员大家把子弹又装上车，共两个车皮子弹拉到柳州站去了。

那天上午军管会副主任五十五军的师参谋长曹银忠到冷冻厂找我，他说："这个事你们闹大了，这么多子弹你们怎么用得完？一个淮海战役都没用这么多子弹，广州军区常备子弹都没这么多。你们要想办法上交。"我说我们已经退了两车。他说："不行，还要交，不然怎么向上面交代？"于是那天下午在林场指挥部开会了解子弹的去向，可是谁也说不清楚谁抢了多少子弹。有的拉进据点，有的埋在菜地，还有藏在天花板上，埋在煤堆里的，放在床底下的……参加人有铁路的，地方的，有战斗队的，没战斗队的，男女老少只要知道消息的都抢了。指挥部无法统计，处于失控的状态，谁都说不出子弹有多少，放在什么地方。我虽然传达了曹参谋长的意见，可是收效甚微，无人响应。其实光抢子弹也发挥不了什么作用，没有枪子弹也打不响。那几天军管会副主任曹银忠天天来动员我交子弹。我口头上答应了，也在指挥部会上讲了，就是没有行动。抢子弹时大家一哄而上，交子弹时大家都躲得远远的，我也无可奈何。

"5.25"事件

5月25日早晨，天刚蒙蒙亮，防腐厂郑木德跑到机务段公寓楼上，把正在睡觉的我叫醒，他说，反修、反修，来了那么多解放军不知道干什么，你快去看看。我跟他下了楼，刚走到路口，就看到解放军端着枪，每隔几米就一个，一声不响十分严肃地站在那里，把我们包围了。我试图去林场找其他头头商量对策，可解放军不让我过。看那架势我感觉不妙，却又无可奈何，只好回到公寓。我让郑木德到机务段，找机务段的头头来商量对策。可是左等右等不见来人，却看见群众越来越多。他们纷纷围住解放军战士在那里辩论，解放军毕竟没有群众多，七八个群众对付一个解放军战士，形成了反包围。群众和解放军战士纠结在一起，辩论，争吵，不一会解放军战士手中的枪全部被群众抢了，前后不过十几分钟时间。原来解放军背的枪里面没有放子弹，只是做个样子吓人的。他们估计错了，以为群众会被吓倒，偏偏大家不顾一切把枪夺了下来。一个年纪稍大的家属跑过来对我说："我问他们为什么把枪口对准造反派，又告诉他，我的儿子也是解放军，你们有本事朝我这里打……"一边用手指自己的胸口，他们不吭声。一个机务段的老师傅抢了一支铁把冲锋枪，背在肩上，昂首挺胸像解放军检阅时一样，迈开大步正步走。还有的兴高采烈地说，解放军不反抗，你去抢枪，他就拿出语录本高举着，喊"毛主席万岁"，我们就喊："向解放军学习，向解放军致敬！"

不一会枪声四起，像放鞭炮一样。是抢到枪的人装上子弹，迫不及待地对空鸣枪，既表示庆祝抢枪胜利，又是向联指示威。虽然我未参加枪，但是我也和抢到枪的人一样兴高采，喜出望外，激动的心情难以言表。这次共抢了三个团的武器，有 300 多条枪，这些枪恰恰使用的都是 56—1 式子弹，和我们所抢的子弹配上套了。我和大家一样没有感到恐惧，反而得意的相互祝贺。大家说，毛主席给我们送来了子弹，林副主席给我们送来了枪。那种长期以来饱受压抑的心情瞬间化作复仇的力量，恨不得马上把联指打跑。

这次大规模的抢夺人民解放军的武器弹药根本没有任何人组织，完全是群众的自发行为。但是之后中央领导的讲话，区革筹的领导人讲话和媒体的公开宣传，都始终咬定是阶级敌人策划的，是公开对抗中央的大阴谋，群众是受蒙蔽的，是受坏人操纵的。他们总是用一种自认为正确的阶级斗争理论看待问题和分析问题，完全脱离了实际情况。说实在话，当时我是主要的头头，在那种突然被解放军包围的时候，我真没有那样的才华和能力，组织群众几乎是瞬间就将那么多解放军的枪支抢劫一空。那时候我们没有先进的通信工具和交通工具，平时是靠自行车和步行传达信息，而公开的信息只有靠广播喇叭来喊叫，但我们想喊都来不及。

有了枪和子弹就有了底气。报仇雪恨打退联指的围攻成为当时最主要的任务。5 月 26 日晚在机务段公寓，应第三指挥所的要求召开了指挥部会议。三所所辖范围小鹅山周围的各个单位，都是被钢联指赶出来跑到机务段的。小鹅山上的联指武装人员居高临下，封锁了机务段的各个路口，不断造成我方伤亡。这个据点像颗钉子插在我们心上，我们早就恨之入骨。那天晚上决定三所的战斗队担任主攻，从小鹅山后面爬上去偷袭，机务段、林场等战斗队分别负责封锁联指正面火力，攻击小鹅山上的联指阵地，切断他们的后援。这次攻打小鹅山出乎联指的预料。小鹅山很快被我们攻下来，打死了七个守山人员。5 月 31 日文化宫（工机联据点又和技术馆（联指据点）发生了战斗。

第二天下午我在林场指挥部，桂树林来对我说，联指撤退了，他们搞了一列客车在铁路局后面的铁道上准备往柳北跑，我们要不要乘胜追击？我知道毛主席早就指出敌退我追，正是最好打的时候，我还是觉得打死人多不是好事，我说：不追了，人家走了就算了。其实我心里也明白联指知道在武器弹药上比不过我们，如果硬拼他们会吃亏的，更主要的是他们有后台，头头普遍的比我们有政治经验，他们知道我们抢了武器弹药闯了大祸，中央肯定不会放过我们，由中央来收拾我们比起和我们硬拼要好多了。于是做出挨打的弱势状态，和我们脱离接触，撤往柳北，等待中央表态。他们的撤退是暂时的。钢联指撤到柳北后，在柳江的北头拆了一节钢轨，还放了一辆货车堵在铁路上，从此双方以江为界各守一方，铁路运输也因此彻底中断。此举也成为他们向中央施加压力的一个重头筹码。

与此同时，柳州造反大军也发起反击，一举拿下鱼峰山、马鞍山等联指据点，控制了柳江南岸。

钢联指撤走后，我们试图尽快恢复铁路运输。但联指在柳江北头（湘桂干线上）拆了钢轨堵了货车，双方又各守一方无法沟通，而且柳州以外地区全由联指控制，到处都是联指的武装人员驻守在铁路主要车站，盘问搜查抓捕四二二人员，所以恢复铁路运输只能是我们的一厢情愿，无法实施。

6月13日中央发出了特急电，针对柳州最近发生的事情，要求停止武斗，上缴武器弹药，迅速恢复通车等等。但是没有把我们定性为反革命。这是中央的策略，可是我们却误读了，以为中央会放我们一码，我们非常激动表示坚决拥护，我也有了松口气的感觉。钢联指那边却炸开了锅，联指总部被群众包围，要揪出决定撤退的修头头，高呼打回柳南去。

约6月15、6日，在铁路局前楼局长办公室，自治区革筹成员安平生约我谈话。他很严肃，言词不多，有些咄咄逼人。

他说：中央特急电收到了吗？

我说：收到了。

他说：什么时候交回武器弹药？

我说：什么时候都可以。

他说：讲具体一点。

我说：那要问联指，我们和他们一起交。

他说：你们不同，你们抢的是援越物资。

我说：都一样，都是解放军的武器弹药，联指不打我们，我们不会抢，联指不交抢我们也不会交。

沉默了一下，他说：中央是会追究责任的。

我说：两派都追。

他又说：什么时候恢复通车？

我说：列车随时可以通过，在我们区间我们不会阻拦。

他不想和我辩论，也没有耐心和我对话，也不是很积极恳切地动员我们交枪交弹药，只是走个过程，警告我一下。大家不欢而散。

后来想起，事情的结果其实在那时已经在他们的掌控中了。之前区革筹要搞垮四二二，没有足够的理由，这回我们自己栽进去了。

6月上旬联指不断从柳北派船派人骚扰和攻打柳南铁桥头和鸡笼村一带。我们又面临着要守住柳南阵地的问题。6月19日早上，有人到文化宫报告说，联指突然占领了防腐厂（位于柳江南岸）一带，而且打死了暴动战团（工机联机务段工人组织）的人。我立即乘车前往防腐厂。快到防腐厂时就听到密集的枪声，到了宿舍区，看见除了一片平房外还有两栋楼房，一栋是红楼一栋是白楼。我爬上红楼顶，贴着阁楼的墙向前望去，两边是小土坡，长了一片片玉米，中间是马路，暴动战团被打死的成员王金龙还躺在那里。暴动战团的队长刘宝德对我说，早上他们正在巡逻，突然枪响，王金龙就被打倒了。边讲边端着枪往防腐厂方向射击，其实什么也看不清，开枪也就是为了壮胆而已。与此同时，红楼白楼来了不少战斗队，有的钻进玉米地往前走，密集的枪声四处响起。刘宝德对另一个暴动战团队员余国华说：快上去，把王金龙搞回来。余国华背着枪下去了，联合战队小姑娘孙桂香也要去，我喊孙桂香不要去，她头也不回下楼和余国华去了。过了一段时间我听前面回来的人说余国华被打死了，孙桂香的腿被打断了。我心中非常懊悔，为什么没有制止他们呢？那天我们还有其他人员伤亡。我在红楼待了一天，晚上也没有离开。我心情非常沉重，我想联指又从柳北跑到柳南攻打我们，是想引起双方更激烈的冲突，把事态闹大，给中央施加压力，借中央的手搞垮我们。走到了这一步，我想也只能和他们拼了。

6月20日上午，在文化宫召开紧急会议，研究如何把联指打回去。在会上我提出光正面打不行，要搞装甲车开到防腐厂背后打，这样前后夹攻他们肯定受不了。因为防腐厂本身有铁路专线，紧挨着的还有黔桂铁路，火车可以开过去。大家同意这个意见。会后我到机务段找到杨雨水等人，用广播喇叭号召大家来造装甲车。机务段本来就有现成的钢板和修车工具，马上用厚钢板把驾驶室和机车前部的锅炉、烟管、水管等外侧用加厚钢板挡起来焊起来，这样枪炮就打不坏。装甲车厢全部用有棚的货车在适当的位置开上小口子当枪眼，然后车内堆上沙包，反正机务段有现成的沙场，料库有麻袋，大家争先恐后来装沙包扛上车垒好，只一天半时间简易的临时装甲列车就造好了。

6月21日晚上，联指武装[2]力量又坐船过河，偷袭河南我方阵地。这次他们袭击的刚好是铁一中学生组成的联合战队驻守地，和联战人员短兵相接。将联战学生李湘（女生）、丘黔桂杀害。（两人都是铁一中优秀学生，共青团干部），李能、唐初平（女生）、苏宗媛（女生）被抓捕绑架到对岸关押审讯，关押一月有余。李能被毒打致死[3]，尸体抛入柳江。以上五人，除李能外，全部系非武装人员，由于救人或寻找失踪人员等原因进入阵地

六月二十三日晚上在铁路文化宫召开了会议，研究了作战方案，决定兵分三路后半夜发动进攻，天亮后把装甲火车开到他们屁股后面打，打他个措手不及。那天晚上参加战斗的人员集中在文化宫大舞台上，我做了最后的动员。我说：同志们，考验我们的时候到了，联指不甘心失败，他们派大批武装匪徒攻占我们的防腐厂，打死我们的战友，挑起战斗，我们必须把他们打回去，否则我们将面临更大的牺牲。希望大家在行动中高度警惕密切配合，注意隐蔽确保自身安全。

---

[2] 后来得知，这支武装力量是专门调到柳州来的南宁公交兵团武装人员。这时候全自治区的武斗，就已经是统一指挥的了。

[3] 后来得知，李能在柳南阵地时已经受重伤，联指武装力量撤退时，误把他当做自己人带走。行船至柳江中，发现不是自己人，遂丢入江中。

我相信胜利一定是属于我们的。最后请大家和我一起唱战歌,我起头,我指挥,就唱起了劫夫作曲的林彪语录歌:"在需要牺牲的时候,要敢于牺牲,包括牺牲自己在内,完蛋就完蛋,完蛋就完蛋,上战场枪一响,老子今天就死在战场上了。"歌声在大厅内回荡,队员们个个精神抖擞出发了。

6月24日白天,联指被打跑了。参加战斗的人回来说,联指用行军锅煮了好几锅饭,冒着热腾腾的气,来不及吃就跑了。我们的装甲车太厉害了,吓得他们跑得手脚并用。联指为了阻止装甲车前进,用高射机关炮平着射向装甲列车,同时连发的炮弹把煤水车打了很多洞,都没能阻止列车前进。装甲火车用密集的子弹射向联指阵地,他们在找不到有效对抗办法的情况下,只好选择逃跑。

防腐厂一仗后两天,军管会的代表找到我,说要把防腐厂一仗中联指的尸体运到柳北去。于是我陪同部队战士再次来到作战地区。由于天气炎热加上阵雨,尸体都臭得让人透不过气来。我和战士们一起带了口罩和手套,把一具具尸体用芦席卷好,用绳索捆好,共有十多具。后来知道,他们大部分是进城的农民。四个战士两根扁担抬一个死人送到柳北去了。那些死人的眼睛、鼻子、嘴巴上都爬满了白色的蛆虫,真是惨不忍睹。看着解放军远去的身影,我的心情十分沉重。我想联指肯定不会罢休,他们将会更加疯狂的报复我们。又想这些死者,他们也都是别人的丈夫儿子啊!文革为什么会搞到这一步,我越来越迷茫。

1968年7月3日,有关方面用飞机散发等空前的规模和形式,颁布了毛主席亲自批示的"7.3"布告。布告宣布抢劫援越物资为反革命事件,并指出这一系列事件都是阶级敌人制造的。其实押车的解放军不说后面有子弹车恐怕还抢不成呢,是解放军告诉我们是沈阳军区运往凤凰军火库的弹药,我们根本不知道是援越物资,而且抢的目的也是为了对付联指的进攻,如果因为是援越物资才抢的话那么就不会把五个炮弹车送回去了。

至于中断铁路运输的问题,只能是两派斗争的必然结果。但即便在两派分守柳江两岸的时候仍然有火车顺利通过,那就是四十五号列车，由苏联过境中国前往援助越南的物资。中央打了招呼，两派都积极配合，先后过了七列，没出现过任何些微事故。我们也曾千方百计试图恢复通车，但联指不配合，根本做不到。

对于在文革中我所做的一切，我深感内疚。因为我们所抢的武器弹药在武斗中让许多人失去了生命，不管哪一派被打死的人都是无辜的。我从来都不否认我做了错事，而且错得很厉害。不过这一切都是在特定的历史条件下发生的，没有文革这一切都不会发生。文革是应当永远记取的教训。

后来中央派飞机把我们这些头头从广西接到北京，住进了解放军政治学院，大标语上写着"热烈欢迎毛主席请来的客人"。但好景不长。中央领导"7.25"接见后，我们几个主要头头就反省交代问题，要求我们交出幕后黑手。但根本就没有所谓黑手，又怎么交得出呢？号召和领导我们参加文革的是毛泽东。

8月19日我们被关进了北京市第二监狱。后被押回柳铁看守所。关押九年后，我于1978年初被判处有期徒刑10年，送进四塘劳改农场劳改，成为一名牢改犯人。我自以为在干革命，结果却变成了反革命。

坐牢

关押期间我遭受了各种非人待遇。被拉到广西各主要城市游斗，经历了专案组对所谓反革命事件的清查，以及后来的对所谓"5.16"分子的清查。戴脚镣手铐，"坐飞机"，下跪，挨打，挨饿……精神和肉体都受到了严重摧残。我终于领略了无产阶级专政的滋味。我都坦然面对，默默承担。我想，既然祸是我闯的，自己种的苦果只好自己尝。

关押期间最难过的莫过于给家人带来的痛苦和伤害。我的妻子原来是广西师大学生，因病在家休学后和我结婚，是一柔弱女子。我入狱后，家里一下子断了经济来源。老的老，小的小，全部生活重担压在了她柔弱的肩膀上。她背负着反革命家属的恶名，在有些人歧视的眼光中，去做临时工，获取微薄的收入以维持全家人生计。什么挑矿石，打砖，挑土方，搞装卸，搬运预制板，脏活累活都干过。由于我的问题的株连，她在做临时工过程中仍遭受政治歧视。本来她在钢厂做临工，由于钢厂是优秀五小企业，在清理阶级队伍中，把她清理出来。连挑矿石，选矿这样的苦力都不让她做，改到房建段去打砖。一生都不给她转正。我问她为什么不和我离婚，她说，我不相信你是坏人。真是知夫莫若妻啊。我后悔当初没有为自己和家庭着想，我把革命当作崇高理想，完全不把小家放在心上。而入狱后只有家人在牵挂着我，给我送吃的穿的用的。在监狱我告诫自己，一定要好好表现，争取从宽处理，以便早日和家人团聚。家人给了我战胜困难生存下去的勇气和希望。

在监狱中我从未违反过狱规。在劳动中学会了打砖和修建房屋。一般犯人每天只打七八百块砖，而我每天都打1000块以上，还创造过1200百块的记录。我是监狱的基建队长，带领犯人施工，创造过一天砌2000块砖的记录。在炎热的夏天烈日暴晒下，我中暑晕倒了，躺在地上稍事休息又接着干。连专门请来监督施工质量的房建段师傅都说，王反修了不起。

1978年刑满释放后我回到了柳州。当时铁路局人劳处长曹新洲找到我家，说："你刑满释放了，但我们没有抛弃你。按照毛主席制定的党的给出路的政策，我们希望你回铁路工作。但得按新工人办理。重新入路，按一级工待遇，每月工资32点五元。"那时我已年过四十，老中专学历，曾经当过技术员，在监狱里又学会了砌房子，我不会那么便宜就把自己卖掉。也不想当什么落实政策的宣传品。文革中我做过的错事已经受到了10年的惩罚，我没有必要再跪着求生。我毫不犹豫地拒绝了他。我到街道做了临时工。砌围墙，起炉灶，修水井……没有什么苦和累可以难倒我。我自食其力，不至于断我生路吧！

很快，我在街道与朋友组建了一个房屋修建队，队伍不断壮大。我们开始对外承接房屋建筑工程。先在铁路地区建造了几栋宿舍楼和办公楼，工程进展十分顺利，得到建设方的认可。可是，工程接近尾声的时候，风云突变。当是时1981年，是改革开放初期。广西还没有经历后来的文革"处遗"，普遍是联指掌权，极左思潮十分严重。柳州又开始搞运动，掀起了一场打击经济领域犯罪活动的高潮。对我的自谋出路十分敏感，有些人仍想置我于死地，说什么"王反修是柳州地区最大的地下包工头"，柳州市公安局不管三七二十一就来抓人。那天我在工地旁边的一栋楼上搞装修，一个工友跑上来对我说："公安局来抓你了。"我吃了一惊，问他："你们怎么说？"他说："我们说，你在别的工地，不在这里。"我从窗口望下去，公安局的黄色吉普车刚刚开走。我随即下楼，回到单位，问街道领导，为什么公安局来工地抓人？他们都说不知道这事，公安局没有和街道联系。后来又有人告诉我，说我家被抄了，要我不要回去，否则会被抓。

好汉不吃眼前亏，我只有溜之大吉。当晚在工友的陪同下，我跑到柳州附近的小站，坐车逃到了福建。在福建，有亲戚把我介绍给当地包工头，开始当师傅，后来又变成了施工代理。先后在福建马尾、黄岐、福州等地建设电影院和宿舍楼。后来柳州来人告诉我，被抓的其他几个和我共事的工头都放了，没事了，让我回去。一年后我回到柳州。公安局把在我家抄走的黑白电视机、电风扇、手表等私人用品退给了我。他们说，当时抓人抄家是对的，现在放人退物也是对的，抓有抓的政策，放有放的政策。不同时期适用不同政策。呜呼，我实在是无语了。而我们承包工程的许多材料，如钢筋，水泥，木材，都已被拉到公安局砌了房子了。我们的损失无人过问，只好不了了之。我真切地体会到了权力的专横和霸道。他们可以为所欲为，不受法律约束，从不会承认自己的错误，更不为自身的错误承担责任。老百姓受害无处申诉，只能忍气吞声，自认倒霉。

平反

当我想重整旗鼓，再施拳脚，继续搞工程建筑的时候，胡耀邦同志在中共中央组织部长任上，亲自主持了广西文革问题的"处遗"（处理文革历史遗留问题）工作。1983年，自治区党委决定对我平反。

他们认为，我在特定历史条件下犯了严重错误，但不以反革命论处，恢复路龄、工龄、级别，回铁路工作，但开除党籍。

应该说，这次平反的结论，较之1968年不问缘由的残酷打击，已体现了历史的长足进步，来之不易。但是我感到，还是很不彻底，留有尾巴的——

决定中说不以反革命罪论处，言下之意是你还是犯了反革命罪，不以反革命罪论处是对你的宽大，不定你为反革命分子而已。我想，反革命罪必须是以反革命为目的的犯罪，必须有反革命的动机。可我把心肺都掏给党了，哪来的反革命动机和目的？

"在特定的历史条件下犯了严重错误"，这个我承认。所谓"特定的历史条件"，就是文化革命。历史证明，文革本身就是错的，参加文革的人都错了。越积极越错的严重。文革的发动者把我们领进一条黑暗的隧道，隧道尽头是万丈深渊，跑在最前面的人就掉进深渊，万劫不复了。但为什么文革的罪责都由我们参加者来承担.对发动者却不敢触及？对文革本身不深入反思批判，只是含糊其词地讲个什么"特定的历史条件"，这样被整的不知为什么被整，死去的不知为什么会死，犯错的不知怎么会错，谁在制造仇恨，让原来的同事、同学、工友之间你死我活的打内战？浩劫和灾难的根源是什么？在思想上、理论上，组织上，制度上有什么问题……这些根本性的问题怎么能搞得清楚呢？

我为文革坐满了十年大牢，在牢中也在拼命劳动，为国家创造了财富。既然平反了，为什么不补发工资，痛苦和经济损失要个人承担？这样的平反决定不是类似于一纸空文吗？

平反后，本来我还想凭个人的技能和吃苦耐劳的实干精神，继续在社会上打拼。但家人坚决反对。母亲和妻子都说："我们不要钱只要人。已经担惊受怕苦等了十年，刚出来没几天又来抓人，太可怕了。万一有个什么风吹草动，倒霉的又是你。我们实在受不了啦，回铁路算了。"

考虑到家人感受，1983年7月我又回铁路上班了。我先后在车辆段担任基建组长，服务公司经理，后又调到分局当副经理，在多种经营系统也当过先进生产者。可以毫不夸张地说，在这些和钱和物打交道很多的岗位上，我一直坚守着做人的基本道德，从没有贪污过国家一分钱，更没有什么男女关系之类的丑闻。我坐过十年牢，但我是被摧残的，是文革的牺牲品，我的人格比那些位高权重的贪官，要高尚得多。

1996年我从铁路退休了。虽然我努力工作，但终究只可利用，不可重用。

虽然我待在付科的岗位上，却不能享受副科的待遇，退休时仍然按1959年的付股级。当然这些事我已看淡了。只希望文革的噩运不再降临到我的身上就行了。

退休后，我和朋友开了个小小的物资供应站，借助改革开放的春风，开展了经营活动，又工作了十年，全家过上了平静而幸福的生活。但夜深人静，文革中那些被打死的人，残废的人，受害比我更深的人，一个个又在我的眼前浮现……对文革的反思无法遏止。

文革中的上书和交枪

傅得怀

傅得怀（1934.3— ）湖南醴陵人，家庭出身富农，本人成分学生。1951年考入衡阳铁路局参加工作。1953年入团。1954年考入衡阳铁路局干训班，1955年分配到柳州铁路局总监察办事处任监察员。1956年加入中国共产党。1957年调柳州铁路局计划处，任主任计划员，直到文革开始。1972年因上书中央，反映广西文革中的问题，被关押一年零八个月。1980年恢复自由。1992年退休。

参加文革

我是湖南醴陵人，高中文化，富农出身。但这是只得虚名，家里并不富。父母省吃俭用，供我读书。1951年招考进铁路局。得到政治考试状元，是唯一的一名90多分的人。也就是因为我爱读书，看了些《新观察》《时事手册》等小册子。后来很快入了团，1955年又入了党。

文革开始了。

我一开始没有参加文革，我在思考：怎么这样搞？当时形势很乱，夺权，抢公章。我很反感。抢了公章有什么用？能代表铁路局吗？感到这是胡闹。又想，毛主席为什么要搞这个？而过去我一直认为他是很英明的。

但我知道，搞文革，这是上面一层层布置下来的，有决策机构。

我参加文革，是在镇压红铁军的时候。此前柳铁的工人运动蓬勃发展，工总的成分是很纯粹的工人，所做的事情也并不暴烈。我渐渐地同情和赞成工机联。里面的熟人也很多，例如萧贻堃，他的为人我很了解。联指那边靠近党政机关的多，我也认识一些人，知道有些人很有心计。工机联这边要单纯得多。

柳铁公安处取缔红铁军后，工机联压力很大，说他们和红铁军勾结，有的头头被抓，被斗，互相见面都不敢打招呼，像对方是反革命一样。一片白色恐怖。我觉得这很不正常。感到军分区不应该把红铁军当作反革命处理，对他们出现的一些问题应该做具体分析，不要把小事夸大，把个人的一些行为作为整个组织来处理，感到这是故意整人，整造反派。而军队是听命令的，军分区一定通过了上级机关。后面一定有黑手，有军内走资派操纵。我认为可能是韦国清，因为他既是广州军区负责人又是广西军分区负责人。所以以后我总是批韦。当时我写了几篇大字报，例如《镇压红铁军目的是打击造反派》等等，让工机联群众看清了问题实质，消除了一些恐惧因素。

机关总部的肖贻堃就找我，要我到总部去。我于是和他们经常联系，虽然没有写申请，行动上参加了工机联。

我看到他们宣传组的写的一些东西，常常给他们提出一些意见和看法，慢慢地就变成我来管宣传。一来二去，我就成了工机联总部管宣传的负责人。他们写的文章拿来让我改，我写的文章，他们拿去广播和出传单。我管宣传部，萧贻堃管战报。一些口号的提法，我们都在一起讨论。后来周继文也一起参加搞宣传。在一些大问题上，我们的观点都是一致的。我们这几个人，自发形成的一个核心，不是谁封的。到后来，因为广西的杀人吃人问题写上书中央的信，也是我们这几个人。

我参加过肃反和反右，对我思想上都有些有影响。

1955年搞肃反，我是南宁分局的核心小组组长，当时只有20岁。我工作很慎重。看了很多资料。发现和亲眼看见许多冤案。一些民主人士中有不少冤案。他们因为工作和国民党联系多，但做过许多帮助过共产党的事。他们的家属来申诉，都有证据确凿的材料。肃反时不研究，不讨论，军代表红笔一勾，就人头落地了。我文革中参加造反派，和这些见闻有关。我感到制度的民主建设是很成问题的。

在反右的时候险些被划右派。一开始毛泽东鼓励鸣放，我上了当，就带着群众鸣放。我在东北学习的时候，知道苏联抢我们的机器，强奸，女兵强奸男人，男兵强奸女人。有三个女飞行员，抓了一个男人强奸。到第三个人时，那男人不行了，女飞行员就拔出枪来，一枪把他打死了。我把这件事讲了出来。

计划处长要把我打成右派。但是副局长、五人小组组长胡旭光认识我，他马上把郭杰叫来，说："他是共产党培养的。他只是骄傲自满，随便乱说。"郭杰马上回去把我改成右派言论。我逃脱了做右派的命运，但我知道，这很侥幸。这是在我思想上也形成了一些看法。

下面我说说文革中我经历的几件主要的事。

放人

我参加的是造反派，但我态度较温和，一些激进的做法，例如抓人，我是不赞成的——但文革中抓人，至少在柳铁地区，主要不是造反派所为。

大约1968年的6月5、六6号，林场抓了十几个联指武斗人员，全是进城农民。被关在行车公寓，只给他们水喝。有些人过去，就打他们一顿。已经死了二、三个。后勤部长杨传芳找到我，说，你做做好事吧，把这些人放掉。不然会全部被打死。我过去一看，全是农民，里面臭气熏天，已经死了两三个。杨要我放，说他没有口令，无法通行。他说："你做了好事，老天爷会保佑你的，让你生儿育女。"（我当时没有儿子）我就去找李启凤要了口令，又找武装人员要了一部车，把这些人统统装上去，到了538（地名，即湘桂线538公里处），把他们都放下去，让他们自己解开绳索。这一次放了十几个人。

后来我们这派挨整，我放的人中的一个来这边调查，专案组就知道了这事。后来机务段斗我，斗不垮。他们就把我拉到来宾，试图借当地农民的手打我（当地农民许多参加过他们那派的武斗）一去就大造声势说："这是工机联的宣传部长。"下面人一听，石头，香蕉皮就不断地丢过来。押我的专案组成员对我说："你不要和他们斗嘴，这样逗人恨。我知道你没参加过武斗，还放了人。"

我一下去，就向毛主席请罪，又委婉的把放人的事讲了出来，这样他们就没有批斗我了。

冒死上书

一九七二年，一名被关押在柳州铁路运输学校遭逼供审查的机务段青工跳楼自杀。这事又一次引起我的深思。1971年开始的"一打三反"，再次对原广西四二二派的骨干大肆抓捕，关押，逼供。当时，我（傅德怀，中共党员，柳州铁路局柳铁分局审计干部，科级），罗时明（中共党员，柳铁工程处政策研究室指导员，副科级），周继文（中共党员，柳州铁路局原党委书记张炎的主任秘书，后调任呼和浩特铁路局任生活管理处副处长），萧贻堃（柳州铁路局白沙水泥厂的财务主管）等四人，对1968年以来，广西全区各地发生的主要针对广西四二二派的干部和群众的大规模的骇人听闻的血腥镇压，残酷迫害，十分不解，非常义愤。许多地方出现了大规模的剿灭，随意抓捕，杀人、强奸，甚至杀活人吃心肝、吃肉。柳铁地区也是对一派群众大肆迫害，到处私设牢房，对四二二派群众干部抓捕，批斗，毒打，许多人被无缘无故抓进拘留所，滥施酷刑，每个牢房都塞满了人，马桶边睡着人……却长期不判也不放。更有学校教室，机关工厂的办公室都变成了批斗会场和关人打人的场所……一个学生组织头头，是一名中学生，只因受一篇所谓反动文章牵连，被抓进卫戍区，到处残酷游斗。我们深知受害者都是普通工人，干部，学生，响应毛主席号召参加文革，虽然在运动中可能有错误，但都不是坏人。这种情况，在所谓"7.3"布告发布后尤为惨烈。我们四人在一起讨论思考分析后认为，广西文革两大派，一派"支韦"一派"打韦"

（"韦"指韦国清），四二二是反韦派。对四二二如此血腥镇压，韦国清逃不了干系。他已成为广西的土皇帝。他对群众的镇压，其手段之残酷只有奴隶主对奴隶可堪比较。而这种情况，打着贯彻落实"7.3"布告的旗号，各地多有发生对四二二的聚居点的武装剿灭，对四二二观点的干部和群众实行抓捕屠杀。而"7.3"布告中所列举的情况与事实多有不符，并且完全回避前后背景。面对这系列问题，我们越来越觉得中央及中央文革发布的"7.3"布告，是广西的大阴谋家、大黑手为血腥镇压异己而刻意制造的，是欺骗要挟中央、故设陷阱、嫁祸于人的产物。于是，我们决定向毛主席、周总理上书，反映广西残酷镇压屠杀群众的情况，以及"7.3"3布告所定"反革命事件"存的严重失实的问题。

我们上书的主要内容的第一部分，根据我们所见所闻，反映广西1968年以来特别是"7.3"布告之后，发生的残酷镇压屠杀群众事件，此处从略。

第二部分，反映"7.3"布告所定"反革命事件"存在的严重失实的问题：

一、关于第一，"破坏铁路交通，至今不能恢复通车"：这一事件的真相是：1968年6月1日上午，柳铁工机联所在的柳铁文化宫后面大楼的个别人员，与钢联指所在的铁路技术馆的个别人员，在短时间相互射击（这都是个别人的行为，此前从技术馆往文化宫打冷枪的事也时有发生）。但这次枪一响，钢联指的头头就组织所有在柳州铁路局机关及调度所的行车调度指挥人员全部撤离生产工作岗位。当日中午，又以"保命"为由全部撤迁到柳北。由于调度所人员、所有调度主任和调度员都是清一色的钢联指成员，调度指挥人员一撤，铁路运输立即中断。同时，借口防止工机联过河武斗，在柳州火车站的北头道岔处，颠覆一台机车，压断线路，并拆卸两节钢轨，铁路交通由此破坏。事实真相如此。"7.3"布告后，原工机联的主要头头，都被抓捕入狱，经受了数十场残酷批斗和反复审查，也未发现他们中有任何坏人有中断运输行为。中断铁路运输与柳铁工机联毫无关系。倒是工机联的头头们，发现铁路运输中断后，组织技术人员起复机车，修复铁路，并开通柳州南线、西线的客运专列。

把"破坏铁路运输"的反革命罪行，栽在广西四二二派头上，是天大的冤枉。中断铁路运输达两个多月，给国家和人民带来了重大损失，但事情发生了几年，其间经历了对工机联群众疾风暴雨时式的残酷打击，挖地三尺的严酷的反复审查，却一直没有找到责任人。这表明中断铁路运输的真正犯罪分子被有意包庇下来了。[1]

二、关于"第二、胆敢抢劫援越物资，拒不送还。"此一事件的真相是：抢夺的是柳州火车站十股道上已停摆140多小时的军列，而非援越物资。1968年5月15日，由沈阳站发往凤凰站（靠近柳州车站47公里，一个铁路区间）的军用专列，挂有两个客车，一个装有吉普车的平板车，5个炮弹车，8个子弹车，到柳时调度安排进入10股道，在这里停摆了6天。5月20日，柳铁工务段的一名叫杨建平的工班长，发现该军列后，告知柳铁工机联的头头王反修等人。当时的背景是：从1968年以来，联指在广西各地到处围剿四二二，工机联此时基本无枪。有的少数几支枪，均系到云南买来缺少零件的破枪，经工人修理的，勉强能用。面对危急形势，王反修等人决定抢夺枪支弹药，以应对剿灭。由个人承担责任，以换取工机联群众的生命安全。决定后，即由柳铁机务段的一名司机，用调车机将8个子弹的车皮挂摘，送入就近的冷冻厂。卸下8个车皮全是清一色的56-1式子弹。王反修以李向阳之名，写下收条："今收到沈阳军区56-1式子弹11800箱，17000万发。"第二日，在柳铁军管会的说服下，又送还了两个车皮。

此一事件存在两个问题：一是该军列所载，是沈阳军区发往凤凰仓库的物资，王反修也向沈阳军区写下了收条，因此，只能说，抢夺了沈阳军区运输途中的军用物资，而非"抢劫援越物资"。至于军事领导机关，计划安排该批物资作为援越物资，那是还在计划中的事，当时尚未发生，抢夺者无从知晓。将尚在运输途中的物资，说成是援越物资，其性质就严重多了。二是该军列载有5个车皮炮弹，8个车

---

[1] 傅德怀此处关于中断铁路运输的叙述，有一定的片面性。中断铁路的根本原因是文革使铁路工作人员分成了两派。参阅本书其他人的叙述。

皮 56-1 式子弹,有关军运机关本应高度重视。后来又说计划做援越物资的,那么,到达柳州后本只需再行驶一个多小时即可进库,为什么压下来,一天又一天地停摆在柳州火车站等着,在只有几个押车人员看守的情况下,一直停摆了 140 多个小时?在当时两派对峙,武斗频仍,抢枪频仍的时间和地点,这岂不是等人上门抢夺?这很有故设陷阱,蓄意扩大事态的嫌疑。

三、关于第三:"连续冲击人民解放军的机关、部队、抢夺人民解放军的武器装备,杀伤人民解放军指战员":此条主要指 1968 年 5 月 25 日在柳州铁路地区发生的抢夺武装收缴部队的枪支的事。5 月 25 号清晨五点多钟,从越南回国休整的高炮独立师,奉命来柳铁地区收缴 5 月 21 日所抢夺的 56-1 式子弹。部队宣称是收缴援越物资。收缴部队拉开了架势,每隔 20 米就有一名持枪战士形成一个包围圈,部队的宣传队在人群中宣传:"部队此次是来收缴援越子弹的,希望大家配合。"由于当时两派严重对峙,此系单边收缴武器,由此引发群众辩论。很快自发地形成了反宣传,异口同声表示:"广西联指和武装民兵对我们四二二实行武装剿灭,离柳州城区十公里就进驻有武装民兵,不知哪天就会打过来,我们抢子弹是为了保命……"气氛很快炽热化,包围圈的战士反被人群包围。几乎没有先后之分,全部持枪战士的枪支很快被一抢而光。原来收缴部队佩戴的全是没有压子弹的空枪,又进入密集人群之中,毫无自卫还击之力。这事也很蹊跷:既然前面刚有大批子弹被抢,收缴子弹时又为何一律佩戴空枪?只要有部分士兵配有子弹,遇意外紧急情况时,至少可以对天鸣枪警示,而不致使事态恶化到后来的情景。居然调配一个师的空枪任其被夺,匪夷所思。1968 年 7 月下旬,独立师的领导在柳州支左与我交谈时谈到此事,我说:"当时既用空枪收缴,何不干脆徒手呢?"他表示"部队是执行三大纪律八项注意的,是一切行动听指挥的。"言下之意,是指挥者决策的。个中缘由,颇具想象空间。

所列"杀伤人民解放军指战员",系 1968 年 5 月底,柳铁电务段一名学徒工陈日福,因开汽车不慎而撞伤一名 6984 部队的战士,后该战士伤重不治而亡。这是过失,而非反革命杀伤。

有了"7.3"布告后，广西军区、区革委通过广西日报连续发表了九篇社论，号召革命派向"阶级敌人发动最猛烈的坚决进攻，狠刮十二级台风"。事实上将支持韦国清的广西联指及各县市联指武装民兵，作为"革命派"，将反对韦国清的广西四二二派视为"反革命派"。他们公开调动全区部队，公开与群众组织联指一起，疯狂血腥屠杀反韦派，公开血腥镇压异己。以贯彻落实布告为"7.3"布告为由，究竟屠杀了多少反韦派，我们当时估计是数以万计。（现在根据各方面公布的数字折中，约十五万）还有一大批被关押的"反革命囚犯"，这两批人的家属亲朋合在一起，将是一个以百万计的人群。如此骇人听闻的现实，已使广西倒退为奴隶主专政。综上所述，"7.3"布告依据的所谓事实完全与实际情况不符，疑窦甚多。贯彻"7.3"布告造成了极其严重的后果，而且这种后果还在继续延续。我傅德怀、罗时明、周继文均系中共党员，肖贻昆是党外积极分子，四人都是科以上干部。严峻的现实使我们日夜不宁、日夜不平。经过反复思考和讨论，我们痛下决心，决定冒死一搏，上书党中央和毛主席，恳请中央重新审视"7.3"布告，重新审视广西文化大革命。

我们深知这样做要冒极大的风险，甚至有可能要付出生命的代价。但无数冤魂的哀号日夜萦绕在我们心头，许多无辜被捕关押，戴上反革命帽子的昔日同事战友，他们无端成为专政对象，被打入十八层地狱的恐怖结局，令我们难以熟视无睹。我们心一横，想，反正已经死了那么多人，再死我们几个也无所谓。

于是我们以"广西壮王实行奴隶主专政，挥舞'7.3'布告这把杀人刀，血腥屠杀镇压异己"为题，写了几十页材料，反映广西情况。然后我们每个人都慎重的签上自己的名字。但投寄出去之后，既不见退回，也不见答复————我们先投到中共中央办公厅，石沉大海；又投到国务院总理办公室，又是石沉大海；再投到全国人大常委会，还是石沉大海……怎么回事呢？是渠道不畅通，没有收到，还是中途被拦截了？但不可能每个地方都没有收到吧……我想起过去给领导写材料，因为他们都很忙等种种原因，大都不愿意看长篇大论，也许是我们的材料太长了，他们没空细看吧？我就把材料压缩成只有两页的扼要，再把事实另作附录附在后面，在正文的相关处注上"见附录某某页"，但仍是石沉大海。

怎么办呢？情急之下，我给上海市革委会写信，说几年来我们多次向毛主席报告，但材料都无法上达。现在广西杀人如麻，实行奴隶主专制，我是一个1955年入党的老党员，在事关国家命运、民族前途的根本问题上，现在冒着杀头的危险，给你们寄送材料，请你们在王洪文副主席来上海时，请他转呈毛主席。当时我为了写材料而在家吃劳保，整天为这事殚精竭虑。考虑到领导的阅读习惯，我反复整理、归纳，先写了2页扼要，再附上一个详稿。不到半月，上海回函，说材料已面交王洪文。现得悉，"中央领导已阅批，请有关领导阅处。"（这原件在后来我挨整的时候被收走了），但一直没有听到怎样处理的消息。

"四人帮"倒台后，自治区把我们定成"小四人帮"。已经调到云南的原广西自治区负责人安平生，从云南打电话给柳州铁路局，立即关押隔离我们四人。说我们四个人，人数少，能量大。把我整了大半年，反复追问是否还有别人写信。我告知以实情，告诉他，我们的目的就是为了上呈党中央毛主席。随后，公安人员取证我双手十个手指的全指纹，我料到情况不妙，猜想他们在履行枪毙我的手续，于是签注"党员给党的主席写报告何罪之有"？后来他们由区党委组织部出面，查到我写的东西，已经进了中央档案馆存档，才在关押隔离一年零八个月后，解除隔离关押，于1978年9月才还我自由。但同时1978年9月30日，以柳州铁路分局党委的名义，按"严重政治错误"的结论，撤销股级干部职务，降为劳动强度最大的线路工。

我对此结论不服气。1979年11月17日，我面诉柳州铁路局党委："广西杀人放火有功，我上书揭露有罪，是何道理？"

1980年5月15日，柳州铁路局政治处发出柳铁政干（1980）136号决定，撤销对我的错误处分，恢复我的原股级级别，推倒不实之词，材料清理销毁。

1980年6月16日，柳分干1980年第96号令，任命我为电务大修队财务主任，后为分局基建段、房建段财务主任。我本是主任计划员，为了做好工作，又重新研读会计业务。

1982年7月10日，通过考评，我被授予会计师职称，科级。

1983年胡耀邦亲自领导和主持了广西的文革"处遗"（处理文革遗留问题）。广西文革柳州联合处遗小组长韦章平同志（广西大学的）告诉我，"中央最早知道广西情况，就是通过你们的信"。此外南宁也有十名大学教授联名就广西问题写了投诉信。

韦章平同志告诉我，本来准备要改组铁路局。若改组就考虑让我进入铁路局。但后来铁道部长段君毅不同意改组，说怕影响铁路运输安全。是否进入铁路局我无所谓，那不是我的初衷。但在那个恐怖的时候，我和那几位同志（罗时明，萧贻堃两同志已去世，周继文同志调呼和浩特）将广西的真实情况冒死上书，请求中央重新审视广西文革，推动了广西"处遗"，为受残酷迫害的人们呐喊了一声。令我感到欣慰的是，报告中所提到的原工机联头头王反修，曾被判了十年徒刑，、"处遗"后恢复了干部职务，还担任中层领导工作。发现军列的杨建平，关押了几年，平反后也恢复了工作。学徒工陈日福，也摘掉了"反革命"的帽子，又快乐地开着汽车……看到这些，我活着很开心了。在那个恐怖的时候，我将广西的真实情况冒死上书，为受残酷迫害的人们呐喊了一声，至今感到欣慰。

在1983年"处遗"时，据"处遗"工作组透露，关于"5.21"，中央查1968年被抢军列的有关情况，发现相关的铁路运行图已经被毁，查不到任何资料。

关于"5.25"，"处遗"时有人找到广西军区原司令员，问他为什么"5.25"收缴子弹的部队只配空枪，不配子弹？他支支吾吾地说："他们多的是子弹嘛，还配子弹干什么？"这话给人很大的想象空间。似乎他们对后来的事态一开始就有预期。

组织交枪

对"7.3"布告，一开始我就是有看法的。当时头头都到北京去了，我常在文化宫出入，和前来动员收缴枪支部队的负责人有交往。他没有告诉我姓名，由他的秘书和我来往。

这支收枪部队是独立师，番号记不清了。这位负责人是当时支左小组的头儿，他常在街上看大字报。当时联指骂他们是送枪的部队，这些枪打死了他们多少多少人……我于是写了一张大字报，表示相信解放军，拥护解放军，即使部队在某些地方有不妥，对他们也要全面地看，要警惕阶级敌人煽动反军情绪。我落款是工机联评论员。

他看后觉得挺好，回去就叫他的秘书来找这"评论员"。那秘书来找我，问文章是谁写的，我说："有什么问题吗？"

他问："谁是这评论员？"

我说："就是我呀。"

他说，领导说的，这文章挺有水平，领导要找见我。——当时，一般情况下是见不到领导小组负责人的。这负责人见到我，说很欣赏我的几句话，"不能因为部队有点不妥，就否定一切。要警惕阶级敌人反军。"

我就谈了对他们收枪的看法：如果徒手收枪就好了，这样就不会被抢枪了。也可以在枪里压上子弹，有人抢枪就鸣枪警示。或者执行"9.5"命令。这样部队可自保，不会被抢枪。

他就说我有水平。对部队有客观的看法，你这是第一张大字报。

他又问我一句话："你对形势有什么看法？"

我说："很悲观。如果再不恢复铁路运输，这样拖下去，我们就可能变成反革命。"

他一听，就说："你有这个认识？凭什么有这个认识？"

我谈了几点：第一，铁路运输是周总理最关心的；第二，不允许铁路运输长期中断，现在已经中断两个多月，再闹下去会有国际影响。
他认为我的看法很深刻，并且是第一次听到四二二派的人这样讲。我又说："我们队伍里有很多人都是武夫，看问题没有远见，看不到形势的发展。"

他问我："既然你有着这样的认识，为什么不执行'7.3布告'呢？"

我说:"我非常愿意执行,但我没有权力,执行不了。"

"说说你的意见。"

我说,我水平低,错了不要见笑。第一,想办法把掌握枪杆子的人控制住,做好工作,减少阻力。第二,用广播进一步大力宣传"7.3"布告,动员上交武器。第三,我会尽力配合做好群众工作。

他们接受了我的意见。第二天就把王某某,王某某等集中起来,办学习班,等于是隔离了。我通知所有的广播站,只播送"7.3布告",反复的播。

为了做好收缴枪支弹药的工作,我首先主动把总部一个排的枪支交了出来。之前,我要求部队保护我们的安全。他们当即派了一个连进驻总部。收枪后,子弹也堆在一起。6985部队的政委把枪支并排摆在文化宫门口,子弹也摆好,又写上"工机联上交的子弹""工机联上交的枪支"的纸条,贴在旁边。我知道,这是部队在为我们作宣传,是给我们加分。

这展示了我们主动交枪的行动。当天下面的人交枪也很主动,未出现任何问题,更没有反抗。后来听说车辆段有些不服气,我找到6985部队李政委,说,"请你转告你们的负责人,听说车辆段出了些问题,能否给我一张通行证,我去做做工作。"当时已经戒严,除军队外,人们不能随意走动。

他们就开了一辆车,把我带到车辆段。我对那些想不通的武装人员说:"你们这是做蠢事。现在谁不希望我们交枪?是钢联指,是广西军区。你们不交枪,运输不开通,罪就大了,我们就会变性,就会遭镇压。"

广播在不停地广播,整个工机联都没有反抗,缴枪很顺利。

有人说,我对工机联群众做了很大的贡献,否则血流成河。我当时只是意识到形势的危急,不谈什么贡献。

到下午六点多钟,我们吃完了饭,军管会也吃完了饭,出来散步。当时枪支弹药已交,戒严也已经解除。军管会的联络员左兴福,何泛章两人来到我们总部。左兴福一见我的面,就紧紧握住我的手,泪流满面,说:"老傅呀,你今天怎么处理得这么好?要是缴枪不顺利,箭盘山的大炮已经对准了你们机务段和文化宫,马上要打掉你们了!铁路局对面的那个小山丘,也埋伏了一个营的步兵,机务段旁边也埋伏了人,一出事就马上对你们开枪,要剿匪了……我在指挥台,提心吊胆了一天,没想到你们处理得这么好……"

他和我紧紧地握手,很感动。之后埋伏的部队武装都撤了,炮兵也撤了,工机联、造反大军也没事。(这里说"没事",是说没有遭受武装剿灭。后来在革委会成立后,他们的骨干分子和相当一部分群众,都遭受了不同程度的整肃。)

他又说:"造反大军那边交枪也很难顺利,没出现什么问题。"

当时我说:"造反大军我们没法控制。"

他说:"他们都听你们的。你们这边一交枪,他们的枪也就都交了。"

贯彻"7.3"布告,就这样和平解决了。当时,他们军管人员和我们直接谈话本是不允许的。我谈了我们会变性,变成反革命后,他说我是"真知灼见,远见卓识",之后才有了一些交流。

我最近才看到当时联指的一些传单,上面报道 7.25 接见时,中央首长已经讲了我们都是"反革命"。我这时候才知道。

改革开放后落实政策,我当了单位的头头,多种经营和财务都是我主管。去到下面的落后单位,我坚决贯彻中央以经济建设为中心的精神,很快使他们扭亏为赢,经济效益直线上升。1989 年经铁道部会计师学会推荐,中华人民共和国财政部授予我模范会计人员称号,颁发了荣誉证书。

1989 年年底,柳州分局调我到分局审计分处任审计师。因成绩优异,1991 年四月和 1992 年三月,连续评为局先进工作者。

1992 年底退休。但我的工资级别多年来一直没有变动,一直是 1955 年的级别。当时只是做财务主管。这情况直到分房子时才知道。后来勉强按个正科级分的。

一个老红军的文革遭遇

裴文秀　黄永辉

说明：黄永安，广西河池凤山县人，家庭出身贫农，本人成分农民，1926年参加革命。文革前是铁道部驻柳州铁路局特派员、柳州铁路局副局长。文革前期，曾指派某政工干部参加工机联，以帮助造反派避免过激行动。后响应中央号召，亮相支持柳铁工机联。参加过一些群众大会。文革中后期遭受残酷迫害，不幸去世。其亲属广受株连。

因为黄永安已去世，以下文字共包含五个材料，前四个根据黄的遗孀裴文秀和其弟黄永辉的上诉材料影印件原文实录。个别字节有改动。隐去了部分人物的姓名。

第五个系柳州铁路局关于黄永安同志的结论给自治区的报告，亦系影印件原文实录。

一、关于黄永安同志受迫害情况的报告

黄永安同志系广西壮族自治区河池专区凤山县人，家庭出身贫农，1926年参加韦拔群同志领导的农民自卫队，1930年自卫队在原籍改编为红军。1931年参加中国共产党。从此，他将自己的一切交给了当党，交给了革命，投身到全人类的解放事业中。

黄永安同志原是铁道部驻柳州特派员，柳州铁路局副局长。

1966年，（原文有涂抹）……但是，林彪及"四人帮"一伙出自反动的本质，无情的打击和迫害老干部，老同志，他们在柳州铁路局的代理人，对黄永安同志也实行了残酷的迫害。下面是迫害的实情：

1968年初从北京来了两个军人，要黄永安同志介绍谭震林同志在瑞金的情况，想把谭震林同志打成叛徒。黄永安同志看穿了他们的阴谋，宁可遭受法西斯式的毒打，也不肯伪造材料。于是被他们关进专政队，诬陷为谭震林叛徒集团的成员，施以残酷刑罚。打断了黄永安同志的锁骨，腰椎骨，并扣上"叛徒""死不改悔的走资派"等罪名。

对黄永安同志的亲属也施以残酷的迫害。将全家抄家赶走，每个人身上除穿的之外，其余的一概抢光。全家七口人，分成六个地方到处流浪，无家可归。甚至连收留我的朋友，也被打骂。黄永安同志的叔伯弟弟黄永雄，被扣上"叛徒弟弟"的罪名，乱棍打死。另一个叔伯弟弟黄永辉的儿子黄荣利，刚从部队转业回来，也被关进牢房折磨而死。还有一个侄儿黄荣胜也被乱棍打死。

1968年九月十日，哈尔滨伪市警察署长的女儿、伪警长的老婆回某某，把我[1]抓到托儿所的小房子里毒打。此事由女工部干事杨某某操纵，夏某某、曾某某参与打人。我全身的衣服都被打成了条条，血把衣服和肉粘在一起。不给吃，不给睡，我多次昏死过去。然后丢在一个小房子里喂蚊子。一个月后，我刚能动，就将我和十岁的小女儿一起送到专政队，监督劳动。

1971年3月20日，他们又给黄永安同志扣上"五一六分子"的帽子。物质处王某某的老婆贺某某到家中来"勒令"黄永安到东泉五七干校去，实行隔离审查。五月份，黄永安因患有严重肝病，经医生检查需要住院治疗。但他们不给治疗。直到9月19日，黄永安同志实在支持不了，才让住院。名义上住院治疗，实际上是住院写检查。四个人"陪"他住在医院，轮流监督他写检查。对他逼供信，不让他休息。他已经七十多岁，身体又有重病，况且只有一只左手，在他们的威逼下，流着眼泪，一遍又一遍无休止地写着检查。我想去照顾他，也被无理拒绝。

他的老战友（名叫何畏，南京医药公司党委书记）写信来了解他的情况，我转给他后，他们就逼他写了一封信，假称问题已经解决，

---

[1] 指黄永安的夫人裴文秀。

要他们放心。老鼠怕见阳光,他们就是这样,做贼心虚,不敢将真实情况说出来。待战友回信,向黄永安同志祝贺他的问题解决了时,我问他是怎么回事,他含着眼泪说:"是他们逼着我写的呀!"

12月,黄永安同志病未好,反而加重了。但他们还是逼他又到干校去劳动。头天我去送饭,见人还躺在床上,第二天去,就不见人了。不知被他们送到了什么地方。连家属都不通知一声。还把我狠狠地教训了一顿。我流着眼泪回到家里,就气昏过去了,一天后才苏醒过来。

1972年3月1日,经医生检查,黄永安同志的肝病已有转化成肝癌的可能。5月才从干校放他回柳州治疗。黄永安同志坚持和普通工人住在一个房间里,以便暴露他们在医疗方面对他的摧残。住院期间,内科主任交代医生,黄永安的病不由你负责,由院部安排治疗。这哪里是治疗,纯粹是应付。在他们的迫害下,病情愈加恶化。经我们多次要求,才同意转到南宁医学院治疗。1972年7月,由我儿子及儿媳妇陪同照顾,到了南宁医学院治疗。经多方检查,确诊是肝癌后期。他们才假惺惺地去讲:"病好后,就不用再去干校了,在家休养。"

10月份回到柳州,他到家后的第一句话,就是问我:"老裴,我的三个月的党费交了没有?"我说:"没有交。""赶快拿五块钱去给我交党费。"又告诉我说:"你去告诉党组织,我想见见党的领导。我想说几句话。"但没有一个党的领导来看黄永安一眼,没有一个人愿给黄永安讲一句话。他最后告诉我说:"你要向上级党反映我的情况,告诉党,我是被他们迫害死的。党委托我的特派员证让他们抢走了。快点报告党中央。"并要我转告组织上,希望恢复他的组织生活。黄永安同志在生命的最后时刻,也念念不忘党。是党把他引上了革命的道路,是党把他培养成一个忠实的革命战士,他心里装着革命,想着党,唯独没有他自己。

11月4日凌晨3时,党的忠实儿子黄永安同志黄永安与世长辞了。他的一生,是光明磊落的一生,是革命的一生。

我儿子和媳妇虽经批准去照顾父亲,但仍然被扣发了四个月的工资，分文不给。

　　黄永安同志去世后，我儿子曾去找铁路局政治部主任某某某，他却说："死就死了，死了还不如一条狗。"我说我们是来解决问题的，你说话这么难听干什么。"我看他对一个老红军战士，一个革命残废军人，是这个态度，我就走了。世界上没有无缘无故的爱，没有无缘无故的恨，作为地主阶级的孝子贤孙，长期隐瞒家庭成分，直到1966年被组织发现后才交代的某某某，是不会有什么好话的，我们只好默默地走开。

　　1972年8月份，我曾到北京上访，但被骗说已经解决了，要我回来。回来一看，一切照旧。就多次写信，但一直未见回音。现在我们才明白，原来是"四人帮"及其一伙搞的鬼。难道说，这冤就如石沉大海一样，永远不得申了吗？

　　雄鸡一唱天下白。党中央一举粉碎了四人帮，全国到处喜气洋洋。黄永安同志的冤案应该是真相大白的时候了。他们所做的结论完全是颠倒黑白。黄永安同志在武斗期间曾被部队带到湛江，后又转到北京保护起来，根本未参加武斗，更不是什么武斗指挥部主要成员之一。这完全是他们逼供信伪造的材料。我恳切地希望组织上对黄永安的问题重新做调查，以作出正确的结论。

柳州铁路局退休职工、黄永安亲属　　裴文秀　　呈

（原文没写日期）

二、要求落实政策

　　黄永安同志系广西壮族自治区河池专区凤山县老里村人，家庭出身贫农，本人成分农民。1926年参加韦拔群同志领导的农民自卫队，1930年自卫队在原籍改编为红军。1931年参加中国共产党。同黄永安同志一起参加红七军的六十个同志，解放后就剩下两个，黄永安是其中之一。

（一）黄永安同志简历：

1930年——1931年，红七军五师五八团三营九连任战士、班长；

1931——1934 红七军五师五八团三营九连任班长，指导员；

1934年在江西广昌战斗负伤，右手被截肢；

1935年在瑞汀打游击，当战士；

1937年在新四军二支队任通讯连指导员；

1939——1941 任新四军第四兵站指导员；

1941——1946 新四军一师后方医院任指导员、协理员、副院长；

1947——1949 在华东荣校十分校任校长；

1949——1952 年在济南铁路局蚌埠公安处处长；

1952——1961 年在济南铁路局任总务处长，客运处长，副局长；

1962年调到柳州铁路局任副局长。

（二）以调查谭震林同志材料为起因

1968年初从北京来了两个军人，铁路局军管通知黄永安同志介绍谭震林同志在瑞金的情况。林贼和四人帮的目的在于想把谭震林同志打成叛徒。黄永安同志看穿了他们的阴谋，宁可遭受法西斯式的毒打，也不肯造假材料陷害对革命有功的老同志。于是这些法西斯匪徒对黄永安同志进行轮番逼供。黄永安同志还是不低头，不捏造假材料，于是被他们关进专政队，施以残酷刑罚。如同中美合作所的特务一般，打断了黄永安同志的锁骨，腰椎骨，并给黄永安同志扣上"叛徒""死不改悔的走资派"等罪名。

同时对黄永安同志的亲属也施以残酷的刑罚。给家属扣上"叛徒老婆"、"叛徒儿子"的帽子，连十岁的小女儿也不能幸免，被扣上"叛徒女儿"的帽子，打得无处躲藏。

1968年5月5日黄永安同志被抓走。8月8日来了十几个人，把我家的东西抢劫一空。将党中央给黄永安同志的特派员证也抢去了，至今下落不明。将我家扫地出门，全家七口人，分成六个地方，到处流浪，无家可归。我们走到那里就被打骂到哪里。甚至连收留我们的朋友也被扣上同情叛徒家属的罪名而被打骂。我住在铁路招待所，带着一个十岁的小孩，又被贾某某抢去了手表，及身上仅剩的100元生活费用和粮票。

到1968年9月10日，伪哈尔滨市警察署长的女儿、伪警长的老婆回某某，把我抓到托儿所小房里，（当时在场的还有成述之），和一个膀粗腰圆的男人一起，对我逼供信。要我跪倒在他们面前，我不向他们下跪，我只跪倒毛主席像前。他们气急败坏地把我打得死去活来。整个上半身都打成了紫色的，痛楚不止。没打死他们又叫人活受罪，白天不给饭吃，晚上不让睡觉，全身被蚊子咬的针都插不进去。把我打昏死过去以后，把我拖到运校，苏醒以后又打。又昏过去，又把我拖到铁一小，苏醒以后又打。他们想置我于死地。被我小孩弄回住处以后，我十多天才能动弹。他们为什么对我施以毒刑呢？因为我们是共产党，跟着毛主席干革命，打倒了他们的反动政权，他们无时无刻不下想着复辟，对我们进行报复，企图恢复他们失去的天堂。

（三）一计不成，又施更毒的计

由于黄永安同志不为他们捏造陷害谭震林同志的假材料，他们又给黄永安同志捏造了一个新罪名，扣上"五一六"分子的帽子，把他抓到东泉五七干校隔离审查。

（以下部分内容与前文基本相同，从略）

雄鸡一唱天下白。华主席和党中央打倒了"四人帮"，全国人民欢天喜地，我们更加欢天喜地。"四人帮"对革命老干部迫害的真相该到大白的时候了。我要求上级党给我做主，要求将周总理批给黄永安同志的2000元钱（安家费）查清，到底是哪个给侵吞了。

今年（注：1978年）四月十八号我到铁道部上访，5月18号回柳。6月14号，柳州铁路局审干办公室的同志来请我到铁路局，就黄永安同志的问题共同商谈，看我们有什么要求。到今已和我们谈了四次。但是他们至今没有给予正确的结论。随着揭批"四人帮"运动的深入，全国落实干部政策的工作越做越好。可是柳州铁路局落实党的干部政策仍然毫无进展。说什么"我们这里'四人帮'没有直接插手。""黄永安同志是有错误",根本不想彻底解决问题,总想留尾巴,找点所谓理由,生怕否定了自己。这些人过去对黄永安同志搞法西斯式的审查,搞逼供信,逼黄永安同志承认错误,现在借此大做文章,抓住不放,硬说黄永安同志"有错误",不给予正确结论。连受牵连的家属、子女、亲友,也不给予解决。尤其是在黄永安的老家,受黄永安的影响,就死了三条人命。下面就说说他们受迫害的事实。

(这部分内容从略。参看黄永辉的申诉材料)

凤山县当时每个大队公社各机关单位到处都设有公堂和监牢,每个大队、公社、单位,都有权打人杀人。在此,我们要求党中央给我们做主。

柳州铁路局退休职工　黄永安家属裴文秀
1978 年 8 月 12

三、黄永辉的申诉材料

我是广西壮族自治区凤山县乔因公社老里大队老里村人。出身贫农,文盲,中共党员。解放前给地主当长工。1947 年参加革命,任排长。1950 年转业到地方工作。历任凤山县平东区区长,民政科科长至文革前。

1968 年 8 月 29 日,由于大哥黄永安(原柳州铁路局副局长)被打成叛徒、走资派,我受到株连,被扣上所谓"反共救国团后勤部长"的罪名,逮捕坐牢达 15 个半月之久。关押期间,对我进行了法西斯式的毒打和摧残。有一次,从柳州铁路局来了三个家伙,要我承认大哥黄永安是叛徒,又要我承认黄永安曾用拖拉机运来五四手枪到凤山。这是无中生有的事,我没法承认。其中一个家伙就掏出手枪来威逼我说:"你承认不承认,不承认就把你干掉。"我回答说:"杀很容易,随你的便。但没有的事我不能承认。"

1968 年 9 月 27 日晚(凤山县革命委员会是 1968 年 8 月 25 日

成立的）在革委副主任邓成的指挥下，覃彩珍、潘绍仁充当打手，把我从监牢提出来，在县委礼堂进行残酷斗争。先用麻绳将我的两只手的小手指分别捆住，再用三十多斤重的石头吊在麻绳中间，每边两个人使劲往后拉，直到手指上的皮和肉被剥下来，只剩下骨头和筋，然后用木棍打，皮鞋踢。直到我昏死过去，又用冷水泼我，才将我抬回牢房去。醒来后，我才知自己的筋骨被打断了。

1968年11月的一天，他们召开了一个所谓"归口闹革命"的大会，把我和我的大儿子黄荣利提出监牢来斗争。给我们挂上黑牌子，我的黑牌子上写的是"反共救国团后勤部长、反革命分子黄永辉"，我儿子的黑牌上写的是"反共救国团指挥长、反革命分子黄荣利"。出到监牢门口，公安人员黄定才就给我们父子都照了相。到礼堂门口又照了相，到斗争会上又照了相，并且画了幅漫画。当天在大会上，邓桂白（现在是物质局长）宣布我的所谓罪名。

我的弟弟黄永瑄，贫农，中共党员。1947年参加革命，1955年转业到地方，先后在商业和粮食部门工作。他也受大哥问题牵连，工资调整中，被扣上"反属"的帽子，一直不给调整。他本人是病残，在工作中不断受到种种打击和刁难，逼得没办法，只好在1973年被迫退职回家。黄永瑄的儿子黄荣飞，原来也是非农业人口，被非法收去了购粮证。

我的小弟黄永雄，中共党员，1956年桂林师院毕业，1960年又到广西民族学院进修，1964年参加四清工作队，结束后分配在凤山县支行工作。因为大哥和我的问题受到株连，被扣上所谓"反共救国团"的罪名，于1968年农历9月13日被从单位宿舍拉去活埋。以凤山县支行的黄某寒（乐业县人，地主家庭出身，1962年被关押过）为首，用绳子把我小弟捆起来，用锥子把他的眼睛挖出来，又用木棍把他的牙齿打落，才拖去活埋。和我小弟一起被埋在一个坑里的，还有张竹乐（女，县百货公司干部）黄玉勤（女，县百货公司干部）刘定湘（干部）。小弟被害后，家里东西全部被抢光，留下两个孩子。现在国家负责养一个，每个月六元钱，只养到十三岁。

我的大儿子黄荣利，共青团员，1959年参军，在海南军区7001

部队司令部任文书，曾荣获五好战士标兵称号。1964年转业，参加四清工作队。四清结束后，分配在民政科工作。也由于我和大哥的问题受到株连，被扣上"反共救国团指挥长"的罪名，于1968年8月29日被逮捕坐牢。1968年1月被拉出监狱斗争。挂上黑牌子，被公安人员连续三次照相，然后拉到各地乡下，在全县内游斗了18场之多。身心受到严重摧残。1972年7月宣布将他放回单位。不料就在11月三号，突然嘴巴鼻子直流黑血。就这样死于监牢。

我的侄儿黄荣珠，共青团员。1960年中师毕业回乡，1965年由县教育局聘请，参加教育工作。先后在乔因公社久加完小、额里完小任教。也因我和大哥问题受到牵连，被扣上"反共救国团"罪名，被逮捕关押五个月之久。在此期间受到种种法西斯式的毒打残害。1970年以后……（此处原文残缺）不给恢复工作，解职回乡。现在他本人还保留着购粮证和各种证件。

打倒林彪"四人帮"已两年多时间，在这期间，我也曾多次向组织要求正确处理我一家的问题，但凤山县革委会不但不给我们实事求是地解决问题，反而给我们施加压力，再次制造新的冤案，新的假材料。继续对我进行打击和迫害。

1. 我们于1978年12月份几次要求县革委会对我的儿子黄荣利的问题做出正确处理和结论，但他们没有以实事求是的态度来解决，而继续强加各种莫须有的罪名，完全没有实事求是的公正态度。他们从帮派体系的角度，罗列了几个罪名，于1978年12月14日定我儿子黄荣利为反革命分子。罪名说，他搞打砸抢，抢劫银行，粮食，冲人武部，打伤解放军，破坏通信线路，炸公路等等。这些都完全没有事实。试问，说他搞打砸抢，抢劫银行，粮食，到底他抢了哪里的银行，粮食，抢了多少钱和粮食呢？都没有任何事实。而他们自己，早在1968年元月18日，就开始做大规模武斗的准备。他们这些帮派势力首先把乔因公社的粮食抢上山，又把县里巴榜粮仓炸毁抢粮，炸毁县糖业部门的仓库，把物质抢光。又把田阳县几个车皮的货物抢光，还有拦路抢劫，还有杀人放火，他们杀害我凤山县革命人民、革命干部共3000余人，并在1968年烧了城厢公社坡心大队那茶屯的民房10间。这些难道不算是反革命行为吗？为什么他们这些所作所为，不受惩罚，反而升官发财呢？

2. 给黄荣利扣的罪名说，他冲人武部，杀解放军，也没有任何事实。事情是这样的：荣利本人的枪，早就在1968年4月20号被抢去，冲人武部，他并没有参加。至于说杀解放军，杀了那个，打了那个？在哪里杀，在哪里打？这不是无中生有吗？还说他破坏通讯，炸毁公路，可是在凤山武斗中，并没有哪里的通讯被破坏，也没有哪里的交通公路被炸毁过。这些都是无中生有。

党的十一届三中全会决定把工作重点转移到四化建设上来。全国人民在以华主席为首的党中央领导下，为实现四个现代化而努力，积极落实党的方针政策，为遭受林彪四人帮迫害的革命干部、工人和其他革命群众给予平反昭雪。我家的问题已经九年了。我县因一派掌权，不予解决。我请求党的领导机关对我们一家的冤案予以昭雪，平反，给我们恢复名誉。

申冤人　黄永辉
1979年元月

四、对"关于黄永安同志问题的审查结论"的意见

作为黄永安同志的家属，我们对柳州铁路局《关于黄永安同志问题的审查结论》有如下意见：

《结论》中说，"黄永安同志因为个人主义作祟"而犯了一系列错误。我们认为这是对黄永安同志的污蔑。黄永安同志是出自对党和毛主席的热爱，响应党中央的号召，积极参加文化大革命的。《结论》强加的罪名，无非是说黄永安同志利用文化大革命以实现个人的某些私利，但又找不出任何根据，同时与《结论》中所讲的"黄永安同志在几十年的革命斗争中，兢兢业业，艰苦朴素，作风正派，联系群众，平易近人，他热爱党，热爱毛主席，为革命为党为人民做出了贡献"相矛盾。黄永安同志一贯来总是认为自己对党对人民做的贡献

太少了，而党和人民却给他如此高的职务和待遇，心中很惭愧。决心为党为人民做出更多的贡献，以报答党的恩情。不顾年高身残，主动要求到现场参加劳动。我们有什么理由给这样的同志扣上个人主义的帽子呢？

关于参加1967年"7.28"夺军权大会，会前他根本不知道大会内容。"7.30"批判军管会执行资产阶级反动路线大会，他作了发言，《结论》中认为这是严重政治性错误。我们认为，他正是响应了党的号召，批判资产阶级反动路线，罪又何在？林彪及"四人帮"为了破坏文化大革命，提出了"文攻武卫"的反动口号，挑起了武斗，广西两派都受到影响。在这中间，黄永安同志讲了一些话，上阵地看地形，对制造土炮出过点子等，其责任在林彪"四人帮"身上。脱开历史背景看问题，不是历史唯物主义者。因此，我们认为，在文化大革命中，黄永安同志未犯任何政治性错误。

我们认为黄永安同志是被某些别有用心的人迫害致死的，必须给以彻底平反。柳州铁路局一直诡辩，说有医院证明，黄永安同志是因病逝世的。正是由于某些别有用心的人对黄永安同志进行残酷的政治迫害，精神上的迫害，生活上的迫害，肉体上的迫害，致使黄永安同志积冤成疾，而铁路局又不予以治疗，直到到病情严重，无法挽回，才做个样子，送到自治区医学院治疗。去世后，还不许柳铁医院的人传出去。这不是迫害是什么？既然历史早已查清，文革中的问题也查清，而且也承认是"功大于过"，为什么事到如今，还未开追悼会，对一个老红军战士，一个兢兢业业为党为人民工作了几十年的老同志如此态度，难道不是立场上的问题吗？

柳州铁路局做出如此的"结论"，无非是为自己的错误辩解，明知错了，还要留一个尾巴，说明自己并非全错。我们绝不同意诸如此类的结论。

裴文秀 黄荣平 刘玉珍
黄荣兰 裴土荣 许淑珍
1978、7、14

五、关于黄永安同志问题复查结论的报告

区党委：

黄永安，男，1902年生，广西凤山县人，家庭出身贫农，个人成分农民。1930年6月入伍，1931年六月加入中国共产党。黄永安同志是党的优秀党员。历任我军政治指导员协理员，后方医院院长，管理科长，荣军分校长。解放后转业铁路，任公安分处处长，总务处长，客运处处长，柳州铁路局副局长，中共柳州铁路局委员会委员，广西区第二届、第三届人民代表大会代表。

黄永安同志是一位红七军老战士。在几十年的革命斗争中，为革命流过血，负过伤，在艰苦的环境中，坚持斗争，立场坚定。全国解放后，积极参加社会主义革命和建设。他热爱党，热爱毛主席。为党为人民作出了卓越的贡献。

黄永安同志，政治历史清白。1968年林彪"四人帮"反党集团及其在柳铁的代理人，为了篡党夺权，对革命老干部进行了无情打击，残酷迫害，使黄永安同志的身心健康受到了严重的摧残。故于1972年11月4日被迫害含冤致死。

以上报告当否，请批示。

中共柳州铁路局委员会
1979年元月8日

我的文革回忆

张启文

张启文(1933.10—2019.1.27)湖南湘潭人。1950年2月在衡阳铁路局参加工作。1953年起在柳铁施工总队和柳州局政治部任政工干事。1952年十月入党。1957年11月到柳局第二线路大修队三工区任党支部书记。1958年2月任柳铁第二工程处党委宣传部部长。1961年到1963年在柳铁第一工程段、柳州车务段任党委副书记、副政委各一年。1964年1月到柳州局政治处任理论教员。1964年2月至1966年参加铁道部四清工作队。

1966年回柳州局参加文革。系柳铁工机联机关总部成员,属造反派。文革中以温和派著称。系1968年中央解决广西问题时赴京代表之一。

1968年八月被结合进革命委员会。先后任政工组副组长,局体委副主任、主任,总工会宣传部部长各七年。一直饱受歧视,有名无实。1985年文革处遗,调局工人文化宫任馆长。1993年退休。

四清

我出身贫苦,仅读到小学五年一期,就无钱再读下去了,被迫辍学。父亲旧社会给人补皮鞋。解放后我参加了工作,生活大有改善。

因此对党感恩戴德，无比虔诚，由衷的感谢共产党毛主席。

但是工作久了，渐渐地感到对许多问题看不惯。例如，有人受了冤屈或不公正对待，写上访材料（当时叫反映情况），上面总是一层层地往下转，最后就转到被反映人的手中。被反映人怀恨在心，就想尽办法挖空心思报复，还不让你知道。你只知道自己总是倒霉，喝凉水也塞牙，但不知为什么。我想，这样搞法，下面受了冤屈的人，到哪里说话呢？

1965年春节过后1个月，我被抽调参加铁道部的四清工作团，先在广州铁路局，后赴郑州铁路局搞四清。我被分在政工口。经过初步摸底调查，发现不少干部存在腐败变质问题。前局党委书记赵某，从郑州调往上海局赴任前，带着老婆孩子秘书保姆回老家，一路游山玩水，住高级宾馆。每到一地，到处请客送礼，给家人买衣料，打首饰，看戏的戏票，游玩的门票，一切开销全由公费报销。他一年四季要吃黄河的鲜活鲤鱼，生活处就帮他在家里建立了一个鱼池，购买了一套机动渔船和一套捕鱼设备，又配备了几名专职人员，长年捕捞。冬天为了保证鱼鲜活，捕上后立即用个木桶装水养着，随即开吉普车送到赵家。

工会主席李某某，是一个三八式干部，从不读书，不看报，脑满肠肥，无所用心。不论大会小会长短发言，哪怕是即席的几句话，都要秘书起草讲稿，要求正楷字，字大行稀，供他在会上念。有一次开现场会，会议结束时要他作指示，头天秘书已经把稿子给他了，但他根本没看就塞在抽屉里。第二天早上睡得迷迷糊糊，顺手拿了个稿子坐车就走。下车后在会上坐定就念。念的稿子内容与会议风马牛不相及，听得与会者一头雾水。只有秘书知道他是错拿了不久前一次会议的稿子。他还采用流氓手段，奸污霸占了一名女文工团员。

任用干部，他们不唯德，不重才，为亲是举。那些善于溜须拍马，阿谀奉承的人得到他们赏识。上有所好，下有所效。下面一些奸佞小人，想尽办法曲意逢迎，巴结领导。到外地出差，总要帮领导家属买东西。（当时物质供应紧张）买回后，鸡蛋挑出大个的，花生米用筛子筛，差的留给自己吃，好的大粒的拿给领导家属，价钱再少收百分之二三十。这样领导家属就夸他们会办事，不久就得到提拔。

诸如此类，干部中的腐化堕落，不胜枚举。

到了1966年3月份，四清工作团传达了中央的《关于当前学术讨论的汇报提纲》。四月份又传达了对邓拓吴晗廖沫沙的批判，5月份中央通知四清运动结束。群众中议论四清工作队执行了资产阶级反动路线，上面通知我们立即撤离。我们乘车来到北京，不敢住铁道部招待所，住在旁边的一栋家属宿舍楼，防止郑州局的群众来揪斗。

北京已是一片混乱。铁道部办公大楼和大院内贴满了大字报，各铁路局的群众上京到铁道部上访，无人接待。铁道部已无法上班，铁道部长武竞天被揪斗，每天挂着大黑牌子站在大卡车上游街示众……

我们待在北京无事，就每天去各地看大字报，看游行队伍，看散发传单……一开始，谭立夫的反动血统论甚嚣尘上，宣传"龙生龙，凤生凤，老鼠生儿打地洞"，排除打击出身不好和不太好的同学，不让他们参加红卫兵，不准他们串联，不准参加毛主席接见。后来，被压制的学生自己起来组织了战斗队，清华大学学生蒯大富为首成立了"三司"，引经据典，大力宣传"革命无罪，造反有理"，高音喇叭整天高喊着"革命不是请客吃饭，不是做文章，不能那样温良恭俭让……"

我的脑子里当时装满了四清中揭露出来的干部腐化变质的事实，感到为了拒腐防变，防止资本主义复辟，文化大革命是有必要的，造反有理是对的，我接受了这些文革的理论和思想。这是我后来参加造反派的思想基础。在北京待了一段时间，已是秋天，天气渐冷。我们感到，我们四清工作队员也是基本群众，我们也应该造反，就不辞而别了。

柳州

回到柳州，柳州市和铁路地区的文革已轰轰烈烈的开展起来了。

铁路局大门口的马路边，搭起了两排几百米长的大字报栏，贴满了大字报，看大字报的人川流不息。尤其是晚上，几十个100瓦的灯泡连接起来，照得如同白昼。人们在此看大字报，辩论，大声争吵，有时候也会有人情绪激烈的动起手来……

我上班分配到文革接待站工作。我们一共十几个人，负责接待北京南下的学生工作团，他们都说是奉中央文革之命，前来帮助搞文革的。

柳州的学生也分成了两派。最突出的是铁一中。一派主要由前期的老红卫兵组成，大多数是红五类和干部子弟，称"东方红公社"；而在前期老红卫兵在学校掌权时，受到打击和压制的一些学生，在批判"资产阶级反动路线"时，纷纷成立了战斗队，例如"无产阶级革命造反队""星火燎原""海燕""红心向党""浪遏飞舟"等等。后这些战斗队联合起来，通过巴黎公社式的海选方式，无记名投票选出七名常委，成立了"革命造反联合战队"，其组成各色出身的都有。

这两派都到接待站来索要供文革宣传用的文具用品，交通工具，广播器材。一般来说，东方红这派的学生态度较温和，有礼貌；联战的比较难对付，先礼后兵，纠缠不清，不达目的不罢休。接待站的工作人员也很快分成两派，大多数倾向东方红。东方红来要东西，他们很痛快，尽其所有的供给；联战来要东西，就千方百计地拒之门外，甚至躲开不接见。我说都是红卫兵，要一碗水端平。慢慢内部就也分裂了。

此时局机关已经瘫痪，无法办公，领导干部都躲起来了。不久又发生了上海的"一月风暴"，全国都效而仿之，开始夺权。铁道部造反派召开了全路电话会议，宣布夺权。一天下午，铁路局政治部突然通知我去开会，全体都要参加。会上宣布成立革命群众组织东方红总部，并宣布夺权，把各处室的大门都贴上封条，集中收起各处室的公章。有人悄悄对我说，"我们是自己夺权，不要让外面人来夺。"对此我感到受了愚弄。这件事其实就是几个人策划的，是奉命造反，明夺暗保。于是我串联了几个和我认识大体一致的人，成立了"中流砥柱"战斗队，杀出"东方红"。第二天贴出大字报，声明我们的主张。

这事在局机关引起了轰动效应。政治部是局党委办公机关，威信较高，我们的声明一贴出，各业务处原来一些观望的人，纷纷效仿我们，声明退出原来的组织，成立新的战斗队。而原来的组织有后台，有优越感，就采取"抛档案"，"揭老底"等恶劣手段，攻击我们组织"政治不纯"，都是出身不好，历史不清的人等等。试图搞垮这些新成立的组织。某某还找我个别谈话，指出我们这边谁谁是地主出身，谁谁是三青团员，谁谁是留用人员……劝我不要和这些人混在一起。我感到他这是坚持反动的血统论，对他们更加反感。

另一方面，学生造反组织革命造反联合战队、工人造反组织工人总部则热烈欢迎我们，召开了"热烈欢迎新战友大会"。在会上我发言，揭露了"东方红总部"奉命造反，假夺权真保皇的做法，批判了他们坚持反动的血统论，充当假洋鬼子，不许别人革命的行为。以至于激怒了他们，以后一直怀恨在心。

至此，局机关各处室迅速地分成两派，出现了十五个新的战斗队。随着队伍的扩大，大家互相串联，酝酿联合起来，成立机关总部。在一次各战斗队负责人的联席会议上，大家意见集中的推选我为机关总部的召集人。工务处造反力量较强，腾出一间房子作为机关总部的办公室，但太小了，不久又搬到局机关前楼的计统处。局机关各处室和铁道部各业务局都有联系，电话也方便，因此消息灵通，信息量大，机关总部印刷了大量的传单，以快报、简讯、北京来电、特大喜讯等为多，舆论很活跃。

工机联总部的成立

两报一刊社论连篇累牍的发表文章和社论，要求"干部要站出来，支持革命造反派"，"你们要关心国家大事，把无产阶级文化大革命进行到底"等等。局机关处以上干部都算当权派，都只等着被揪斗，挨批斗，或者当逍遥派。在以上两报一刊文章的鼓动下，领导干部开始纷纷亮相支持造反派。最初亮相的有：局党委书记张炎，副局长张子扬、黄永安，教育处长王椿湘，材料处长林荷达，公安处长屠龙彪、杨绪亮,分局政治部宣传处长赵周成,柳铁机务段党委书记徐一等,后来断断续续的有不少。也有一些干部观点和我们相同,暗中支持我们,并建议我们把工人学生机关干部三个革命造反组织联合起来,集中领导,这样力量更大。接收了这个建议,工人总部派出刘重阳、李仲领、王反修,联合战队派出钱文俊、王继宁、袁桂生,机关总部派出陶煦、张启文、镇市,核心小组是刘重阳、陶煦、钱文俊。

工机联总部成立的第一个战役,就是夺取舆论工具《柳铁工人报》。按照外地的夺权模式,派人进驻报社,驱赶原办报人员,宣布夺权。原报纸停刊,创办《工机联战报》,由联合战队主办。

1967年元月,毛泽东号召"中国人民解放军应该支持左派革命群众",各地逐步实行了"三支两军"(支左、支工、支农、军管、军训)。三月份柳州铁路局也实行了军管,再不允许进铁路局机关串联,机关总部也搬进铁路局林管所的一间小房子里。

红铁军事件

相比之下,当时湖南省的文革比我们开展的要早,也要激烈得多。军管不久,从长沙《湘江风雷》来了一个造反组织红铁军,有100多人,都是青年壮汉。他们是大跃进时期柳州铁路局到湖南招募的工人,三年困难时期他们吃了很多苦。1961年国民经济实行"调整巩固充实提高"的八字方针,把这些人全部遣散,没有任何待遇,一分钱不给就让人家走人。这次,他们是专门为要遣散费而来造反的。到达柳州后,他们全力支持柳铁工机联和柳州市造反大军。他们要进铁路局找局领导谈判,把守的解放军不让他们进,他们不顾一切,冲进机关揪出局长金玉成和他谈条件,逼局长签字。军管领导出面调解也无济于事,和军管也发生了冲突。没有安排他们的食宿,他们就闯进延安旅社,赶走旅客,强行霸占。食堂、医院车站不接待他们,他们就横冲直撞,搅得落花流水。一股势不可挡的造反浪潮席卷柳铁地区,并向柳州市内蔓延。

当时谣言四起,说红铁军强奸妇女,抢劫商店,引起不少不明真相的人的反感。尤其是一些老工人对他们看不惯，造反派内部也是如此。军管也无法维持秩序。于是采取高压手段，宣布红铁军是反革命组织。他们动用军队、公安，全副武装，实行戒严，封锁包围了红铁军的驻地延安旅社，抓捕了一大批红铁军关押起来，取缔了红铁军组织。吓得许多人胆战心惊，纷纷退出支持红铁军的工机联组织。也有很多人躲在家里，不敢再出来参加任何活动。原来热闹非凡，人群川流不息的工机联总部，只剩下我和另一人守房子。

反击"二月逆流"

红卫兵联合战队不怕压。他们联合了北京南下的红卫兵驻柳联络站，继续和军管斗。他们搜集了很多材料，指责军管执行资产阶级反动路线，实行白色恐怖，把轰轰烈烈的群众运动镇压下去，罪责难逃。扬言要向中央文革告状。军管害怕了。军管会主任葛冲找我谈话，要求我们把已经垮了的组织恢复起来。我们表示无能为力，提出和军管谈判的条件：一是要求把被捕的红铁军立即释放，安抚他们，并答应他们提出的条件（当时铁路局长已经签字）。二是召开两派群众大会，承认镇压红铁军是错误的，是执行了资产阶级反动路线。军管无法，只好答应。随即，北京传来造反派反击所谓"二月逆流"的胜利，我们感到我们得到了毛主席和中央文革的支持，扬眉吐气。

"6.11"事件

随着文革的发展，广西两派的对立也越来越严重。1967年5月27日，南宁四二二夺了《广西日报》的权，把《广西日报》变成了四二二的报纸。并且建立了自己的发行网络。在全区发行报纸离不开铁路，离不开铁路的造反派。每期报纸通过南宁车站、南宁机务段、柳州机务段的四二二战士，在火车头上把报纸发到各地市县造反派的手中。这一做法激怒了广西联指。6月初的一天，联指打听到有一批《广西日报》在火车头上，就在来宾车站布置了武装力量，待该火车一到来宾，他们就冲上车头，抢走报纸，打伤了司机司炉，还撕破了他们的衣服。司机司炉势单力薄，忍气把车开到了柳州就不开了，坚决要求军管抓出打人凶手，保证乘务员的人身安全。工机联支持了他们的这一做法。

这是一列从南宁到北京的 6 次国际列车，车上有上千个乘客。天气很热，旅客要吃饭要喝水，他们就派代表找铁路局局长和军管会主任。广州军区也派员前来调解。但两派都坚持自己的观点，互不相让。为防止对立派开车，机务段四二二派把机车头开到柳江桥中间压道，封锁了线路，彻底中断了行车。

由此，工机联内部产生了分歧。整个机关总部和工人总部的大部分老工人，认为这样做太过分了，应该顾全大局。中断运输一个星期了，损失太大，影响不好，主张开车。但联合战队的红卫兵和北京三司驻柳联络站红卫兵坚持不惩办凶手绝不开车，否则就是屈于外部压力的投降派，是修正主义。最后周恩来总理来电，要两派各派代表进京，由总理和中央文革小组裁决。并指示立即开通线路，恢复行车。周总理接见了两派代表。

工机联代表中有副局长黄永安。这是一个近六十岁的转业残废老红军，满头白发，一只胳膊。总理对黄永安很尊敬，主动上前和他握手，请他坐下，然后分别询问情况（其实之前总理对情况已经很清楚了）接见中，总理对两派都作了批评，并指示，工人阶级内部没有根本利害冲突，要联合起来抓革命促生产。最后总理追问是谁先动手打人的，工机联代表指名道姓地说出了打人凶手，并把被撕烂的衣服面呈总理看。总理说："先动手打人的要负主要责任，撕破的衣服要赔偿。"并当场拿出一套新工作服[1]赔了。

工机联代表认为总理支持我们，争回了面子，胜利回到柳州。我们召开了盛大的欢迎会，大造舆论。联指的队伍有些稳不住了。

---

[1] 当时有消息说，是总理拿出自己的一条新裤子赔了。

"9.5"事件

广西的文革进程落后于全国主要地区。因而,广西的造反派活动,往往模拟其他省份。依惯例,每当中央对两派的性质表态后,保守派会逐步瓦解,形成一段时间的造反派控制局面的情况。但广西没有出现这样的情况。"8.24"以后,一直受压的造反派处境一度有所好转,但局面很快又变得微妙起来。

当时支左的解放军是地方部队(广西军区和柳州军分区),他们平时和当地党政干部关系密切,加上其他一些原因,他们的观点有倾向性,不能一碗水端平。支一派,压一派,亲一派,疏一派。两派都认为自己有理,受压的一派当然不服。"8.24"以后,社会上仍广泛流传,柳州军分区的军火仓库不设防,并有意把消息透露给联指,联指派人到仓库"抢"走了很多枪支弹药,修筑工事,抢占据点。并且在地市县已经陆续地发生了围剿造反派的事。这都令四二二很是恐慌,担心没有武器任人宰割。工人总部负责人之一刘重阳,性格较冲动。1967年9月6日,他又听到以上类似消息,义愤填膺,拍案而起,说:"走,搞枪去!"毫不商量考虑,就私自带着一帮人(多系学生),从水电段搞来一辆卡车,直向来宾县武装部弹药库冲去。[2] 武装部看守库房的解放军拦住不让进,还把铁栅栏门关上,添岗加哨,加强防守。可这帮年轻人横下心,翻越围墙爬进去,打开栅栏门往里冲。

事有凑巧。对于文革中群众抢夺解放军枪支,上面一直有硬性规定,打不还手,骂不还口,一律不许对群众开枪。也许是由于各地抢枪事件愈演愈烈,到了该年9月5日,中央军委又发布了一个"9.5命令",规定解放军在遇到群众抢枪,劝阻无效时可以开枪还击。事发当天正值9月6日,抢枪的群众出发时,还没有听到"9.5命令"的传达,而解放军已经得到了"9.5命令"。当时,解放军对冲进的

---

[2] 编著者按:张启文关于"9.5"事件的这段叙述有一定出入。当天到来宾武装部抢枪的人有几批,后来出事的不是刘重阳带队的这一批。详见本书"9.5"事件当事人王翊的叙述。

群众劝阻无效，又恰好是他们不支持的四二二派，解放军就开枪了……一下子就打死二十个人（主要是学生，几个青年工人，农民）

去时是一卡车活蹦乱跳的年轻人，拉回来的是一卡车尸体，惨不忍睹。这些孩子们的父母及亲人闻讯赶来，痛不欲生，哭声震天，好些家长当场晕倒。当时柳州天气尚很热，工机联总部动员了几个木工师傅，连夜赶造棺材，临时掩埋在铁一中和冷冻厂附近。一车尸体，清理后发现共有二十具，有些不认识，更不知姓名，无法做出标记。过了几天，从来宾来了一位 60 多岁的老农民，寻找儿子。他说明特征后，给他挖开一座新坟，经辨认，正是他失踪多日的儿子，而尸体已腐烂，无法运回老家。这老汉独自坐在坟前一天一夜，不吃不喝，哭得声嘶力竭……最后泪已干，声已哑，只是痴痴地望着坟头，因为他只有这一个儿子……我看了很是不忍，就派人把他送回了来宾。

《今日的哥达纲领》

中央"8.24"表态后，广西和柳铁地区的形势都出现了一段较为平静的时期。9 月 16 日，广西两派在京达成了《关于全面上交枪支弹药的七点协议》。9 月 22 日，柳铁和南铁两派达成〈关于保证广西两派境内铁路运输通畅的八点协议〉。十一月一日，柳铁两派成立"大联委"。经过一年多的文革，多数人有厌倦情绪，想安定下来。但联合的路并不顺利。此间不断的摩擦。就在周总理接见的当天，联指武装力量围攻工机联总部所在地工人文化宫。当晚枪声如炒豆，爆炸声如雷，舞台西侧边门被炸药包炸毁。而当时工机联总部基本没有枪支。11 月，工机联毛泽东思想文艺宣传队赴矮岭车站宣传，遭当地联指武装力量毫无缘由的伏击，队员铁三小教师柏清扬被射杀。更严重的是，在各地县农村，不断发生武装围剿四二二据点的事。这些，都使工机联队伍中的一些人和部分头头，特别是学生，对当时匆匆联合表示担心和不满，认为是右倾投降，开始批判两派达成的联合协议。

1968 年 2 月 9 日，联合战队常委肖普云写了一篇文章《今日的哥达纲领》，批判两派达成的大联合协议，主要批判本派别头头的右倾投降主义，认为他们签署的大联合协议是一纸出卖无产阶级利益的投降书。文章引经据典，援引恩格斯的著作说事，颇具煽动力。随即文章交高音喇叭广播，又由《红卫兵战报》全文刊载，在柳铁地区广为发行，对实行联合，成立革委会造成了较大的负面影响。对方立即抓住这件事，组织力量大规模的批判讨伐。这些批判文章渐次脱离原文本意，抓住原文只言片语断章取义，无限上纲，将其上纲为一篇反动文章。并且经由某个渠道，很快上交到中央文革。3月9日，在中央召开的全国铁路工作会议上，康生点名批判这篇文章，说它是"反动的"，"要颠覆无产阶级专政"。并且凭臆想断言，"这绝不是中学生写得出的"，后面必定"有黑手""黑教师爷"，要求揪出黑手，狠批猛斗。柳铁军管会立即由一名解放军的侦察科长挂帅，组织专案组侦查。查来查去，仍是铁一中肖普云写的。但向上面交不了账，只好把中学生肖普云抓起来，关进拘留所，严加审讯。肖普云把他的写作动机、过程、参考书，以及几次修改的手稿拿出来，并坚持自己的观点，进行辩论，证明确实是他写的。这里得不到康生需要的结论，就扩大打击范围，后来又把联合战队的主要负责人钱文俊抓进北京卫戍区。在1968年的清理阶级队伍中，又以此为由打击迫害了大批教师，致使肖普云所在学校柳铁一中的校长和一名教师自杀。

遭受绑架

我参加造反派之初，副局长黄永安找我谈话，要我好好帮助造反派掌握政策。从我的认识和性格出发，处事一直比较稳妥和温和，对造反派中一些较为激进的做法不太认可，常常尽力劝阻。大家笑称我是"老右"。后来美国民权运动领袖、非暴力主义者马丁·路德·金遇刺后，一些调皮的红卫兵就给我取名为"马丁张启文"。但许多事情是想不到的。

文革是毛主席发动的，我参加文革很投入，一直在文化宫工机联总部食宿。好长时间没有回过家。我的儿子张理是1967年10月出生的，妻子分娩和坐月子我都没有回家照顾过，妻子有怨气。1968年5月的一天下午，我想回家看看。从文化宫回家要经过铁路局大门和招待所的门口，大白天，大马路，车来人往，我没想到会有什么问题。在经过招待所门前时，突然从里面冲出四五个持枪的彪形大汉，不由分说地将我拖进招待所的一间客房，立即将我的双手扭向背后，反绑起来，用招待所的白粗布枕套横折四层，将我的眼睛耳朵包起来，用麻绳捆紧，于是我完全成了一个聋盲人。几个壮汉从四面拳脚枪托一起打来，往肋骨和腰部猛踢，还用招待所的厚茶杯往头上砸……开始我还可以在地上滚动，还可以喊出声，渐渐地就衰竭了，滚不动也喊不出了，只感到头上有热乎乎的液体流下来，枕套湿透了，口里有咸咸的血腥味……不知究竟打了多久，我失去了知觉……

直到第二天早上太阳从窗口射进来，照在身上，才慢慢醒过来。睁开眼睛一看（这时包住眼睛的枕头布已解开）。自己只穿了一件背心，一条短裤，躺在水泥地上，浑身被蚊子咬得密密麻麻的，红疙瘩连成了片，头疼的像要炸开一样……同时还发现另有三人也躺在地上，逐个醒来了，呻吟着……一个是机务段的党委书记徐一，一个是党校教员温国良，一个是设计事务所的工程师潘红卫。

还看见靠墙一面有一排水龙头，辨别出这是招待所的浴室，地下很潮湿。我们都坐不起来，只能躺着。家里打听到消息，每天送饭来都必须经过他们严格检查，而且不准和家人见面。头两天也根本吃不下东西。

过了两三天的一个下午，一帮人突然冲进来，凶神恶煞的要找徐一。这几个人都穿着大皮靴，见徐一躺在地上，又不由分说地朝徐一一顿乱踢乱打。把徐一的头像足球一样朝墙上踢来踢去，头碰墙弹回来，又接着踢……徐一喊不出声，已经奄奄一息了，他们也累了。他们都手拿着木棒，临走前又朝我和其他几个人头上打了几棒，口中骂道："看见了吧，老实点儿，不老实明天再来收拾你们。"说完扬长而去。事后偷听到看守人议论，机务段两派武斗他们吃亏了，到这里来打徐一出气。隔两天后，他们又拿来纸笔，分别审讯我们，要各自写交代材料。

大约是五月底的一天晚上，外面枪声密集，子弹在房顶呼啸而过，持续了几十分钟。两边的高音喇叭对吵对骂，不久广播中又播出悲壮的音乐。听站岗放哨的人员议论，是小鹅山联指的据点遭袭击，吃了败仗，伤亡惨重。第二天中午冲进来一帮人，把我们打了一顿后，重新把我们的手反绑，把眼睛和耳朵都蒙上，让我们出门爬上一辆大卡车，转了几圈后又让我们爬上平板车，听声音是在钢轨上行走。我们知道这是过柳江铁路桥，往柳北去了。然后又让我们爬上一辆大卡车，这里那里转了约半小时，就把我们扔在了一个大礼堂里。入夜，我们就在礼堂的长椅上躺下。手没有松绑，眼睛和耳朵仍然蒙住。蚊子很多，肚中饥饿，心中恐慌，不知道到底发生了什么事。只听到人声鼎沸。奔跑忙碌，有搬东西的撞击声，妇女的呼儿唤女声，孩子的啼哭声……从来往人们的只言片语中，大致听出，是工机联抢了援越的枪支弹药，武斗升级，联指怕吃大亏，就全部撤到了柳北。从此双方以柳江为界，工机联占据柳南，联指占据柳北，南北对峙。两边都在各自的制高点上架上了机枪大炮，南是鱼峰山马鞍山，北是雀儿山。柳江铁路桥南北两岸都有重兵把守，也常有子弹射到对岸，伤人的事常有发生。

联指群众撤来的第二天，就把抓来的人关在这个礼堂（后来知道这是柳州市地委礼堂）的门厅里。大门封闭，留一个小门通行。这个门厅说不清有多大，只知道是磨石子地面，四面铺了一层薄薄的稻草，中间留了一公尺多宽，放置一个木桶，供大小便用。被抓的人脚抵墙壁，头朝木桶，一个紧挨一个。被绑的手松了，眼睛还蒙着。两边的小门有一个玻璃窗，供看守人员监视里面的情况。每天开饭两餐，总共七两糙米，饭很硬，分在上午十点和下午四点开。基本无菜。偶尔有菜，很杂，茄子，豆角，豆腐，空心菜，鱼骨头，肉骨头等。有时也会发现几片肉，都混在一起。一般油水较多。后来知晓，这是武斗人员吃剩的残菜，倒在一起给抓来的人吃。因为饿，大家吃得也很香。饭后每人发一小勺蒸饭水，其他时间无水供应。

饭不够吃，大家都把蒸饭的瓦罐添得很干净。我有严重的胃溃疡病，很硬的糙米饭吃不下去，胃痛得厉害不敢吃完，就分给其他吃不饱的人吃。在这种情况下，人的尊严也没有了。每天早晨6：30放风一次，时间40分钟。囚徒们仍蒙着眼睛，只好手拉手排成一长串。两边有荷枪实弹的人押着。约五分钟到厕所。厕所只有几个坑，一个水龙头。我们分批进去。冲进去后先抢水龙头，用水抹抹脸，用手捧水漱漱口，烟瘾大的人发现地上有烟头，就捡起来撕开集中起来卷着抽。进了厕所的人尽量拖延时间，在外面的人等的急就猛催，一时较乱，看守人员也不耐烦监管。我们就乘此机会互相聊聊天，打听外面的情况。我发现被抓的人大约有五六十人，认识的人有教育处长王椿湘，材料处长林荷达，机电厂党委书记高潮等。其中的一些年轻的人大多是县城、农村被逼逃出来的。被认为问题不大的就充当劳动力使唤，倒便桶，挑饭，领囚徒上厕所等。

天热，水不够喝，不少人就趁放风喝生水，结果就拉肚子。又不许个人上厕所，就只好拉在木桶里，几天就怄起蛆来。长尾巴的蛆爬出木桶，爬到外面的稻草丛中，有时爬到人的头发中……

里面不许洗脸洗手漱口，没有任何卫生条件，外面下雨涨大水时天气阴冷，大家又喝生水，许多人经不起折磨，生病了。感冒发烧拉痢疾的都有，我是不停的胃痛头痛。

晚上，外面细雨连绵，漆黑一片，里面昏暗的灯光下，躺在地上的我们心事重重，睡不着。常听到礼堂舞台上审讯拷问新抓来的人。边问边打，凄厉的哭喊声让人毛骨悚然。年轻的小红卫兵哭着喊："我是保卫毛主席的红卫兵，誓死保卫毛主席的革命路线，你们不要打我……"被抓的人中，有一个是桂林师院的"老多"（四二二派），他告诉我，在南宁看到一个被抓的红卫兵，被拴在奔跑的马尾后面拖，拖得背上的肉全没有了，白骨森森……

有天晚上八点多钟，从外面冲进来一伙人，用手电筒逐个的照，看中了就用脚踢头部，喊"起来"，喊起来了十来个人，被押走了。第二天中午又押回来。偷问他们干什么去了，他们说"埋死人"，是武斗中被打死的人的尸体，都血肉模糊，有的已经开始腐败，很臭。让他们清洗尸体，挖坑掩埋。不过他们饭管饱，有时还给他们酒喝，有肉吃。好像他们很愿意干这活儿。

我的妻子是联指的，她通过关系给我送来了两条香烟，一些糖果食品，几件衣服和一条毛毯。我的烟瘾不大，就分给了那些嗜烟如命的人，糖果也分出去不少。

牢中审讯我，说四二二有"反共救国军"组织，柳铁工人文化宫也潜伏了反共救国军。还举行了宣誓，要我老实交代，逼我写检举材料，争取立功赎罪。这是些完全莫须有的事，我坚决拒绝了。又要我揭发陶煦的问题（后来意识到，他们是企图从陶煦身上找到工机联背后的所谓"黑线"和"黑手"），我没有揭发，也没有什么可揭发的。又反复追问，机关总部为什么派人到工人总部去。（是黄永安建议我们去的，说去把握一下政策，以免出现过激行为。都是为了运动健康发展。）现在知道，所谓"反共救国团"，完全是一起彻头彻尾的假案。可见，对我们这些人的抓捕，是有组织有计划，有很深的政治意图。

探视

又过了几天的一个下午，突然把我喊出去，给我理发，又将我带到一个小山坡上一间孤零零的小房子。一进门，突然见到妻子背着不满周岁的儿子，手里牵着四岁的女儿，我恍若梦中，不知所措的愣了一愣，猛地扑过去抱着女儿，泣不成声。我这才知道，他们母子三人离家单独逃到柳北来了。

文革中，我家里父母，弟弟、弟媳全是四二二观点，只有我妻子是联指的。而且大家都很"铁杆"，各自派性很强。我妻子在怀孕期间，还挺着大肚子，坚持写大字报，刷大标语上街张贴，批斗会上领喊口号，在家里也常和父母辩论。这次我被绑架，被毒打，押送至柳北后生死未卜，家里掀起了轩然大波。全家都怪她，说是她"点水"（暗中指认）的，四二二观点的也有人扬言要打她。她有口难辩，压力很大，在家里已很难相容。只好带着孩子逃到柳北，借住在亲戚家，又没有生活费，苦不堪言。

赴京

我在这个黑牢房共被关押了 73 天。打断了三根肋骨，打得两次脑震荡。由于严重胃溃疡吃不下很硬的糙米饭，牢中经常饿肚，加上后来多年的政治歧视和压制，心情长期抑郁。这些，都严重损害了我的健康。1973 年胃穿孔，做手术，胃切除了五分之三。1993 年退休后的第 19 天，即患脑出血，病危住院，抢救四十天才幸免于难。

1968 年七月某天早起放风后，通知我和温国良收拾自己的东西，有几个武装人员押送我俩爬上一辆卡车。车子开到柳江边。准备用船渡江，联指驻守在铁桥头的武斗人员发现了，一帮人冲上前来盘问。此时我们才从他们口中知道，我们是赴京谈判代表。后面有人喊了一声"打"，枪托拳脚就像雨点一样落在我们身上，完全无处藏身。温国良被打跌落到柳江，差点淹死。押送人员劝走了一批，又来一批，又是一顿乱打……也不知过了多久，几个押送人员把我们连拖带架，送上卡车开回原处，在地上躺了几天都不能动弹，又被胡乱灌了几片不知什么药片（可能是止痛药），才能勉强坐起来。又过了两天，他们决定我们两人分开走，秘密转移。第一步通知我妻子接我出去，暂住亲戚家。在这里我彻底清洗，换了衣服，休息几天后，像个人样了，由军管会的解放军护送我过桥。到了桥南头，有工机联组织派车来接我。见了工机联的战友和亲人，我百感交集，激动不已，庆幸着还能活着相见。在家里调养了一段时间，又请同派战友、铁路运输学校老师苏述章开了五副疗伤中药，排出不少黑色大便，精神慢慢恢复了。

7 月 19 日，军管会通知，让我参加赴京代表团到北京参加"中央办的毛泽东思想学习班"，为成立广西区革委会做准备（当时全国只有广西、新疆、西藏三个少数民族自治区没有成立革委会了）。我们先到南宁集中。挂了一列长长的列车，车上有桂林市、河池地区、柳州市、柳铁两派代表。担心两派在车上发生冲突和沿线车站出事，两派代表分开车厢坐，并有武装解放军随车保卫。尽管如此，车到邻近南宁的一个小站时，遭到联指武装力量的拦截。他们全副武装，冲上四二二代表坐的车厢，要抓人和查抄行李。经解放军极力劝阻，他们总算没有抓人了，但仍抢走了四二二代表的全部行李，在车下仔细搜查之后，才把行李扔了回来——我们直到后来在北京中央首长接见两派代表后，才知道他们这样做的用意。这是一种有组织的政治行为，他们要搜取四二二代表带去的反映情况的资料——列车因此被迫在这里摆了一个多小时——到南宁后，又立即转乘大巴车，到南宁机场登上飞机，经四小时飞行后，当天晚上到达北京机场，又用大巴把我们送到解放军政治学院。

解放军政治学院位于北京西郊，经公主坟，五棵松不远就到了。这是一个很大的院子，里面有很多栋楼房是学员宿舍，有大礼堂、食堂、操场、小卖部。这里伙食很好，而且不收钱和粮票。这个学习班纪律很严，不准外出，外出必须请假批准。但这些地方造反派已经自由惯了，哪能约束得了，有些人从铁栏杆钻洞出去，钻洞进来。他们有的人是出去会亲访友，大部分人是去看热闹，看大字报，少数人也去串联，了解情况。

工机联方面的去的代表，我记得有陶煦，温国良、钱文俊、王反修、江泗维、邵中领、李振林、樊玉良、余一侠等。大院里还住着西藏代表团和新疆代表团。在里面各地两派代表仍然刷大标语写大字报对骂。学习内容每天都安排一些关于大团结大联合的文件，强调"在工人阶级内部，没有根本的利害冲突"，要联合起来搞斗批改，抓革命促生产，要求各派多作自我批评，求大同存小异。对工机联方面的代表，也开始要求他们讲清"5.21""5.25"和《今日的哥达纲领》等几个问题。

接见

大院里还有一栋楼，住的全是解放军团以上的干部，多是五十岁左右的小老头，据说是在等待毛主席的接见。他们每天早晨起来就跳忠字舞，不少人腰粗体胖，弯不下腰，抬不起腿，怪模怪样的，很可笑，但谁也不敢笑。

毛主席何时接见是保密的，事先要预演好多次，突然集合，身上不允许带任何金属用品（像章除外）。小刀、钥匙、指甲钳都必须取下交领队保管。大卡车编号按顺序排列，每车装49人，位子固定不能乱，上车后清点人数。预演了好几次。最后一次集合好了，临出发前突然宣布一批人政治审查不合格，不能参加接见。被宣布不能参加接见的人，柳铁地区的全是工机联的，有王反修，钱文俊。李振林，他们当时痛哭失声，情绪很懊丧。

卡车到达天安门广场后，下车排队从人民大会堂北门进入。被接见的人很多，主要是解放军。许多解放军胸前挂满了毛主席像章，大的有大菜碟、小脸盆那么大。地方干部都安排在大会堂二楼，很远，看不清楚。进场坐定后等了约半小时，大堂的灯光慢慢暗下来，舞台上的灯光徐徐放亮。广播响起说，"毛主席和中央首长达到大会堂了。"舞台上出现了几个人影。仔细辨认，是周总理、林彪、江青等人。片刻，高音喇叭播放出了《东方红》的乐声，灯光一下子大亮，毛主席缓步走向台前，向左右频频挥手。同时全场响起了暴风雨般的掌声，齐声有节奏的高喊"毛主席万岁""毛主席万岁"，喊得声嘶力竭，热泪盈眶。大家都拿出手帕擦眼睛。这种情形持续了大约十五分钟。毛主席和中央首长全部退场后，大家仍兴奋不已。接着从四面几个门口退出大会堂，登车返回原地。

解放军事先准备了很多鞭炮，待接见的人群回到大院，鞭炮齐鸣，高音喇叭大放音乐，连夜跳忠字舞，一直闹腾到凌晨。第二天，我们也邀了几个人到前门全聚德吃烤鸭，以示庆贺。从当时的狂热程度，可以看出个人崇拜的登峰造极。

接见（二）

这次接见后两天，8月20号，通知我们第二天到人民大会堂某某厅，周总理和中央文革小组接见广西两派代表。早晨我们乘车来到某某厅，等了十几分钟，周总理率先走进接见厅。随后有江青、康生、姚文元等人。周总理身穿银灰色中山装，白袜子，黑皮凉鞋，面带微笑，频频招手。代表们自动站起来鼓掌。

走到主席台后，周总理做手势让大家坐下。坐定后广西代表团负责人简要汇报了学习和谈判情况。周总理点名批评了南宁、柳州、桂林等地几个四二二负责人的错误。后来这好几个被点名的人都被扭送进了北京卫戍区。

这次接见后，正式进入斗批改阶段。大小会结合，由各派（事实上只有四二二一派）批斗自己组织的坏头头和支持者这派的走资派。

我记得开过两次大会，其中一次由工机联代表自己揪斗走资派和坏头头。亮相支持工机联的铁路局党委书记张炎，已在北京卫戍区在押，我们还揪斗了刘重阳，王反修，李仲林，钱文俊等人。其实，这些人要被揪出来，名单军管会早已定了，要我们这样做，只是走走过场，表演表演，完成一个"群众组织的坏人，要由他们自己揪出"的过程。形势所逼，我们愿意不愿意都得执行。时已至八月下旬了。

南宁

离开北京前夕，又在人民大会堂的小礼堂召开一次大会，除广西两派代表参加外，还有西藏和新疆的代表参加。周总理和中央文革成员都来了。周总理宣布了广西壮族自治区革委会成员名单。

到南宁后，代表们被安排到广西国际旅行社住宿。休息一天后，组织代表们参观了解放路和展览馆。这两处原来都是四二二的驻地。解放路位于邕江南岸，约有一公里多长。文革前主要是一条小商小贩居住的商业街，所住多为中下层市民。我们看时，整条街已成一片废墟，断壁残垣，遍地瓦砾，这里那里有一处处的血迹。还未燃烧尽的房梁木头四处冒烟。不远处的断墙下坐着一具尸体，肚子胀得很大，随风吹来一阵阵臭味。接着又参观了展览馆。这原是四二二总部所在地。此时大部分房屋已经坍塌，四处是弹痕。内墙壁上有一处处被利器刮过的痕迹，悄悄听人说，哪些地方曾经有300多个用鲜血写下的"忠"字。屋内挖着纵横交错的深沟，地上散漫着纸张、衣物及各种生活用品。我们对此很费解。事后悄悄打听，听说，全区的地县特别是农村的少数派（四二二）及所谓地富反坏右子弟，被抓被打被杀十分恐怖。他们无家可归，无处可躲，被迫逃离出来，跑到南宁柳州等地的四二二据点避难。这些情况，加深了四二二派对军区和革筹的不满，认为他们执行的不是毛主席的革命路线，坚决不同意在这种情况下实行联合。因而被认为是他们影响了区革委会的成立。经中央批准[3]，调动大批解放军，由联指的武装力量配合，以对敌作战的方式，围剿展览馆和解放路，炮轰枪打，残酷镇压。一些投降的"俘虏"被抓获后，又遭联指武装力量二次杀害。彻底把这股"反动"力量消灭了。此前，为了逃命，他们曾在江边挖了不少地下壕沟，围剿中，他们躲进壕沟和附近的防空洞。联指头头报请韦国清，炸开邕江上游位于右江的水库，滔天洪水泻入邕江，南宁的主要街道水能行船，躲进防空洞的人一逃出便被射杀，全体淹死。仅此一项，就淹死3000余人（一说为7000）。这样，广西壮族自治区革委会于8月26日成立。9月5日，新疆西藏也成立了的革委会，两报一刊（《人民日报》《解放军报》《红旗》杂志联合发表社论《全国山河一片红》。

柳州

回到柳州后，我才知道，柳铁工机联在5月21日抢了停在柳州车站的军列（全系子弹，被指为援越物资），5月25日工机联群众又自发的抢了收缴子弹的解放军的枪支，为此中央发出"7.3布告"，要求全面收缴枪支弹药`。并将这两件事定为反革命事件。由于这是在两派都抢夺并持有枪支弹药的情况下，单方面收缴，在收缴上来一部分后，部分人坚持不交剩余部分。部队反复做工作都无效。经请示中央，也准备采取武装剿灭的方式。已布置兵力，对工机联的驻地铁路工人文化宫、柳铁机务段形成包围圈，在箭盘山部署了远程大炮，并下了最后通牒。正在千钧一发之际，支左解放军的一位年轻军官，向总部的一位负责人透露了这一消息，陈述利害关系，在家的工机联头头反复向群众做工作，得以在24小时内彻底交枪，从而化险为夷，

---

[3] 此举是否经中央批准，尚需查证。

避免了一场血流成河的大惨案。傅德怀同志亲历此事。

柳铁革委会成立

1968年八月，《红旗》杂志发表姚文元的文章《工人阶级必须领导一切》。文章中公布了毛泽东的最新指示"建立三结合的革命委员会，大批判，清理阶级的队伍，改革不合理的规章制度，下放科室人员，工厂里的斗批改大约经历这几个阶段。"按照这个要求，先抓斗批改。从铁路局到各业务处到各基层单位，掀起了一个斗走资派的高潮。形势一片混乱。普遍捆绑吊打，刑讯逼供，剪头发，挂黑牌，罚跪，游街，示众，大搜捕，大抄家，鹅山广场连续多天开大会斗走资派。车辆段党委书记常日陞，两手被涂上黑漆，挂着黑牌子跪下挨斗。被抄家被批斗的也并非都是走资派。我家就被抄过两次。原政治部宣传处理论教员，后来是教育处财政科长的郭正位，是解放前清华大学毕业生，只因为她是工机联观点，就说她是特务，抄家后让她穿上解放前的旗袍，给她抹上口红，涂上脂粉，挂上乒乓球项链，游街示众。有些女性，被强指为作风不好，被在脖子上挂上一串破鞋，跪在街边示众。人人吐口水砸石头。这一切，名以上是斗批改，实际上是一派掌权，对另一派实行群众专政。

1968年年底，柳铁革委会终于成立。在此之前，四二二已被以各种文武交互的手段整肃的七零八落，其头头和骨干大多已被打成阶级敌人，或关押，或批斗。所以，革委会成员名义上是两派群众组织的代表，实际上完全是一派掌权。革委会主任是军管会的解放军，四个副主任，两个是联指观点的干部，两个是联指头头。革委会下设政工组、生产组、后勤组。组长是军管会解放军干部，副组长都是联指干部。各组所有的办事人员都是联指一派的。实际参加革委会工作的工机联观点的成员，只有我和陶煦两人。我两人也都是拿出来做陪衬的摆设，用以说明是所谓"两派掌权"，实际上我们也没有权力，处境十分困难。

我进入革委会后，被分配到斗批改组。根据自治区指示，斗走资派必须两派联合起来斗。柳铁首先要斗的当然是张炎。他是铁路局原党委书记，最主要的是他是支持工机联的亮相干部，此前已无端被北京卫戍区收监。军管会副主任李继成找我谈话，要我代表工机联参加批斗张炎。我表示，我们这派是支持张炎作为革命干部站出来亮相的，这是因为认为他没有问题或没有大问题才支持他。这叫我怎么斗。李说，周总理都点名批评他了（指周恩来在一次接见两派代表时说，"张炎这个人很坏"，未涉及事实）这是路线斗争，大是大非问题。两条路线，看你选择什么，这是给你一个立功赎罪的机会。你不愿意回到毛主席的革命路线上来，那就和你们刘重阳一样，进拘留所。我无话可说，只能参加。除我之外，参加者还有杜某某，联战的几个中学生。被批斗的，除了张炎外，还有刘重阳、王反修、钱文俊等几个所谓"坏头头"。

　　斗批改组组长是范群。当时这个组挂了两个车皮，从柳州、桂林、黎塘、玉林、南宁、湛江、崇左，一路过去，每地一至三场不等。批斗张炎的全过程，都经过周密的预演，发言稿全部经过他们的审查修改。我们这些四二二的参加者，斗争的对象都是自己昔日的同事同学同一个观点的战友，明知他们是一夜之间变成"阶级敌人"的，却不敢违抗强的权势，参与对他们的揭发批判，其内心的扭曲和痛苦是难以言状的。

　　斗批改组的事结束后，我被分到政治处下属的宣传组，任副组长。后来又调到体委，任副主任。但都没有实权，根本调不动下面的人。但出了事，又要由我负责。一直不断地被审查，在完全不被信任的情况下工作。文革后八年，他们还在调查我，想从政治上搞垮我。他们到体委下面的游泳池调查我，问："张启文有没有活动？"下面的人不懂，说："有呀，组织竞赛，培训运动员……"调查的人说："不是问这个！是问他有没有派性活动，有没有和别人串联，有没有到上面告状……"他们又到我的原籍调查我，连不认识我的人都问到了。我父亲是个补皮鞋的，为了要用放大镜找出我的问题，满街补皮鞋的都问到了。他们审查了我的全部历史，社会关系，现实表现，都查不出任何问题。作结论的时候，他们竟然把我在他们的压力下，被迫斗张炎作为我的主要罪状，反诬我"污蔑张炎是死不改悔的走资派",何等恶毒,何等荒唐!又以此为依据,把我贬斥到文化宫的图书馆赋闲,达八年之久。

株连

文革株连无处不在。

我的妻子蔡其芳,1958年就是电机厂团委干事,文革前是柳州市四清工作队队员。又是业余文工团演员,曾参加电影《刘三姐》的拍摄半年。回厂后在一次偶然情况下,发现厂党委书记和团委书记(女)发生不正当的男女关系。对方知道事情暴露后很恐慌,党委书记就找了个机会,把她排挤出去`,后调到峨山商店做了售货员,以干部编制做工人使用。她在此处仍然很要求进步,写了入党申请书,当班长。文革开始,和当时的许多家庭一样,我家也分成两派,她是联指观点,而且很"铁杆"。我作为赴京代表参加毛泽东思想学习班,受到周总理接见后,从北京给她写了一封信,说工机联失败了,联指胜利了,劝她不要得意忘形,要注意政策,不要打人搞武斗。回到柳州后我也继续做她的工作。在后来的大混乱中,她没有搞过人身攻击,更没有打过人,没有搞过剪人头发,抓人游街等人身侮辱。

但因此就被人说成是"内奸",是"张启文派进来的奸细",不仅把她的班长给免了,连纠察队的红袖章也给收走了。几次提工资也以各种借口被取消。而那些随便打人侮辱人的人,被看作政治觉悟高,阶级立场坚定,入了党提了干。

我的女儿读书的时候,一直表现得很优秀,但总是或明或暗地受到歧视,不被重视。我女婿入党的时候,来外调我的问题,因为我的问题延误了三四年。而我是什么问题也没有!在我被绑架时,家里的其他成员又怪是妻子点水的,她左右受夹攻,压力很大,精神备受煎熬。工作又太忙太累,每天早上很早就要去"天天读",晚上要学到11点,回来后要奶孩子,做家务……从早到晚难以休息。长此以往,精神和体力的双重压力,把她的身体拖垮了,现在她患有13种慢性疾病,每月退休工资仅1300元,要交一半给医院,于是处于贫病交加之中。文革对人的伤害是无处不在的。对人的生活的破坏是无以复加的。

前面说过，我是贫寒人家出身，我由衷地感谢共产党，愿意做党的驯服工具。一贯勤勤恳恳兢兢业业的工作，历次政治运动我都全身心的投入。但是，经历了文革，我看到了许多，开始反思。又读了不少书，有了如梦初醒的感觉……为了祖国和民族的未来，为了下一代，决不让文革悲剧重演，总结历史教训特别重要。

我的母亲杨芳老师

汪 洋

汪洋（1951— ）广西柳铁一中文革受难者杨芳老师的独生女儿。

文革开始的时候系柳铁一中初二学生。1968年被分配到鹿寨插队落户。1974年招工到鹿寨柳州造纸厂，后到子弟学校任教。1979年参加电大英语单科学习，后同时参加中文和外语两个专业的大学函授课程，取得两个大专学历。1985年考取广州外语学院，获英语专业本科学历。1988年被广西轻工厅聘为专业翻译。1995年被英国糖业（海外）公司聘用，任英国糖业公司总经理助理兼高级翻译。2013年至今任公司顾问。

文革开始的时候，我刚刚升入初二，还是个少年。文革怎么回事，我知之甚少。跟着大孩子们参加了"红闯战斗队"（属革命造反联合战队，四二二观点）。

我的母亲杨芳老师，原系广西柳铁一中化学教师，1929年12月20日生。1968年12月20日，在工宣队精心组织的一场批斗会后含冤悬梁自尽。

母亲1947年夏季考入南京金陵女子师范大学，此间，17岁时参加过三青团。由于战争原因，1949年离开南京，到贵州省贵阳市.后与我的父亲复旦大学毕业生汪有徽相识结婚。婚后两人双双来到宜山县扶轮中学（柳铁一中前身）教书。1952年3月4日，父亲因心脏病去世。当时母亲不足23岁，我刚刚半岁。

按照文革后对学历的算法，只要进了大学，不管你读了多久，进的本科就算本科学历，进的大专就算大专学历，那妈妈就是金陵大学本科毕业了。但妈妈没有这样认为。为了搞好工作，她努力充实自己。1954年——1956年，母亲作为调干生被铁一中送到位于开封市的原河南师范大学学习.她带着年仅三岁的我和奶奶（父亲去世后，母亲一直尽心抚养着奶奶），一起前往开封，在很艰苦的条件下扎扎实实完成了本科学业。而后拒绝了河南几所学校的邀请，回到铁一中教书。

母亲外形秀丽，性格温婉，待人总是满面亲切温暖的笑容。文革前，是个充满理想，热情积极，上进心很强的人。她热爱教育工作，对教学工作认真负责。小时候最深的印象，就是妈妈抱着大打大打的作业本回家，在灯下伏案改到深夜的形象。常常是我睡一觉醒来，她还在灯下改作业。她改作业非常认真。有时候遇到疑难问题，她担心学生不懂，她留在学生作业本上的"红字"比学生做作业的"蓝字"还多。她教过的学生说，星期天她很少完整的休息，总是到教室里来看望学生，因为一些住校的学生常在这里自习，她来帮他们解答一些问题。有时也手写一些资料，贴到墙上，给不同程度的学生或解答疑惑，或拓展知识。不但如此，她还常常把学生带到家里来住，以便更好地辅导学生。这时候常常引起年幼的我的嫉妒，觉得自己"跌价"了。她对学生非常尊重，总是叫我称她的学生"叔叔""阿姨"。

她本是学化学的，有一年学校数学老师紧缺，安排她教初中的数学。她一方面毫不犹豫地答应下来，一方面不敢因自己数学基础本来较好而有丝毫的大意和懈怠，又参加了数学专业的大学函授，试图获得双学历，以更好地提高教学能力。她注重学生的全面发展，爱生如子，是著名的"杨妈妈"。曾担任学校实验班的班主任三年。

母亲待人十分宽容友善。小时候，她总是把我打扮得漂漂亮亮的，学校里有些同学就有些嫉妒，欺负我。妈妈一来，我就大哭，希望她给我"报仇"。但妈妈总是亲切地对他们微笑，邀请他们到我家来玩，说我家有很多小人书，都可以给他们看。有时就干脆把他们接到家里来玩。他们来了，妈妈拿出好些水果糖给他们吃。后来我和他们都成了好朋友。

母亲性格极其善良。上个世纪五六十年代，人们的生活水平普遍较低，学校里时有学生因家庭难以完成学业甚至被迫辍学。母亲对此分外心疼。尽管当时我父亲已经去世，她独自一人抚养年幼的女儿，赡养婆婆，仍从微薄的工资中拿出钱来，资助多个家庭困难的学生完成学业。上世纪五十年代，她一次就拿出五十元资助一个王姓学生。当时她的工资是75元，这样我们家当月的生活就很拮据，几乎整月没有吃上肉。妈妈说，我们节省一点，就帮了人家的大忙了。上世纪六十年代初，三年困难时期，她带着我，正要回贵阳去探望祖母，又遇到一个学生因家庭困难要退学。她二话没说，又把家里的钱拿给了那个学生，我们只能揣着15元钱去看奶奶。到火车上，我哭着吵着要吃榨菜炒肉丝，她没钱买了，只好不停地给我讲好话。我不停地吵，直吵得妈妈流眼泪。到了姑姑家后，姑姑有四个孩子，奶奶又住在她家，当时正值全国性的大饥荒，大家的食物都很紧张，我们一下子来了两张嘴，妈妈感到很不好意思，就整天弯腰坐在缝纫机边，给姑姑一家做衣服，累得腰都直不起来。但她总是一副笑脸，从来没有生过气，从来没有抱怨过什么，好像什么也没有发生。

妈妈对奶奶的好也是人所共知的。爸爸去世后，妈妈一直抚养着奶奶，对奶奶尽心尽力，关心无微不至。奶奶爱看戏，妈妈就常常省出钱来，给她买票。有一次买了柳北的票，但学校工作太多，下班很晚，她一回来就急急忙忙地背起我，拉着奶奶就跑。妈妈走后，一说起妈妈，奶奶总是泪水长流，说妈妈对她比亲生女儿还要好。

妈妈对生活的态度热情积极，繁忙的教学之余，也热心各种社会工作。上世纪五十年代，她担任校工会的女工委员。当时学校有位老师，子女很多，妈妈就和他谈话，上门作他家的工作。因为是劝人家少生孩子，那家的人生气了，把妈妈推出门来，妈妈倒在地上，脸上还挂着亲切的笑容……她曾被评为铁路局的工会积极分子。

文革开始，她对我说，她的家庭出身不好（我的外祖父曾蒙冤入狱），工作不论怎样干得好，总是得不到肯定。她天真地说，听人家讲，文革如果表现好，可以重新划分成分。她说，我不能让孩子像我一样永远背包袱。她选择了参加柳铁工机联。她认为他们有道理。不久，周恩来总理代表中央表态，肯定四二二是革命造反派，她的热情更高了。但是她一直保持着谨慎，所有活动只是帮自己的战斗队刻钢板，自己大字报都没有写过一张。

1968年，工人毛泽东思想宣传队进驻柳铁一中"清理阶级队伍"。四二二观点的学校领导、教师，以及学生中的骨干，一个接一个地被揪出来批斗甚至关押。母亲也被以"国民党残渣余孽"的罪名揪出来了。其实，新旧政权交替时，母亲不足十九岁，17岁时参加了三青团，没有参加过国民党。说她是国民党的残渣余孽，是欲加之罪。

被揪出来，就意味着她不再是"革命群众"，成了没有人权的另类。母亲面临一场又一场的批斗。她被和学校其他"牛鬼蛇神"一起，跪在铺着粗煤渣的操场上，作"活人展览"，供组织前来的"革命群众"参观，任意羞辱，打骂，在寒冷的冬天被逼下到粪坑里捞子弹……我家被多次抄家。

斗来斗去，她的"罪状"有三条：一是"雪花膏瓶事件"。即有一个她过去的学生，在运动中受了冲击，写了一封信，向她诉说自己的冤屈和事实真相。母亲把这封信装在一个雪花膏瓶子里，埋在家门前的小花园里。后来形势进一步恶化，不知是有人揭发还是她自己交代，这瓶子被工宣队挖出来了。二是"资产阶级母爱"。三是参与制造燃烧弹。

所谓"制造燃烧弹"，是指1967年七八月份铁一中几个四二二派学生的行为。当时武斗气氛很浓，与母亲同派别的铁一中学生全无武器，而已经被对方的长矛刺死了一人，一些的同学就开始试验自制土炸弹和燃烧弹（这些东西在后来和今天看来完全如同儿戏。所谓燃烧弹，就是在酒瓶中装入煤油和某些化学药品，扔出去后使之在撞击的条件下燃烧，也就是能扔个十几米甚至只几米远）因为实验中就出了事故而中止。母亲和此事基本没有关系。但为了坐实这一罪名，工宣队精心策划了一场揭发批斗会。

那场批斗会是由高二年级的工宣队组织的（母亲是高三的老师）。事先，工宣队到高三和其他年级，找到几个参加过试制燃烧弹的同学，要求他们参加高二的批斗会，并对其中的关键人物做了工作——当时的背景是，四二二派群众组织已被韦国清和黄永胜内定为反动组织，学生也大批被揪出批斗关押，几乎人人面临极大的心理压力。而康生发明了一个"黑教师爷"的罪名，把学生出的所有问题都被往教师身上拉扯。

批判会开始不久，一个学生就站起来揭发。他的揭发，直接把母亲和燃烧弹制作过程中一个学生出事故致使一只手残废的事联系在一起。主持会场的工宣队员随即呼起了口号："杨芳残害红卫兵铁证如山，罪责难逃！""揪出黑教师婆杨芳！"

事实是，母亲和学生的事故没有关系，她只是在学生询问时在一张纸上写了几个化学方程式给那学生。学生出事的原因在于违反了操作规程。但此时母亲有口难辩。参加批斗会的学生中，有人完全知道实情，但在当时人人自危的高压下，没人敢站出来为她说话。

这是不得了的罪名。据目击者说，此言一出，母亲的精神立即崩溃了。脸色变得死黑死黑，整个人萎缩下去，变得小了一圈，冷汗直冒，说不出一句话……

这次批斗的当天晚上，母亲在教工宿舍的女厕所里悬梁自尽。

她死的前几天我去看过她，她被剃了阴阳头，状态不大好。但精神无异常。我又去找过一名工宣队员，他是我妈妈的学生，对我很关心。他问我情况怎么样，还告诉我说，妈妈没什么问题。

所以，这次斗争会，是妈妈自杀的直接原因，但这还不是全部原因。

此前，七斗八斗之后，她的精神状态已经很差。柔弱而孤苦无告的她，曾跟在我后面，向我要一只热水瓶和一根绳子，说她快要坐牢去了……我当时只有十六岁，吓坏了，把事情告诉了工宣队。工宣队没有理睬，反而让批斗会升级，并且极其恶毒地选择了母亲39岁生日的那一天。这是在明知她没有问题的情况下啊！

关于她的死，还有以下几个细节——

那天批斗会散会的时候（批斗会上没有打她），母亲没有被允许和大家一起离开。深夜，一位在革委会抄大字报的同学回男生宿舍，看到她从男生宿舍出来（那晚上的斗争会场设在男生宿舍），步履蹒跚，精神委顿，衣衫不整，看得出是挨了打的模样。

她自戕后，我被通知去收殓她的遗体。有好心的工宣队员撩开母亲的衣服，我看到母亲身上四处是青紫的伤痕。而目击者证实，批斗会上母亲没有挨打。那么，在学生离开后，究竟发生了怎样可怕的事情？

可以确认的是，有歹徒对她，一个孤苦无告的柔弱女性，一个39岁的美丽女教师（母亲年轻时是方圆数百里有名的美人）残酷的施加了私刑。在当时对学生都肆意毒打的情况下，为什么不敢当众显示他们的"革命义愤"？

那天晚上，最后一个看到活着的母亲的人，是高二的陈宪中同学。大约是半夜十二点以后，陈宪中起来到教工宿舍旁的男厕所去方便。走到教工宿舍旁，看见在房头的路灯下，母亲用一张长凳子做桌子，自己坐在一张小板凳上，握着笔，面前摆着一张纸，似乎要写什么。她穿着一件烂棉衣，腰中束着一根草绳。陈宪中瞥了一眼那纸，上面什么也没有。因为母亲是陈宪中的化学老师，陈和她很熟，当时旁边又没有人，就和她打招呼说："杨老师，要注意身体啊，别太累了。"这时候，陈宪中看见妈妈抬起头来，朝他摇摇头，泪水溪流一般不可遏止，淌满了她的面庞……几十年后，陈同学还说，"我至今清清楚楚地记得那张脸……"

她为什么会"穿着一件烂棉衣，腰间用一根草绳拴着"？妈妈是爱美的人，又是心灵手巧的人。她能写会画，会裁剪，会手工缝制衣服，所以她花很少的钱，就能把我和她自己打扮得整整齐齐，漂漂亮亮的。被揪出来以后，挨斗回来，都要把自己擦洗得干干净净。她那身反常的装束"穿着烂棉衣系着草绳"，是为了说明什么，或者防备什么？

她在写什么呢？最大的可能性就是遗书。她要诉说她的冤屈，她的不为人知的遭遇，她不放心她的未成年的女儿……所有的秘密都留在那里了。但是，她死后我和与她住在一起的李老师，都没看见她留下遗书。在我去认领她的遗体后很久，工宣队才把她的遗物交给了我，但那里也没有任何文字。

至今，我只字都未看到。作恶者早就为自己的可能被清算毁灭了证据。

我的爸爸在我半岁还差一天的时候就去世了。妈妈被揪出来后，关于妈妈及我的一家谣言四起，有的甚至说，我的爸爸没有死，他是国民党特务，躲在坟堆里了（我爸爸当时就葬在校园里），半夜就起来发电报……作为一个懂事就从来没有见过爸爸的孩子，我甚至希望这是真的，能有机会见一眼我的爸爸。爸爸是复旦大学的毕业生，外语极好。所以我长大后选择了学外语。

事后，妈妈是由学校原语文教研组长何文正老师、原后勤组长柳勤发老师用板车拖着，拉到柳州桃花岭去埋葬的。文革后。他们带我找到妈妈的坟墓。我去给妈妈上坟的时候，常常看见有人给她供着香。

后来，我把我爸爸也迁到了桃花岭。2000年，我已定居在南宁，就把爸爸妈妈一起迁到了南宁。让他们日日夜夜在一起。

我的外祖父，我小时候对他知之甚少，只知道他曾经坐过牢，使妈妈背上沉重的"家庭出身不好"包袱。上世纪八十年代初，有人出差到柳州，专门来找我，告诉我，杨郭人先生（就是我的外祖父）不是"历史反革命"。他1949年前在国民党的汤山炮校担任图画教员，是当时著名的画家。这位知情人说，如果不是政治原因，外祖父应该与徐悲鸿齐名。刚解放时，外祖父什么问题都没有。"三反五反"时，有人抓住他画的一幅螃蟹，诬陷他是影射共产党横行霸道，被判了15年徒刑。

外祖父出狱后，和独生女儿我的妈妈与我一起生活。得到妈妈自戕的消息，外公也于次日自尽。

民国时期，我的爷爷给英国人打工，在芜湖置有一栋房子的房产。1949年后被一所医院占有。文革前每月付给40元房租。文革开始后终止至今。

好在妈妈去世后,铁一中还是给我发了妈妈当月的工资。这也是我带到农村去插队的仅有的 75 元人民币。

母亲自尽后,学校工宣队军宣队没有给她下任何结论。

1979 年 2 月母亲平反。学校原负责人项仲克老师在会上发言。给予赔偿 512 元。从 1979 年——1981 年,学校每月发给我奶奶抚恤金 8 元。(奶奶一直由妈妈扶养)。1981 年奶奶去世。

母亲自尽时,我只有十六岁,彻底成为父母全无的孤女。母亲离世一月后,驻校军宣队通知我上山下乡,要求我或者回贵阳(贵阳是我唯一的亲戚我的姑母的居住地),或者和同学一起下到鹿寨. 当时贵阳只有一个本来需要母亲扶养的奶奶,暂住在姑姑家。我选择了到鹿寨。

在广西农村,妇女从事重体力劳动。当时我尚未成年,劳动中有很多困难。当时同去插队的一个知青对生产队进谗言,说我是黑崽子。可是善良的贫下中农说,你们都是知青,我们一样看待。尽管他们文革中观点和我们对立,他们对我很好,评工分时,其他知青得 6 分或是 6.5 分,因为我劳动卖力,得 7 分。

虽然劳动很艰苦,但鹿寨在农村中是较富裕的,可以吃得饱。由于姑姑家较困难,一年多后,我把奶奶接到鹿寨和自己一起插队。直到 1973 年,表姐来把奶奶接走。

1970 年,我被大队选拔担任民办教师。1974 年工厂招工,我享受到"独生子女可以回城"的待遇,被广西柳江造纸厂招工,并到了子弟学校任教。同年,柳江造纸厂子弟学校把我作为工农兵学员送到柳州地区师范学校学习,两年后我以优异的成绩获得中专文凭。

1977 年停了十年的大学恢复招生。但由于当时我刚结婚,丈夫也要报考,家庭经济需要人支撑,我只得放弃。但是,想起母亲的遭遇,想起从小她对我的教育和期望,我同时报考了中央广播电视大学单科英语,后来又报考了现代汉语言专业和柳州市教育学院英语两个大专,并被录取。当时我是年幼孩子的母亲,我奶奶自从我结婚那天开始就跟着我，我读书的时候她已经83岁，并已经瘫痪在床。我在柳江纸厂子弟学校当班主任，上18节课。我就在这样繁重的家务和工作负担中焚膏继晷的坚持学习。

学着妈妈的样子，我老师当得不错，得到学生们的爱戴以及学校的认可。1984年被评为柳州市模范班主任。与此同时，别人用业余时间考4科，我用业余时间考8科，但不仅从未有一次不及格，而且科科都名列前茅。其中，柳州市教育学院英语专业的毕业考，我以97.7分的成绩获得柳州市第一名的好成绩，两个大专都在1984年顺利毕业。

那是个充满活力的年代。次年，广州外国语学院招生，我以大专学历应考。通过考试，柳州同等条件的考生中只有我一个人被录取。通过学习，极大的提高了我的外语水平，获得英语专业本科文凭。并回到柳州造纸厂子弟学校担任英语教师。

1988年，广西要成立中国第一家年产10万吨长纤维化学纸浆厂（现在的凤凰纸业），将我调去任翻译。我学的本是公共英语，对化工造纸方面的知识掌握不多。但我努力挑起了这副担子。日夜兼程，全力以赴，虽然累出了糖尿病，但我终于成功了。其后，由广西轻工厅派遣，我又到广西贺县纸浆厂工作三年，担任翻译兼亚洲开发银行与贺县纸浆厂的联络员。从建厂开始，到建成开业，我全程参与完成了厂里的有关项目工作，于1992年获副译审高级职称。

1995年，英国糖业（海外）公司（世界500强企业之子公司）来华，我被聘用为高级翻译。我在英糖一干就是20年。目前，公司仍挽留并聘用我为公司顾问。20年来，我的英国老板和专家们给了我尊重、温暖和自豪。

现在，我有一个幸福的家庭，是一名骄傲的奶奶，有两个聪明活泼的小孙子。只是，一切都割不断我对妈妈的思念。要是妈妈还和我们生活在一起，那该多好啊！

我的爸爸朱守仁先生

朱 珠

朱珠(1947—)1966年高中毕业于柳铁一中，在校参加文革。从1969年起，下乡插队七年。当过民办教师。1975年招工到地区建筑公司做普工。1979年父亲平反落实政策后，调回铁路。初在柳铁七幼做保育员，后通过考试转为教师，担任过幼儿老师，小学老师，初中老师，中专老师。1993年电大撤销，教师分流，退休。退休后的20多年里，一直和幼儿园合作或自己开班，教儿童美术，或在老年大学上课。所教学生无数，柳州市美术家协会会员。现在年纪大了，在家自画自乐。

1971年四月四日，我们——妈妈，我，弟弟，去找爸爸的坟。

一早，天就下着雨，时而大时而小。我们冒着雨找到爸爸的坟时，雨停了。爸爸的坟左上方有一棵松树。坟在一条小路和一条小沟边。小沟那边也有四棵松树，还有很多映山红。最大的标志还有那棵顺小路往前高山顶上的青松，是单独的，是傲然挺立的。

全都是松树，勾起妈妈的记忆。

全都是松树，帮我们找到爸爸的坟——它几乎平了！

然而爸爸死前的那一刹那，怎么就一点不像松树呢？

我含着眼泪动手挖了。

挖了不到两尺深，就见到了塑料布——这还是妈妈从上海买来做床单用的，还没有完全烂，菱形的印花还清晰可见；见到了发黑的棉被和露出的棉花——这是爸爸到学习班之前，妈妈为他新买的棉胎和被里……

我再也挖不下去了……

爸爸的往事一件件涌上心头。我被泪水模糊的眼睛凝视着远方……

爸爸是个非常和蔼可亲的人。他见人老是微笑着，还爱讲些笑话，别人都说爸爸是个开朗的人。

爸爸对别人很好。看到别人有困难，总是热情地帮助。凡是有求于他的，必定想办法帮助解决，就是不求于他的，他知道了也主动帮助解决。远的不说（因为很多很多），就说文化大革命期间，因为武斗，有个姓吴的同事没办法买米，爸爸就扛了自家的几十斤米送去。他是个不喝酒不抽烟的人，可是看见同志们买不到，遇到机会，就买一大箱回来，有时连钱都收不完全。爸爸常常拿自己的钱接济困难的同事，直到现在，在我们知道的中，还有些钱没有收回来，不知道的就更不用提了。支左的6984部队的解放军，都称赞爸爸是个对同志极端热情的人。

爸爸对别人这样大方，自己生活上却非常节俭刻苦。他的衣服不多，仅有的几件也打着补丁。加上画画，衣服上常常搞得红一块绿一块的。可他不注重这些。他说："一个人要朴素大方，方便工作就行！"

工作上爸爸就更加努力了。他人聪明，很有才智，虽说论学历小学还没毕业，但没有他学不会的东西。他会弹奏各种乐器，会写好几种字体的美术字，画的画很传神，还会照相，冲洗放大样样来得。制作幻灯片他善于独立思考，作品有独特的风格。爸爸还会刻图章，制作各种各样的工艺品。

文革开始了。"你们要关系国家大事，把无产阶级文化大革命进行到底"，中庸，逍遥，都成为被批判的行为。大家都按照自己的理解，响应号召，积极参加。我爸爸也参加了隶属于工机联的"毛泽东思想红艺兵"，爸爸是美术师，属于这一行业。文革中，这类战斗队的活动，基本是文艺活动。唱歌，跳舞，画画，以宣传毛泽东思想。

当然，也会带上一些派别色彩。

爸爸学习和宣传毛泽东思想非常热情，有时甚至废寝忘食。他曾用一个月的时间，抄写了一整本的《毛主席语录》——运动初期，正规出版的《毛主席语录》只发给一部分红五类中的骨干分子，爸爸没有得到这本书——他就自己抄了一本，以供自己反复学习。后来桂林老多选编了一本《〈毛主席语录〉编外》，广受欢迎，一本难求，为了宣传毛泽东思想，爸爸又用两个多月的时间，刻写和印刷了这本《编外语录》。共印了700多本，以满足群众的需要。文化革命的绝大部分时间，爸爸都是从事宣传工作，他画了大量毛主席的像，印了大量毛主席的玻璃像。当时在解放军6984部队，519部队，在柳铁地区的各个家属区，悬挂的毛主席像中，许多都是爸爸的遗作。铁路文化宫上面的大标语"毛主席万岁""中国共产党万岁"都是爸爸写好了，让机电厂的工人师傅用铁皮制作的。每当我看到这些，爸爸孜孜不倦的身影，汗流浃背的姿态，对工作认真负责的模样，就栩栩如生地浮现在我的眼前。爸爸的一生一直是努力为人民服务的。

1968年，文革进入清理阶级队伍阶段。铁路局机关的工作人员，都被集中到矮岭（铁路沿线的一个小站）办学习班。一开始，按照当时的套路，学习班阶级教育，忆苦思甜，访贫问苦，下乡劳动，暂时还平静。2月9日，家里收到爸爸托人捎来的给妈妈的信——

最高指示

千万不要忘记阶级斗争

要斗私批修

珏：

12月4日中午写来的信收到了。知道你在学习班有很大的进步，并已打消顾虑，轻装上阵，这是你通过学习的最大收获。我们要很好的总结这两年来的教训，改造思想，树立无产阶级世界观，很好地为人民服务。并希望珠珠和民民到工农群众中去接受工农兵的再教育，锻炼成真正的无产阶级接班人。

　　我们学习班的阶级教育，忆苦思甜，访贫问苦，下乡劳动这个阶段已经结束，下一步就要清理阶级队伍了。这就是学习班重点的重点了。不清理好阶级队伍，下一步整党建党和改革各项不合理的制度就无法进行。所以我们的学习是非常紧张的。今天放假一天（上星期天没有放）去矮岭一次回来已12点多了。才看到你的来信。矮岭共去过三次，二次是去访李静芬，均出差没碰见，反正也没有事情去看看她而已。

　　下面把我的一些情况写一下：

　　我一生下来，祖父母均已去世，目前父母也已去世，无法询问，所以，要填我父亲的家庭出身是什么，很困难。我回忆我小时候听父亲讲过这么一段话，他说，我小时候很苦，有一次，母亲给我做了一条新裤子，去看人家放野火，不小心被烧了一个洞回来，给母亲打了一顿。

　　从老家来看，只有几间破房子和屋前屋后有一点菜地，别无其他遗产给父亲。从这些情况来推测，你看填什么好？是否可以填"贫农"？请考虑一下。

　　我父亲个人成分店员，家庭出身贫农

　　我的家庭出身店员，本人成分职员

　　老家在土改前已无一人（父母早死，兄弟二人均在外地）原来我填的是店员兼小土地出租者，后来四清时，看了农村划分成分的说法，按当时生活主要来源为主，所以我在四清填表时填为店员。

　　参加国民党的情况：

　　1943年在重庆公路总局总务处人事科工作时，由同事张泽文介绍填表参加的。当时对国民党一点也没有认识，参加后既不知道区分部在哪里，又没有开过一次会。也没有交过一次党费，没有参加过任何活动。1959年审干外调时已有结论，为一般国民党员。

　　我的简历：

　　1928—1935 小学读书阶段

1936—1942 浙江嘉兴北门玉穗共、玉穗丰米行学徒，小店员。

1943.1—1943.7 去重庆的路途中6个月。（其中一两个月是等找工作时间）

1943.8—1945.7 在重庆公路总局总务处人事科登记股担任雇员，办事员，办理登记工作。

1945.8—1949.11 在都匀柳州湘桂黔铁路人事室第三课登记股担任课员，办理登记工作。

1949.12—现在在柳州分局，柳州铁路管理局，担任过人事科、人事处统计员，计划统计处经济员，文化宫美术员

以上是你需要的四种情况，不知可否满足。上次珠珠托周某某带来的信早收到，因上一次的信未提及，所以这次提一下。

喉炎已好，我尽量注意冷热，避免生病，请你放心。我思想上还有一些顾虑，有时候想起应该相信群众相信党的时候，思想上又开朗一些。同时也应该相信自己。不论解放前解放后，或参者在文化大革命中，没有干过坏事，没有参与反革命事件，也就不用害怕。但是想到在这两年当中，也做了一些错事的时候，心中非常难过。总之，我思想上也没有完全解放。希望在学习的过程中，提高认识，解除顾虑。不噜苏了，下次再谈。

向奶奶问好

仁 2.9

在这封信中，爸爸隐隐的透露出他对即将到来的"清理阶级队伍"的担忧，说"思想上还有一些顾虑"，"也做了一些错事"，但没有引起我们的注意。当时四二二派的干部群众几乎人人自危，他有这些想法很正常。他为人一贯低调谦逊，在文革中做的事就是画画，刻钢板，宣传毛泽东思想，他能有什么事呢？

不久，学习班不断传出某某被揪出，某某被批斗的消息，殴打，酷刑，逼供信，不绝于耳。全家人都很挂念爸爸，但妈妈在另一处地方"办学习班"，不能回家，家人之间难通音讯。谁知离爸爸写这封

信仅仅20天，12月29日，突然晴天霹雳，我们被告知爸爸在学习班自尽了！

爸爸，在你身上究竟发生了什么事？

渐渐的我们听说，爸爸被揪出来了，反复被批斗，遭受毒打。涉及的罪名主要有两条，一是所谓"操纵联战红卫兵"。实际情况是，爸爸是美术师，在工人文化宫有一间工作室，里面有一些摄影设备，联战有个同学爱好摄影，找到爸爸要求使用一下设备，爸爸就借了一次钥匙给他。不料这个同学乘此配了一片钥匙，以后多次进入爸爸的工作室，但也就是使用一下摄影设备而已，并没有做什么违法的事，而且是在爸爸不知情的情况下，怎么就成了爸爸"操纵"呢？

二是参加"天津黑会"。1967年2月21日，天津市文联的造反派发起了一个"全国工农兵文艺战士代表座谈会"，向各地从事文艺工作的在造反派出邀请。柳铁"毛泽东思想红艺兵"也看到了这一消息。对于柳铁而言，当是尚是文革初期，文革怎么搞，大家都不知道。"大串联"又被誉为"新生事物"之一，爸爸他们得到这个消息，就想到天津去看看，向人家取经。于是他就和另外两个人一起去参加了这个会议。后来天津有人向江青写信告密，说这个会议是要夺文艺界的权。江青勃然大怒，把这个会议定为"黑会"，此所谓"天津黑会"。1968年清理阶级队伍中，对这个会议的参加者进行了全国性的追查。

就凭江青一句话，这个会就成了"黑会"，成了反革命事件，这对爸爸来说，真是跳进黄河也洗不清！爸爸是不是就是因为这个自杀的呢？又有人说，他被批斗的时候，批斗者曾逼他喝痰盂里的水。人格和尊严的极大侮辱，是不是也是素来洁身自好的爸爸自杀的原因？[1]

噩耗传来，我们一家顿时天塌地陷，连妈妈常年养的一盆万年青也不几天就发黄枯萎。妈妈的最后10年，再也没有养过花草。记得

---

[1] 据知情者说，朱守仁自杀的原因，最主要的是这样一条：他生性幽默，有人说他长得像某某，他有时就拿着某某的像片，和自己比划着，对人说："你们看，像不像？"此事被人揭发，成为"分庭抗礼"罪。朱百口莫辩，感到跳进黄河也洗不清，遂自杀。

当时妈妈带我们去和爸爸告别，回来时告诫我和弟弟：从此不许大笑。

妈妈和爸爸相濡以沫几十年。爸爸的死使她伤心欲绝。从此终日以泪洗面，很快就积郁成疾。她得病期间，我和弟弟长期不在她身边，她得不到很好的照顾，病不能及时治疗。不到10年，亲爱的妈妈带着对爸爸去世得到正确结论的无限期待，对我受爸爸问题的牵连而解决不了工作问题的惦念，也离开了我们。享年仅仅52岁。她留下的遗嘱，一是朱守仁的结论，一是女儿的工作问题。

当时我和弟弟都还在乡下。

一直到1979年，在柳铁工人文化宫（爸爸的工作单位）一个小会议室里，简单地开了一个追悼会，由局平反工作组组长宣布结论：

关于朱守仁的结论

朱守仁（原名朱海官），男，浙江省嘉兴市人。家庭出身店员，本人成分职员，初中文化。1936年参加工作。解放后留用。历任办事员，课员，科员，统计员。原任柳铁文化宫美术员。

该同志在群众运动中，由于对政策不够理解，思想狭隘，于1968年12月28日上吊自杀。经审查未发现新的政历问题。应属于人民内部矛盾性质。给予结论。

柳州铁路局五七干部学校革委会
1979年12月25日

总算有了一份结论，总算没有把爸爸打成反革命分子。在此基础上，我才得以调回铁路。

步行长征和一次打架

张艺权

张艺权（1948— ）原柳铁一中高二学生。文革参加"星火燎原"战斗队。后组成革命造反联合战队。

步行长征

文革初期，对我刺激最深的就是血统论。北京的血统论传到我们这个南国小城，这里的干部子弟如法炮制，成立红卫兵，把非红五类子弟以及一些所谓不纯的红五类子弟都排斥在外。我的父亲是柳铁设计所的一名技术人员，我属"非红五类"，也在排除之列。我们不许参加红卫兵，不许到北京见毛主席……我们班的一个干部子女甚至让我们排着队，要把我们驱赶出学校。我们心中非常郁闷。

这时传来了陶铸（当时他还没有被打倒）支持步行长征的消息。我们想，不许我们串联，我们就步行长征！你不许我们革命，我们就自己革命！于是我和汤宗纯，余修纯，江旗，巫刚等同学就组织了步行长征队，开始了步行长征。下面是我的几则步行长征日记——

1966 年 11 月 8 日
天气：晴
起止地：桂林——小溶江
途径地名：甘棠渡，禾家铺，灵川县，五里牌，三街镇，凉风桥，小溶流
行程：70 华里

清早五点多钟，我们八个人举着"毛泽东思想宣传队"的旗帜，从桂林北站附近的桂林铁小出发，开始了步行串联。经过十小时的步行，下午五点多钟到达宿营地小溶江。刚开始步行，不是很习惯。大家脚上都感到酸痛。

　　路上遇到 D 某某和 W 某某那支步行串联队，由于阶级成分悬殊，曾受到他们的阻挠。

1966 年 12 月 30 日

天气：阴

起止地：重庆

途径地名：（略）

行程：（略）

今天我们又遇到 D、W 带领的由本校红五类组成的那支长征队。听余修纯说，D 私下想和我们一起走。我们都反对。

打架

　　我们长征回来以后，学校同学已经分成了两派。我们选择了革命造反联合战队，因为他们反对血统论，批判资产阶级反动路线，许多观点和我们一致。我就这样参加了造反派。

　　运动后期，我们这派的同学普遍遭到残酷的打击。三个头头蒙冤入狱，其余头头和骨干，有五六十人遭到斗争批判，集中起来举办"毛泽东思想学习班"，被延迟下乡。几乎所有的人都背着沉重的思想包袱，不知自己的档案中被塞进了什么黑材料。

　　下乡的时候，我们都希望自己的派别身份不要被暴露，，使自己有一个告别过去，重新开始的机会——因为广西农民进城武斗很普遍，针对所谓黑五类和四二二的打人杀人也很普遍，他们又对文革中城市发生的一些事件的来龙去脉不知底里，我们不知道，他们若知道了我们的造反派身份，会发生怎样的情况。连送我们下乡的工宣队，都着力回避了这一点。

　　我们拼死拼活的抢着干重活脏活,不敢随便说话,希望得到贫下中农的认可。不久的一天,我还是听到风言风语,有农民知道了我是四二二派!在上工的路上,他们围着我责问,我吓得非同小可。是谁,这么阴损,要置我于死地?一打听,是我班的某某某背地里和他们说的。

　　我感到自己被逼到了悬崖边上。一夜未眠。后来,在大队办知青学习班的时候,一天傍晚,在知青宿舍里我堵住了某某某。他身材比我高大许多,不知怎的,我三拳两脚把他打趴下来……,知青们都过来拉架,但一听说事情由来以后,都说"打得好!"为防止意外发生,第二天我就卷铺盖回柳州了。

文革：伤痕与脚印

陈宪中

陈宪中（1948—2016）柳铁一中高二（33）班学生，革命造反联合战队所属"大喊大叫"战斗队（即毛泽东思想文艺宣传队）队长。"1.21"事件（莫兆明被无辜射杀）亲历者。由于在"1.21"事件中遭受枪伤，免于下乡，在家待业。其间自学木工。1969—1974年零星在外揽木工零活，或在街道小厂做零工。其间在重金属粉厂一年，电珠厂三个月，鱼峰区宣传队短期。1974—1982年到汽车修理厂（大集体厂）修理车间做木工。1977年因没下乡被开除。申诉后复职。其间读了三年电大，学机械专业。在本厂教了一年"7.21"大学。1982年调交通局筹办交通局职工培训学校（1985年改为中专）1989年调龙城钢厂。任办公室主任。1997年该厂被福建老板承包，主动下岗，开始自主创业。历经曲折，另辟蹊径，研制成功新型环保饲料，解决了国内饲料抗生素超标问题。广泛运用于猪，鸡，虾等饲养。人多才艺。工书法，懂音乐，擅雕刻，会诗词。

父亲

我家从"镇反"开始，就不断地被冲击，不是父亲被审查，就是母亲被冤枉，每次运动都有我家的份。但父母一直对我们隐瞒着，只要求我们好好的读书。

我父亲原来是铁路局财务处的代理处长，1957年被内定为右派，之后降职降薪（工资由129元降到80元），到二工程队做财务主任委员，下放到黄冕矮岭等从事改线工作的工地，常年不能回家。有时候半夜回来，带点乡下的木薯干玉米粉等，给家里的六个吃不饱饭的孩子们吃。第二天一清早又走。

父亲到1985年才平反，这时人已经被整傻了。整天整天的不出一声，逼急了，才讲出一句半句话。原先他是多么活跃的一个人啊。

我一直不知道父亲挨整。只知道家里少了一个人。我的学习成绩很好，别人都夸我聪明。加上小时候爸爸当处长，家里有保姆，心里竟有优越感，一心想考大学。

困惑

我们那个时代的年轻人都积极"要求进步"。具体做法和人们衡量的主要指标，就是是否参加共青团。因此努力争取入团，就是我们学好功课之外全力争取的目标。可是，我渐渐地发现，我无论怎么努力都上不去，思想汇报老是不合格，在团组织看来总是思想落后。对此我非常不理解，许多同学也不理解，认为我很不错。可以说，学校要求我做的，团组织要求我做的，我都做了，没有要求我做的，我也主动做了。例如，我在教室的门口办了一个"每日新闻"园地，把自己前一天在新闻联播中看到的新闻加以编辑，再摘要出校内外发生的本地新闻，抢在早自习前，刊登在园地中，与同学们共享。（当时没有电视机，许多同学的家里连收音机也没有，无法及时看到新闻）

当然，我是有缺点的，比如性格太好强，人太灵光，有点爱表现自己。但团员也不是没缺点的人呀。

我想不通为什么自己老是入不了团。虽然嘴里谦虚，但内心非常不舒服。班上老是那么几个人代表着进步，反过来说你不进步，不许你进步。心中极度压抑，说不出来。

运动初期

文革来了。

我参加文革是完全被动的。中央发生什么事情，要求文革怎么搞……我一概不知道。文革开始发生的一些事，也完全不知是怎么回事。工作组来了，又走了，校革筹小组又成立了。停课闹革命。好像不要读书了，只要革命就可以。后来中央开了一次大会，发表了新闻公报，我们就抄新闻公报，贴出来宣传。党怎么说，我们就跟着怎么说。

不料，工作组和团支部领导运动后，渐渐的我感到了压力。没有任何原因，只要你成绩好，在班上表现活跃，就从你身上去找缺点，找不到，就从你的家庭去找问题。什么也不讲给你听，但什么也不让你参加。不整你，但把你冷落在一边。我于是拼命地学习，读报纸，看新闻，找自己的差距，看自己是不是落后了，是否比别人差。我从来没有落后过的。我的自尊心，使我去研究运动，渐渐的卷了进去。

风暴越来越猛烈，不由得你不激动，也不由得你不思考。面对许多大人都搞不清楚的问题，我学的《矛盾论》《实践论》《新民主主义论》派上用场了。我感到用这种思维分析问题，可以一下子抓到实质。我觉得自己一下子变得思维明晰，人也变得齿牙锋利。

文革以来，学校里最大的变化，是人马上被明显地划分为三六九等，"血统论"盛行，什么"龙生龙，凤生凤。老鼠生儿打地洞"什么"老子英雄儿好汉，老子反动儿混蛋"，都在我们学校里流传。一次开大会，一个铁路局干部的女儿发言，她用自己的最大音量高喊："是谁打下了今天的天下？是我们红五类的父兄！靠谁去创造未来的世界？只有我们！我们！！我们！！！我们红五类子弟！"听的非红五类子弟，包括一部分父兄没有打天下的红五类子弟，无不感到一种莫名的压力。后来，连发放《毛主席语录》本，也是红卫兵发红皮的，一般同学发白皮的，黑五类子弟不给发，说你们要学毛主席著作你们自己去抄。

这里插叙一下我学习毛主席著作的情况。我觉得自己是很认真的，也是学得不错的。结合政治课，我在1964年一年学了《中国革命和中国共产党》，读得很仔细，脑海中牢牢地种下了阶级、阶级划分、阶级斗争这些概念。又学了《湖南农民运动考察报告》，让我觉得捣乱有理。学《新民主主义论》也用了一个学期。后来又学哲学，学《矛盾论》《实践论》。这一段学习，给我留下了一种矛盾的心理，也产生了一种看待社会的矛盾的眼光。一方面，我感到共产党是正确的，毛泽东是正确的，阶级一定要划分，阶级斗争要搞，贫苦农民要翻身，必须造反，国民党压得他们没法活了。出身卑微的人，没饭吃的人，肯定要闹革命。他们享受革命的成果，胜利后过好日子，也是理所当然的。另一方面，在我的身边，看到的事又使我很困惑。我父亲挨整后，我家被从鹅山四区搬到了配电区。四区在铁路俱乐部旁边，那里的房子是有地板的。而配电区住的全是工人，穷人，都只有四五十元钱一月，要养活五六个孩子的。他们的小孩光着屁股在泥里滚，连饭都不能放开肚子吃。他们还要不要革命？要革命又革谁的命呢？以前是抢了地主的，现在该抢谁的？

学习《矛盾论》使我强化了这样一个简单的逻辑：什么事情的产生都必有其原因，什么原因造成什么结果。我隐约地感到，要大家吃饱，必须要生产出东西。靠举手喊口号是不行的，整人也是没有前途的。

我的政治老师名叫罗汉常，对我影响很大。她可以一整段一整段的背诵《新民主主义论》，但她从不作任何引申。罗老师常把这样一段话念给我们听：毛泽东在《新民主主义论》中说，有几个并行存在。例如天上的飞机和地上的牛车并存，牛顿是一个杰出的科学家，创造了万有引力定律，但是他却信基督教……这段话使我脑洞大开。使我知道，世界上的事情是复杂的。但实践中为什么不许我们并行？

文革中的许多问题搞不清楚，但我明确地感到胡闹毫无道理，整我这样的人会有什么用？有些人，平时书就读的很差，你凭着出身好，当了红卫兵司令，你就真的能领导革命吗？

当时学校有一个初72班的同学，姓冯，出身好，功课也还不错，在文革中很极端，被捧为红卫兵司令。他极度亢奋，几天几夜不睡觉,喊着革命口号,走火入魔,精神失常了。

辩论

话说当时我连白皮语录都没有得到。全班只有两个人没得到,另一个是一位名叫刘湄基的女同学,右派女儿,终日郁郁寡欢。这件事把我推到了另外一边。

后来,我们班里就"出身决定论"问题展开全班的大辩论。问题是由我提出来的:是否出身不好的人,就不能革命?团支部就组织了一次辩论。班上的课桌摆成两排,同学们面对面地坐着,唇枪舌剑。我发现我很孤立。绝大多数站在他们那一边,形势是一边倒的。因为整个社会都在唯成分论。事实上只有我一个人和他们对峙。但我看见,人群中有五六双眼睛目光期待地看着我,我知道他们是暗中支持我的。

辩论双方,谁都认为自己这方是正确的,谁都认为自己的看法符合毛泽东思想,谁都认为自己真理在手。同时,在这统一的大框架下,谁也不敢越雷池一步。所以,这种辩论,就变成了"打语录架"。

对方首先发言,引用的是毛主席语录,挥动着手中红色的语录本:"谁是我们的敌人,谁是我们的朋友,这个问题是革命的首要问题。"

这实际上等于说,出身不好的人就是革命的敌人。

我就用我抄的毛主席语录驳斥:"世界上的事情是复杂的,不是一两个因素决定的。不同的因素可以产生不同的效果,相同的因素也可以产生不同的效果。"

我又阐述说,毛主席分析新民主主义时,都没有这样做。我们不能不承认社会的复杂性,出身好的人一样有破坏性,出身不好的人一样有革命性,这样的例子太多。我认为毛主席不会这样做,我不相信毛主席会倒退……

听着听着，那五六双眼睛愈加发亮，有些女同学笑了，并且站到了我这一边。

这次辩论会是我赢了。但会后我被更加彻底的边缘化。

他们说服不了我，我讲的道理他们也不听，我也不受他们领导。但我还是积极参加运动。我一笔好毛笔字，就帮他们抄大字报。但我不能讲话，一开口就错，有时连笑也不行。他们开会批斗老师，当时的认识，这是运动的大方向，我也上去想揭发一些老师做的错事（这是我文革的亏心事），但他们不许我讲话。

在到后来，班上开始划分左中右学生。我怀疑自己被划为了右派，因为自己的处境就是这样。但没有得到证实。几十年后，班上同学聚会，我问当年班上的两位红卫兵负责人××和×××：你们当年在我们班划分左中右的时候，是否把我划成右派？你们在我的档案中放了什么？他们缄默不言。

这是为什么？我为什么被划到了敌人一边？我百思不得其解。

档案

1968年武斗期间，有人抄了学校的学生档案，并把关于我的给了我。我当时并不当回事。随手把它丢到了家里的桌子上。我母亲看到后，把我的问题搞清楚了。原来我的父亲被内划为右派。他下放到黄冕矮岭，常年不能回家，母亲是个教师，工作很忙，人又好强，在学校忙了一天后，回到家里，全部家务又落到她身上，洗全家的衣服常常洗到晚上十二点。有时她就发牢骚，说我爸爸什么也不管，她就像守活寡一样。我不经意地在同学中转述了妈妈的话，有人就打小报告打到了团支部，团支部于是认为我右派子弟，又对新社会不满，入团就自然没门，搞运动也自然划为另类了。

这是我人生的第一份档案，及其给我带来的结果。文革后我有了第二份档案。那份档案对我的记载，把我从入团的边缘踹下来，使我再一次跌入贱民阶层。

接见

辩论以后,我变得更加孤立,他们谁也不理我。但当时没有武斗,他们下不了手,没有打我之类的事发生。

这次辩论后也有五六个同学跟我出来了,刘鸿树、方钢、杨树德、龙转儿等。我们处境大致相同,也有一个是红五类,但观点支持我。我们在一起讨论,决定自己成立一个战斗队——当时老红卫兵已经衰落,学校里已经零零星星的成立了有几个战斗队——我们取名叫"星火燎原"。后来陆续又有周建敏,初三的何道饶一起来参加。我们从班上搬出来,搬到了图书馆。

毛泽东在北京开始接见红卫兵后,铁路局组织柳铁地区的红卫兵和学生一批批地到北京参加接见。一批,两批,三批——学校里的人一下子都走空了。我们也在眼巴巴地等着轮到自己。这在当时一方面被认为是一种荣誉,另一方面也是一种合理的待遇。但是等到第七次接见,还是没有我们的份。我们感到自己非人的待遇了。

徒步长征

战斗队是成立了,但是没有革命的对象。主流活动人家都把我们排斥在外,不整我们就算是好的了。

怎么办呢?当时已有了徒步长征的报道,我们决定也去徒步长征,走红军走过的路。目的地我们选定为延安。想放下眼前的矛盾,去感受一下当年红军的经历。

决定了,打起背包就准备出发。但还是筹备了一周。我们找到校革委会的负责人郁有祥,吴学忠,王佐岐,开了个证明,刻了个图章,领了一块钢板,准备沿途散发传单宣传文革。又连夜敲开柳州市一家印刷店的门,印了一面红旗,红旗上的油漆还没干,第二天上午 11 点,我们就从柳州出发了。为了表示我们的决心和立场,我们决定选最艰苦的路线甚至无人区走。

我们沿着铁路线走，到新圩后，在候车室住了一晚，又往贵阳方向走。这条路翻过云雾山（无人区），下山后到了贵阳，休整一天后，又往北，渡过乌江，爬上娄山关，当年红军的战壕还在。下山就到了遵义。在遵义，我们认真地听了"四渡赤水"等故事。

出了遵义后，我们就改了路线。已经走了1000多公里了，有点累。我们从遵义入云南，走金沙江，往重庆去。又走了一段无人区。这里是当年红四方面军的根据地。后来知道，毛泽东和张国焘发生矛盾就在这里。

这段路极难走。真所谓"蜀道难，难于上青天"。汽车72拐，一天上山，一天下山。才能进入四川盆地。我们就从下面穿过，走过一条七公里长的大隧道（名叫梁枫垭大隧道）。本来这里是不让人走的，赶巧守道口的解放军士兵是广西宜山人，我们就和他套近乎，他告诉我们，隧道中间缺氧，再有听到火车响时要赶快进旁边的避车洞。又借给我们一盏马灯照明，要我们出洞时交给那边的守洞战士。

隧道中间果然缺氧，我们几个人走着走着都有点打瞌睡，整整走了半天才出洞。还好没有遇到火车。

越过重庆后就进入了苏区川北游击区。是江姐当年活动的地区。这是天已下雪，时间已是元旦了。而我们是十一月离开柳州的。越走越冷。遇到的老百姓已很少，全是林场工人。他们告诉我们，早上十点以后到下午四点以前才能在路上行走，其余的时间有野兽出没，豹子，狼，都有。一开始我们只看见路边有小松鼠，觉得很好玩。后来真看见狼在山上望着我们，好在看了几眼就跑掉了。这些让我们把林场工人的话记住了。到万源后，雪下得越来越大。走五十多里路遇不到一个人。好容易遇到一个人，问乡政府在哪里，他指了指山下。远远望去，隐隐约约的，山下果然有一所小茅屋，问那人有多远，他说八十里，到天黑我们也走不到。

当时路边的大冰团有房子这么大，我们全部没有穿棉衣（棉衣搭在背包上了），卫生裤（即绒裤，当时这么叫）也没有，穿着两条裤子早上出来时好像鼻子没有了似的。我们干脆不走了，滚雪下山去。

一路上出汗也结冰。在重庆的时候，我们一人买了一双棉鞋，不抵什么用。后来又买了一双棕袜，这可解决问题了，走在冰上也不滑。

万源遍地是当年散落的老红军，据说有一万多人。当地五六十岁的全是当年红军。他们讲的是另一个概念，完全不是书上讲的那样。这里没有人讲张国焘不好，说张国焘在这里的时候，国民党不进来，日本人也没进来。这里是张国焘徐向前的根据地（往西就是毛儿盖了），林彪从湖南过来时，也是和他们靠拢的。

我们在这里停了两三天。访问老红军，对所见所闻似懂非懂。但是感受了历史。

我们大部分人没有军装，但也学当年红军的打扮，背着斗笠，就是圆圆的尖尖的那种（这是我们在河池买的），这里的老百姓看见了，就说："看，那是一方面军的帽子！"

又到了大竹县。我们捧着个毛主席像，谁见了都鞠躬，退到一边。在红卫兵接待站，我们告诉他们，想带点儿干粮。当时这里没有小米了，他们就给我们一人炒了五斤蚕豆。是一位拥军老大娘炒的，我们在这里吃了一顿饱饭，一分钱也没花。

在这里，老百姓不许我们打开背包，抢着为我们铺床铺，让我们和他们一起睡。那情景真让人难忘。

柳州

一路上，我们几次收到铁一中的信——当时的邮政真好。我们到了一个地方，写信告诉铁一中，下一站会到什么地方，这样到下一站后，我们就能准时地

收到来信——当时一个女同学，叫莫小霞，总是给我们写信。到西安后，她告诉我们，柳州已经大乱，群众已经分成了两派，开大会斗争张炎（铁路局党委书记）。我们一看非常激动，就决定不走了，赶回去。同行的周建敏想去延安，但我们按捺不住了，急着赶回柳州。周就和何道饶一起到延安去了。

接着又得到毛泽东第八次接见红卫兵的消息，并且上面宣布停止大串联了。我们就坐火车回来了。

回到柳州，身上的虱子还没捉干净，就赶回铁一中问情况。得知学校已成立一个个的战斗队，并形成革命造反联合战队和东方红公社两大阵营。东方红公社的成员基本就是原来的老红卫兵。他们就是运动初期凭出身整人，不讲道理的那些人。你拿出身压人，我就绝不和你站在一起。而且，我想和你站在一起，你也不会要我。而联战基本就是拿白色语录本的那些人。我们五人在一起开会，谈论参加哪一派。几乎是只凭感觉，没讨论，我们五人全部就参加了造反派革命造反联合战队。

一开始，我参加的是资料组，后来，联战组建毛泽东思想宣传队"大喊大叫"战斗队，我就转到"大喊大叫"去了，后来担任队长。

莫兆明之死

文革进入到1968年，尽管离1967年周恩来总理表态"四二二是革命造反派"不到半年，形势对于我们，已变得非常严峻。

1968年2月21日的早上，我正在酣睡——前一天我们"大喊大叫"战斗队刚刚排练完《红卫兵战歌》——莫兆明来敲我的窗口，邀我和他一起上街去。队里的小号的号嘴坏了，要到地区文工团（地处柳北）去修理。

兆明是我校高28班学生。活在今天，绝对是明星一样的人物，是享有众多追星族的标准帅哥。他多才多艺，会唱歌，会作曲，会吹小号，又是相当不错的乐队指挥。当许多人还不知什么是水球的时候，他就参加省里的水球队，比赛获得名次。我们联战的队歌，就是由他谱词作曲的。他身材魁伟，性格温和，待人彬彬有礼。文革中虽也参加了造反派，但行为谨慎，只搞文艺宣传，连大字报都没有写过。

同行的还有兆明的哥哥莫兆光，车辆段的工人段达奇。刚刚走近江滨饭店,我们就发现气氛不对,街道上不见一个行人。一问,方知十几分钟前造反大军(柳州市四二二观点)的人到这里抢枪,冲上三楼楼梯时,驻江滨饭店的某某部队开枪打死了人。有解放军的汽车来来回回地跑,在抢救伤员。江滨饭店街道的廊檐下,躺着一个被打死的老头,尚无人收尸。

我们估计过不了河了,就干脆再走两步看看。街上人渐渐的人多起来。有一个穿着颜色较浅的军装的部队(6875部队)(驻守滨江饭店的某某部队穿的是颜色较深的军装)出来收拾局面,抬走那个被打死的老头,疏散群众。走到鱼峰路,我们发现这里涌出了很多群众,全是造反大军观点的。他们情绪愤激,因为江滨饭店被打死了人的消息已迅速传开,现在只要听说是某某部队的,群众就围上来辩论,质问"为什么打死人?""为什么对群众开枪?"抢军帽,甚至喊打……已有几处某某部队的士兵被围,那个浅色军装的部队在劝阻人群,劝开群众,为被围的人解围。

我们看见,有一帮群众围了两个士兵。这两人年纪很轻,个子也小,面对围困他们的群众讲不出什么话。我们猜那是新兵。问他们是哪里的,他们说是驻铁二中的。我们知道驻铁二中的部队就是驻江滨饭店的部队,不支持自己所在群众组织的观点。但又知道这支部队刚刚从越南回来,不知道国内的文革情况,感到应该帮助这两位新战士,使他们免遭群众围攻。莫兆明就出面对群众讲,他们不是江滨饭店的(事实上同属于一个部队),你们不要围攻他们,又说,我们是工机联的(四二二观点),请你们相信。这样群众才放了这两个解放军。可才走几步,他们又再次被围——因为江滨饭店死了人,愤激的群众已失去理性,只要看见穿深绿色军装的就围。莫兆明就请这两位解放军和我们一起走(我们回校的方向和解放军回驻地的方向相同),边走边不断地向群众解释,他们不是开枪的部队。当时6975部队的解放军不放心,有六七个人跟着我们,兆明就说:"你们放心,我们护送他们回去。"那几个解放军叮嘱我们负责。

我们经飞鹅路回校,这是必经之路。走到探矿厂(探矿厂紧靠飞鹅路边)门口,发现这里也被联指(对方的群众组织)的武装力量戒严了。他们把沙包垒在门口,当街筑成临时工事,架上重机枪,不让行人通过。整条街变得空荡荡的。走近时,从探矿厂里面冲出十几个联指武装,为首的一个拿着一把驳壳枪,喝令我们举起手来,不许通过。

莫兆明说:"这是大街,你们凭什么不让我们通过?"

话刚说完,就听见有子弹上膛的声音。莫兆明不理他们,继续往前走——当时的顺序是莫兆明走第一,两位解放军走第二,莫兆光和段达奇第三,我最后。我们走了不到五米,那些拿枪的人喊:"当兵的跑开!"两位新兵下意识地跑到附近的语录牌底下,枪就响了。驳壳枪响的第一枪,后面的枪声响成一片。蓦地我感到自己的腿像火烧似的剧痛,就滚到了路边。

紧接着那个拿驳壳枪的人走过来,对我们三人一一搜身,但什么也没有发现。我对他说:"你凭什么乱开枪?"

一会儿,我爬起来,看见莫兆明已经中弹,栽倒在地上再也没有起来。

段达奇过来救我。他抢了路边的一辆单车,让我坐在上面,送我到了铁路医院,一位军医为我做了手术。

当时龙炳宏的嫂嫂也在路边就看见,说"你们好英雄,面对枪口还敢骂人。"

莫兆明是被驳壳枪打的,也就是说,是被那个为首的拿驳壳枪的人杀害的。

超越了派性立场,主动护送两位被不明真相的本派群众围攻、和本派观点不同的解放军新兵的中学生莫兆明,就这样被枪杀了。被无缘无故的枪杀了。

当时的柳铁,两派已经签订了联合协议,实现了至少是表面上的大联合。此事发生后,工总(本派总部)的人来找过我,联合调查组(两派代表及支左部队代表)的人也来找过我,核实事实。但由于事情背景太复杂,太纠结,他们都想淡化此事,把它讲成是误会,不提护送解放军的事。

后来知道，当天事发时有两位6984部队的解放军（其中一位是炊事班长）走在莫兆明一行后面。枪声响后，他们中的一个就和莫兆光一起把莫兆明抬走，送进医院，另一个护送了那两位新兵。

不久他们复员。复员前他们到医院看过我，又去看望了莫兆明的母亲莫妈妈。其中一人送给我一张两寸照片，照片后面记着他的地址和姓名。但是他们有纪律，不能随便说话。遗憾的是其后我又经历了许多变故，那照片在我被抄家时抄走了。现在还记得他们两人中送照片的这位名叫黄显斌，另一位名叫谭惠春，两人都是罗城人。好人！人民的子弟兵！祝你们一生平安，健康长寿！愿你们看到我的这篇回忆。

如果当时有关权力方面能站在客观公正的立场，秉公执法，那么这件事情是很容易得到真相，很容易把凶手绳之以法的。

事情就这样不了了之。

莫兆明死得光荣，那光荣却不被承认；他死得英勇，那英勇却反遭诬陷。不仅凶手没有遭到惩罚，她的妈妈和同是当事人的我，都因这事被斗争。所以我长期以来对此事耿耿于怀，我不服气。

约1968年底或1969年初，有人偷偷地给我递条子，告诉我，打死莫兆明的是探矿厂的武斗队长，名叫兰某某（当时姓名确凿，时间长后忘记了名字）。到1975年，形势已比较安定，我就和莫兆明的哥哥莫兆光去找探矿厂革委会，要找这个姓兰的人。革委会回答说，这个人已经不在了，他在参加鹿寨的武斗时被打死了。

但我希望事情有一个符合事实的说法。

大约是1982年，广西文革进入处遗阶段。我独自一人写了一封信，寄到北京公安部，反映兆明之死的实情。约一个月后，信返回到学校，可能省都没有出。学校专案组的王建勋来找我，说，学校专案组现在又要开始工作了，他来核实我信中写的问题。可我怎么也和他讲的时间对不上号。

莫兆明的死，一直萦绕在我的心头。

被揪斗

后来是"7.3布告"。"7.3布告"后的造反派全军覆没。我们学校是工宣队进校,清理阶级队伍,对原工机联观点的师生员工刮十二级台风。

但后来的遭遇,应该说不幸中有幸运,因为我得到了工宣队员的保护。

当时学校工宣队由两部分人组成,一部分是桥隧队的,论观点是清一色的联指;另一部分是二工程队的,有少数持四二二观点,但未暴露出来。负责高二的两位工人师傅,一位姓夏,属联指观点;一位姓潘,属四二二观点,为人都很好。

清查的第一阶段,是普遍的交代揭发。在我看来,这时还没有迹象要重点整我。可工宣队的师傅已经得到了什么消息。有一天,他们把我叫到外面,问我:"你写过文章吗?"

我说:"没有。"

"讲过反动话吗?"

"没有。"

"抢过枪吗?"

我说:"抢过一枝,但是交了,有枪号作证。"

"有过打砸抢吗?"

"没有。"

"那你不用害怕。"他们安慰我说。

于是我很放松。照样每天和同学谈笑风生。这理所当然地被看作是态度不好——你是个右派子弟,自己运动初期又被划为右派,你还不夹起尾巴做人?

接着进入第二阶段,班上同学就集中斗我了。一场接着一场的批斗,要我交代罪行。整个文革,我都在文艺宣传队,唱歌跳舞编节目,我有什么问题可交代?可我这人爱开玩笑,喜欢说俏皮话,调侃人事，一些话掐头去尾，就有了问题。但事过境迁，哪里记得？交代来交代去，总交代不到点子上，就说我认罪态度不好，叫我跪下。我的一条腿在莫兆明被害那次受过伤，这时承受不了，跪得满头大汗，浑身发抖，整个人摇摇晃晃。

两位工人师傅看了，就说："你愿意老实交代吗？愿意？那好，站起来讲吧。"如此这般，我每次被罚跪，他们就每次解我的围。

可我的交代还是讲不到点子上。渐渐地，我成了认罪态度不好的典型。有人偷偷告诉我说："你危险，对你的斗争要升级了。"可我那些脱口而出的俏皮话哪里记得？

这种情况持续了一个月。

我终于被年级大会揪出来了。那天年级开大会，我一点思想准备也没有，突然被揪了。上面一宣布揪我，随即就宣布一条条的罪状，第一条就吓了我一大跳，说我上街抢枪，被打断了脚。天哪！这是"2.21"事件被颠倒过来了！其余的，倒都是些大而空泛的东西。这时候我明白过来，一开始我就是运动重点，当初潘师傅找我谈话是有原因的，但我没想事情会闹得这么大。接着突然有个姓苏的工宣队员，走在我后面，拿绳子把我一捆，就揪上台了。大家就喊口号，要打倒我。

在押着我经过大操场时，一些人就追着我殴打，一路打过去，把我打得在草地上滚，又拖起来再打……

此前我已经搬回家去住，被勒令必须搬到学校来，就被完全隔离了。仍是要我交代问题。怎么交代呢？交代"上街抢枪，被打断脚"？"2.21"那天的事实真相，我在前面已经说过了，是我和莫兆明一行上街，看见解放军新兵被群众围攻，我们就护送解放军离开，联指的武装人员拦住不准通行，开枪打死了兆明，打伤了我。现在，不仅不肯定我们的行为，反而颠倒黑白，说我上街抢枪！这要我如何交代，才能让他们满意！还有，当时已有人揭发我，我交代不到点子上，就是说，与人家的揭发不一致。

看样子我是过不了关了。

有一天，两位工人师傅偷偷把我带到学校围墙边紧靠石油站的小树林里，站定后，一位四面望望，另一位飞快地从腰中拿出一打揭发材料，对我说："你赶快看。"我一看，全是揭发我的材料。

我被关在男生宿舍，开始了被轮番斗争的日子。斗得死去活来。连我的皮带都没收了，完全把我当个犯人对待。斗我的罪名，还包括"父亲是大右派。被下放到工程队"。

学生"专政班"

各班被揪出来的人学生越来越多，挨打的人也越来越多，工宣队就把我们这些人统一编成一个班，叫"专政班"。全班约有四十多人，几乎包括了联战的所有骨干：全体没被抓捕的常委，各支队的队长；像我这样怀疑有问题的人；年纪很小不可能有问题，但怀疑可能知情的人，如初二的小女生黄某某，郑某某等。我们白天一起学习，交代揭发，晚上分成男女两个教室睡觉。这在客观上保护了我们。

不久，元旦来了，学校要开联欢会，各班都要出节目。我们专政班的同学本来就憋着一肚子气，就想趁这机会表现表现自己。由我写脚本，陈立思等同学演唱，吹打弹唱伴奏样样齐全，吸引了全校不少同学都来观看。可是节目报上去，我们被宣布不能参加演出，不仅不能演出，彩排也不行，观看也不行，因为我们是专政班。

雷校长和杨老师

不久又出了这样一件事，使我看见了自杀前的雷校长和杨老师。

工宣队进校后，吊打了某老师。某老师年轻，个子小，人很文弱。酷刑之下，他就乱揭发一通。有人在窗外偷听，告诉我说："你要小心。某老师揭发了你。"——当时我们都对运动的发展不理解。原先周总理表过态，说我们是革命造反派，可"7.25"在北京，江青又说"你们滑到了反革命的边沿"。我们的主要负责人在北京被抓进了卫成区。所以我说,"以后再也不听江青的了","再也不听周总理的了",某老师就把我的这话揭发了。这话在当时很要命。

我听了这话吓得要死,不知他到底揭发了我一些什么。

一天晚上,我就偷偷溜出来,一个教室一个教室的看过去想看看某老师到底揭发了我些什么。昏黄的灯光下,只见班班都在开会,不是批判就是斗争。但窗户大多被报纸糊得严严实实的,只听见里面传来的呵斥声和喊叫声。有的我就透过门缝和报纸糊得不严的地方凑近去看,看看斗的是谁;有的呢,一点也看不着,就只好走开。但一直没有找到斗某老师的地方。

走到原来学校师范部的小食堂附近,听见里面不断地传来惨叫声。那里的门紧紧地闭着,窗户也用草席钉得死死的。到底是斗谁呢?我这人好奇,就扒开窗户上的草席,一看,那里正斗争雷校长。

雷校长跪着,斗他的有六个人,两个工宣队员,两个老师,一个是数学老师李某某,一个是语文老师孙某某。两个高三的同学,我都不认识,只看见他俩长的都是满脸横肉,其中一个是三角眼。孙某某负责审,只见他拍桌打椅,满脸涨得通红,猪肝一般。李某某就负责打人。他揪着雷校长的头发,狠狠地打他的耳光,又用脚踢他。雷校长个子很瘦小,被打得在地上滚来滚去。他们又揪住他的头发,把他拖起来,再打……第二天早上,就发现雷校长在学校后面的竹鹅溪里自尽了。

事后,和雷校长同住一间宿舍(当时所有老师都被要求住在学校)的化学老师徐老师,在雷的床席下找到了雷的遗书。在遗书中,雷明确说到,自杀的原因是承受不了肉体上的毒打。可以说,孙某某和李某某,特别是李某某,是杀害雷校长的直接凶手。后来李某某不但没有受到惩罚,反而得到重用,被委任为铁路地区一所中学的校长。

看见杨老师是在另一天晚上。那天,大约是半夜十二点以后,我起来到教工宿舍旁的男厕所去小便。走到教工宿舍旁,看见在房头的路灯下,杨老师用一张长凳子作桌子,自己坐在一张小板凳上,握着笔,面前摆着一张纸,似乎要写什么。她穿着一件烂棉衣,腰间用一根草绳拴着。我瞥了一眼那纸，上面什么也没有。因为她是我的化学老师，我和她很熟，当时旁边又没有人，我和她打招呼说："杨老师，要注意身体啊，别太累了。"她抬起头来，朝我摇摇头，眼睛里满是眼泪……我至今清清楚楚地记得那张脸……第二天早上，就发现她在教工宿舍的厕所里上吊了……

后来，在学校专案组找我谈我关于莫兆明的反映材料的时候，我心中的郁积一并爆发了。我对他说，铁一中是怎么搞的，还让李某某当校长，他打死过人你们知不知道？他打死过雷校长你们知道不知道？我亲眼看见，我可以作证。以后我就到处讲，逢人就讲。王建勋（人事科长）就在来找我，要我写材料。我写了后交上去，又说是时间对不上。于是他说，那就不能以你讲的事实为准，这不能作为凭证。我心里纳闷：时间不准，事实还是事实呀，怎么连事实也不算了呢？

雷校长死的真相，我对某某某，某某某（学校老师，文革后期进入学校领导班子）都讲过，但他们都不作声。

鲁迅先生说，"世上本没有路，走的人多了，就有了路。"还有些知情人也在为雷校长鸣不平。雷校长终于平反了——在这之前，听说竟然还有人说他是畏罪自杀。

后来，他的夫人杨帆老师见着我妈妈的时候，说："要感谢你们家陈宪中。"

分配

我们这些老三届高中生，因为大学不招生了，一律下农村。我在莫兆明被打死的那一次被打伤了腿，学校原来的人事主任王佐岐，当时又在革委会管人事，对我说："你就不要下去了，下去了你也干不了。"

于是我就留在家里，待业。自己在家自学了木工。有时找临时工做做。后来找关系，街道把我分配到街道拖拉机配件厂，但我眼睛近视,他们不要。又通过鱼峰区,找街道,分配到街道矿石粉厂。这里是一帮老妈妈在捶打重金石粉。这是一种非金属,比重很大,在石油工业中用于压井。当时销到美国。后来他们想做化工产品,改变面貌,想招收一些有文化的工人。我于是被调到化工车间,生产重铬酸钾。

此厂藏龙卧虎。市委宣传部的一名工作人员划右后被发配到这里,广西师范大学语言系一名教授划右后被发配到这里,他平时不和人讲一句话,夫妻间对话讲英语。还有一个人,学化工的,我称他刘工,被划了两次右。他主动教我学有机化学。他说,有机化学只包含三个元素,却可组成两百多万种化合物。他常给我上课。他不懂机械,而我在家里自学了大量的木模工艺,帮他做了个反射模型。

这个车间起炉子的是同学伍必勇的老爸。他在起炉子抬石头的时候,抬不动,两只腿直打颤。我连忙跳上去,帮他抬。他在铁一小成立时就是那里的校长,在肃反时被整了下来。私下他问我是谁的孩子,我说我妈妈是秦某某。他连忙握住我的手说:"啊,你妈妈是我的老同事。"我以后就不再喊他"老伍",而改称"伍伯伯"。他的几个孩子,伍必勇、伍必廷、伍必慧我都认识。文革中我写的许多节目,"红柳高"(柳州地区高中的四二二派学生组织)拿去演唱,都是伍必廷经手和组织的。

我向这些人学到了很多东西。并对右派的看法发生了根本的转变。并非划谁的右派谁就是坏人。以后,对一些定下来的事情我开始重新思考。

市委宣传部下来的那个女右派,名叫王阙华,非常漂亮,优雅,亭亭玉立。

这些人,她们一到厂里,就把身上的衣裤都脱掉,把麻袋捆在自己身上,先分别捆两只脚,再在身上捆一只,去抬石头。她们都是女性啊!干的都是男人干着都吃力的重体力活。并且对于她们,厂长要谁去,谁就得去。

王阙华,多么美丽优雅的女性,她抬石头的时候,不穿衣服,只穿一件烂背心,一个垫肩,一顶防尘帽,手臂弯曲的时候,鼓出的肌肉比男人的都大。你真不敢想象她曾经是市委宣传部的干部。

杨教授告诉我，广西的语言分属三个体系，以柳州为界。柳州以南属粤语系，柳州以北属北方语系，柳州是苗语系。我说，啊，你再讲点给我听。他连忙说，不讲了，再不讲了。就缄口不言。他是范文澜的同学。

我是被学校的专政班关了三个月后，放出来的。回到家里时，母亲还在被"群众专政"关押着，两个妹妹在家，米都没有了。我到处找点零工做，挣点钱买米。感到自己已经一点尊严都没有了，已经到了底层，最底层，最底层……但我到了这里后，发现大批的人比我受的屈辱还要多，处境比我还要悲惨。过去我们老讲解放全人类，什么全人类？他们就在我们身边。比起他们来，我们经受的已经不算什么。

这些人全是右派，但全是好人。全场只有厂长不是好人。他是个南下干部，因为乱搞男女关系，降职到这里，到这里后变本加厉。只要他看上那个女的，就派她值夜班。这个厂位于大龙潭口，后面就是山。他就把这些女性带到后山山坡上。当时我只有20来岁，不懂这些，那些阿姨就指给我看。早上，常常有二三十岁的女性，眼泪汪汪地从山上走下来……

我还看到厂里的许多不合理处，看到有些人比国民党还要坏。难道文革就是这个结果？我心里全是恨，只想打人。妈妈说我要找女朋友了。找什么女友？我看见女的也恨。心里一股气没处发。

后来重铬酸钾这东西生产出来了。但是效率很低。又由于原料是阿尔巴尼亚进口的，和他们关系破裂后，这事也搞不成了。

当时我帮鱼峰区宣传队编写了一些节目，他们认为是重要节目，我和宣传部长的关系很好。厂里的团委书记认为我不错，要培养我入团，让我填个表。结果一外调，发现我的档案里写着，"在学校学生专政班里关了三个月"。这下不但入团没戏，他们看我的眼光第二天就不一样了。比看王阙华的还要差，还要鄙视些。

多年以后，同学聚会，我问当年文革初期在我们班掌权的一个老红卫兵头头："你们到底在我的档案里写了什么？"她把头一低，不讲话。是他们整了我的材料，把我送到专政班去的。

在这个厂里待了一年多后，我感到再待下去不行了，做不成什么事，厂长除了玩女人什么事也不懂，什么事也不管。又到电珠厂干了三个多月，就又拿起斧头锯子，去做"马武"（当时对临时工的称呼）了。

我的邻居有个分局政治部的干部，也是造反派，也经历了一段磨难。他是讨米出身，还保留着讨米棍。后来落实政策，到鹿寨铁小去当校长，就让我做一批课桌椅。由于是计件，我就没日没夜的做，一个多月就完成了。这个恩人骂我说："你跑到我这儿挣钱来了？一个月要付你两百元呀。"当时临工一般是30元一个月。

铁一中有个高三的物理老师，因为历史问题被贬到鹿寨铁小，在一间小小的房间里搭个小床，到周六就回一次柳州。我常和他聊天，曾告诉他，我想买一块手表。两年后我遇到他，他问我："你买手表了吗？"我说："我的钱都交给我妈妈了。"

后来有一件事刺激了我。鹿寨有个航空兵雷达站，直属空军。那里有个连级干部问我，可不可以做樟木箱。我说可以做，但是木材拉不过来。他说没问题，部队的车子他们不拦。他拉来了一车樟木板，要做几个樟木箱拿到北京去。我开始收他20元工钱一个，后来不要钱了，做一个箱子，要他给我一个箱子的木头。他是北京的老红卫兵。他老是给我吹牛，讲毛主席的第一次接见，第二次接见，第三次接见……一直讲到第八次。又说上过天安门观礼台，见过毛主席。他还说，"打人真过瘾。""你知道是怎么打的吗？"他不知道我是干什么的。

这件事对我刺激很深。箱子做好后，他把箱子拉到街上，到半路又跑回来，说："你的箱子做得太好了，我把箱子放到路边，半条街的人都跑来看，说从来没看见过做得这么好的箱子"——当时我的工艺好，鹿寨小地方，当地人没有看见过。但是他的话对我刺激太大了。你们打人、抄家、整人，我挨整，现在你参军了，我给你打箱子……我不做了，收拾东西又回到柳州。

1974年，我终于被汽车修理厂招工，安排在修理车间做木工。

这是个大集体厂，算是正式地参加工作了。

工作了几年。到了1977年，又忽然被单位开除了。说铁路局来了材料，说我本应是下乡对象，不能留城。

我走投无路，只好又找到王佐岐，对他说："你当时不是讲，要我不要下乡了，下去也干不了吗？怎么这下又来个文件，把我开除了呢？"我和他吵起来，他找到铁路局，把文件收回，我这才又回单位了。渐渐的单位又把我转正了。一直到1982年。

这期间我读了三年电大，学的机械专业。在本厂教了一年"7.21"大学，但职业仍然是工人。

1982年，调到交通局参与筹办交通局职工培训学校，到1985年又转为中专。有一次出差，住处进来一个转业军人，是处遗小组的人。说文革搞成这个样子，过去在部队全不知道。说武宣县有个红卫兵头头，成立革委会时，当上了武宣县革委会副主任。她（没写错字，她是女性）曾经在武宣街上当街杀人，又当场把那人开膛，当场掏出心肝，拿回去吃。处遗的时候，被抓了起来，你猜她说什么？她说："把我怎么样都行。但我有一个要求，不要开除我的党籍。"这个人转业军人当场就拍了桌子，说："你人性已经扭曲到这个地步，人都不是的了，还谈什么党籍！"

就是这次回到学校，适逢学生要出去游行，我坚决不许学生去，一个都不行。我当时当教务主任，说谁要去，学校就要开除你。我给他们讲故事，说你们一定要好好地学技术，出去了好好地干活，将来好好地对待老百姓。

这些学生许多来自农村。他们背着五斤米来报到，带着一个铁罐子，自己在树林里煮饭吃。人民的生活如此，为什么还折腾？文革给我的刺激太大了。

1989年，我又调到龙城钢厂。1997年，该厂被福建老板承包，我主动要求下岗了。开始自己创业。原来做木工的时候，结识了和一些朋友，涉足了一些饲料原料的生产。其中之一的磷酸氢钙，广西有得天独厚的条件，但许多厂达不到国家的标准。我发现是有关人员文化太低。就去请教交通学院一位北京化工学院毕业的老师，掌握了其中技术。帮助几个小厂解决了问题。

我们国家的饲料业，有一批专家把持了一些领域，其实非常落后。许多饲料抗生素超标，有毒有害，而且养殖户没利益，龙头公司赚大钱。我埋头坐了大半个月的图书馆，又到许多饲料厂去做调查研究，渐次发现了其中症结。也发现这里天地很广阔，虽然阻力很大，但可以为百姓造福。十来年下来，我独辟蹊径，研制出一种不用抗生素的新型绿色饲料，广泛用于猪、鸡、虾的养殖，已开辟出日渐广阔的市场。

文革过去四十多年了。但我感到，直到现在，仍有人用当时镇压我们时的观点来看待问题和处理问题。大约是 1986 或 1987 年的时候，有省某某局的两个人来找我——注意，是省局——问我，当年冲公安局的有哪些人，哪些人到了三楼，哪些人到了二楼……那口气，和当初镇压我们时的口气仍是一样的。

文革杂记

骆水荣

骆水荣（1947— ）柳铁一中高28班学生。中共党员。文革参加联合战队。是联战的创始人之一。

1977年考入柳州师范专科学校理化班。毕业后分明配到柳州六中，任物理教员，总务处主任。中学高级教师。2007年退休。

文革初期

文革初期，对于当时的事态，我肯定是有自己的看法的。

我们28班有个同学，是个高干子弟。他在文革前本来已经到航校去了。"8.18"毛泽东在北京首次见接见红卫兵后，他从北京回来，带回来一个女的，还有几个北师大附中的几个人（都是"联动"成员），约八月22、23号，在学校大礼堂敲钟，要全校同学都去集合。他穿着一身军装，蹬着一双大皮靴，系着皮带，臂上戴着一个大大的红袖章，站在讲台上。大家去了后，他高声喊："不是革命干部、革命军人、工人、贫下中农出身的滚出去！""地、富、反、坏、右的狗崽子全部滚出去！"

冲着站在前排的同学，他们咄咄逼人地问："你是什么出身？"

"职员。"一个同学说。

他又问另一个同学："你是什么出身？"

这个同学又回答："职员。"

他就大骂："职员！职员是个什么玩意儿！"

那气势很压人。一些老实的胆小的同学就默默地出去了。

我当时对此就很气愤，就跳上台去和他辩论。我们学校造反的第一枪是我打的。我为什么参加造反派，这事说明我骨子里就造反的因子，潜意识里就有对不平的反抗要求。

这事梁云祥记得很清楚。前不久在一起吃饭，他还提到我当场跳上台辩论的事。后来桂林师大的同学也到我们学校来，告诉我们桂林的运动开展得很热闹，当时我们柳州还是死水一潭。后来铁路局用专车组织我们去看文革。哇，桂林已是大乱，大字报大标语满天飞，不同观点之间的辩论十分激烈。我仔细看大字报，看传单，觉得多数派（即后来的"桂林老多"）的看法正确，符合我的思想。

回到学校后，我就和文立峥、胡超亮、黄明新、虞忠侠等几个同学一起，成立了文革战斗队，当时取名叫"红旗兵"。

"一.三"造反

有了战斗队，就要研究采取些什么革命行动。1967年1月3号，铁路局党委书记张炎在鹅山广场做检查。这么匆匆忙忙检查，参照外地经验，肯定是假检讨真过关，我们就想去造他的反。当时学校风雨操场住了几个战斗队，如钱文俊为首的造反队等。我们就联络了这几个战斗队，张炎检查的时候，我们冲上台去，造了他的反。当时我们有了一辆宣传车，会后我们就开着这两宣传车，在铁路地区宣传我们的主张，以宣传和发动群众。自此，铁路地区基本上分成了两派。我们的战斗队也就此更名为"一.三造反团"。

联战成立

这段时间学校纷纷成立了许多战斗队，有一些观点和我们相同，如"海燕""浪遏飞舟""造反队""轰轰轰""燎原"等。我们想，这样各自为战不好，就酝酿成立一个统一的组织。但叫什么名称呢？谁都不愿意叫别人的战斗队的名称，大家协商，既然联合起来，就叫"革命造反联合战队"（"联战"）吧。大家又在一起开会，每个较大一些的战斗队各自推选一人，在此基础上无记名投票，进行巴黎公社式选举，组成常务委员会。共选出钱文俊、田松年、肖普云、王继宁、李崇泰、龙炳宏、袁贵生、虞忠侠、黄玉梅等九名常委。我们一三团推的是虞忠侠，后来小虞和一个女生谈恋爱，不愿管事了，我们就更换为陈叔平。

这之后没多久，我们和东方红在高28班辩论过一次。这边出场的是"一.三"团的几个骨干，还有钱文俊。有胡信昌、李增和等几个老师来旁听。听完后他们就表态，认为我们正确。回去后他们就组织了"红五月"战斗队，和我们站在一起。

活动

上了贼船，就得干下去啦。参加了造反派，就造反啦。我们的观点和南宁四二二的大体一致，所以他们喊打倒韦国清，我们也打倒韦国清；他们支持伍晋南，我们也支持伍晋南，究竟为什么也搞不大清楚。如果你这派的活动不参加，那派又不要你，你就只能独来独往，当逍遥派。

我参加过武斗，打二级站，打技术馆，都去了。打完技术馆后驻守在那里，那里可以说是工机联的前沿阵地，再过去一点就是联指的地盘了。在技术馆时，我的枪走火，受了伤，住在医院里，后来的武斗就没参加了。

1968年初，我们组织出了一篇文章《今日的哥达纲领》，被康生点名，让我们吃了大亏。我们一开始就知道是肖普云写的，全过程都知道。他和刘肥（一个同学的绰号）一起到文化宫去找资料，后来才写成。所以后来康生讲什么有黑手、黑教师爷，我们都没当回事，一笑了之。

清理阶级队伍

1968年清理阶级队伍（清队），我们联战的几个主要头头被抓了，我们三四十个参加活动多一点的人，所谓骨干，全部被集中到运输学校，搞斗批改，办学习班，不许回家。

在南宁武装攻打完展览馆后，进校的工宣队就组织了我们联战骨干到南宁去参观，有我、陈叔平、袁贵生等十来个人，以震慑我们。

我曾经持有过一支枪，形势紧张的时候，我把它涂上黄油，用塑料包好，沉入粪池。还把子弹倒入靠图书馆一边的空心墙里。再把墙砌好。之后我忘记了。后来宋某某同学因为枪被另一个同学藏起了，自己不知情，被发现后，他被批斗，毒打，又送进拘留所关了半年。我这才想起自己有枪没交。就拿了个大铁钩子到粪池去捞。感到一处地方很重，拉上来一看，果然是我的枪。我把它洗干净，交给了解放军。解放军问我为什么这么晚才交，我说你们的探雷针已经搜过，我以为已经搜走了，宋同学出事后，我才警觉，去找枪。

据说，工宣队刚进校的时候，很怕我们，担心我们会杀他们。外面的传说很厉害，说得我们杀人魔王一样。原先铁路局军需处的张志诚也以为我们很坏。被我们抓后，和我们打了一段交道，反而改变观点，支持我们。感到是有一些别有用心的人故意造舆论丑化我们。

工宣队有些人不是好人。刚进校时，他们的队长叫朱玉定的，把我们一帮男生叫到工字楼旁72班教室，训话。恫吓我们说，你们还有好多东西没交，例如，有许多避孕套，在厕所里浮了一层……我们目瞪口呆。这样的事完全没有。

后来对我们进行了挖地三尺的审查，不少人还遭受了批斗和毒打，仍证明这样的事完全没有。他完全是无中生有的恫吓和捏造。这也使我们对他看法很坏。不久，他被调走了。据说，他自己是个强奸犯。

分配

运校结束，打发我们这些人下乡，全是最偏远最艰苦的地方，明显的惩罚。我被分到河池九圩。大家都走了，我说我要回原籍（我的原籍在浙江义乌），从运校回家，坐了两天，突然意识到没有人可以控制我了，感到前所未有的放松，我就不再把学校他们当一回事了。又玩了几天，家里穷，二十岁的人了，不能老是这么坐在家里，就去当"马武"（当时社会上对临时工的称呼）了。

我跟刘国英（铁一中的大右派，我们进校时他早已被开除公职了，我们同学都不认识他，他和我住在一个家属区）一起，他带着我，抬木头，装车，挑沙子……我们不叫挑沙，叫"蹭沙"，一步步地蹭……全是重体力活，这样一天可以挣 2.52 元。但此处做完又要到别处找，一个月只能做 20 多天。

从 1969 年起，我就一直干这个，但个子小，干得很勉强。心想还是学一门手艺吧。搞了一把刨子一把斧子，就在家里干起来了。先做了个碗柜，勉强把它装拢后，就出去混了。自己知道自己，只能做最粗糙的东西，就带了一个人，是我们学校初三的，一起到木工厂，只做门窗。当时这里已经有了一些机械化操作，事情不难，只是强度大，一天都不能停。

我们一进去就自称是三级工，每天 1.76 元，每月 52 元。这样边做边学了点手艺。做了三个月后，我们又离开这里，到外面去找事做了。

这时高伟立要结婚了，找了我们几个去打木器。木工厂的工头万师傅因为和高伟立的爸爸要好，也去了。我们有文化的人到底不同，木板刨平之后，拿油胶粘，趁它没干迅速拼接，接口绝对不会脱落。那时就有这样的水平。万师傅看见了，自叹不如，称赞我们是"长江后浪推前浪"。

这时候邱九（邱德立）也回城了，谢同庆也办病退了，我们就在一起做，这时大木（门窗）小木（家具）都能做了。但心里还是想进厂，有个正式的工作。1974 年，有个湖南人，推荐我到木制包装厂去，那里招木工。一到那里，书记先要我做个南方柜（就是一边是柜子，一边四个抽屉的那种）做好后，他同意我进厂了——这里是做木制包装品的，有木材。招我进厂，是要利用我会做木器，做些家具去搞关系，对工厂有好处。做了一年多，这里又缺人，我又介绍了黄雄民、谢同庆，他们做了两个月，被炒了鱿鱼。

有工作了，我开始找对象了。有了单位，人家介绍人才有个说法，在哪里上班，几级工，才有婚恋的基础。1977年我结婚。

从1980年以来，妻子一直患肾积水。她以找到我为荣，几十年来，每年大年初一，我们联战的同学都在我家聚会，都是我妻子和我母亲招待他们，年年如此。

1977年恢复高考时，我的孩子刚刚八个月，妻子三班倒，我的工龄不足五年，不能带工资。我去了，谁帮我养孩子？我父亲一直以五个孩子没一个能读大学深感遗憾，这时他说，你去考，我帮你养孩子。没时间复习。下班回来后，要带孩子，给他喂奶膏。到时候就凭那点老底子考的。这一年，不收我们超过三十岁的已婚的人。后来增招，招走读生。柳州师范增招了两个班，我去了柳州师范。

文革后期，大约是抓"五一六"的时候，大头（钱文俊）被关在小鹅山底下。我去看他，我问他要什么，他要我给他带一本高等数学，让他在里面自学。当时我家里没这书，我到处托人，找到了，送给了他。

钱文俊从牢里出来后，开了万人大会，说因为他是学生，对他从宽处理，划为反革命分子，但是不戴帽子，叫作"划而不戴"。帽子拿在群众手里，你什么时候表现不好，就随时给你戴上帽子。现在你是学生，以后就不是学生了。

抓人

我从柳州师范毕业后，分到了柳州市六中。开始教物理，后来搞总务。我们书记是四二二观点的，校长是联指的。书记向校长介绍我，说，这是"联战公安局"的，连我自己都吓了一跳。什么是联战公安局？是以九支队为主的一些人，一些激烈的事由我们去做。我们抓了几个人，孙连捷（铁路局副局长），张珍（柳铁公安处处长），军运处的张志诚，后来还抓了大联委巡逻队的一个人。

抓孙连捷是因为斗走资派是当时的大方向。桂林老多要斗孙连捷，孙躲起来，住到医院。我们去抓孙连捷的时候，他住的医院二楼，被解放军手拉手的围起来了。因为我个子小，我得到同学帮助，把我从后面顶起来，我就从解放军的头上越过，第一个进入孙的房间。我们把孙放在担架上，抬回我们学校。后来又巧妙的转移出去，交到桂林老多手中。

这几个人除张珍外，在我们那里都没有挨打。实话说，我对孙连捷不错。晚上，怕他被蚊子咬，我把自己的蚊帐给他用，自己没用。后来清理阶级队伍的时候，在人民广场开大会，控诉"国民党少校军医的狗崽子（指我）迫害革命干部孙连捷"，所说的情况不是事实。他的人格有问题。

对张志诚更好。那时天热，我们派了两个人陪他到锅炉房洗澡，因为他的右手残废，我们帮他用桶提水给他用。他很感动，后来他放出来后，表态支持工机联。

张珍挨了打，打得很厉害。但不是我们联合战队打的，是一个诨名"黄瓜皮"的工人打的。但我们捆绑了他，时间还比较长。

1968年五月中旬，我们一支队抓了大联委巡逻队的赵平安。因为那时形势已经很紧张，我们明显受压，我们的同学莫兆明，在护送解放军回营的路途中无故被柳州市联指武装力量当街射杀。当时大家情绪很激愤，许多人要打他。一支队的队长张立玮，坚决不许打。他和队员们发生了激烈的争吵，大家不欢而散。但终于没有打人。不料就在第二天，张立玮就在武斗中遇难了。

我们造反是造反，整体上讲，我们还是守纪律的。像对方组织的某某著名打手那样的人，我们没有。李崇泰在被抓后押回学校批斗，高三的几个人张某某等，立刻暴打了他一顿，一只耳朵被打聋。工宣队进校后，熊某某，袁某某，李某某，冯某某抓住袁桂生，到学校实验室里暴打，也打聋了他一只耳朵。在以后的清理阶级队伍中，又有数十人（包括女生）被他们毒打，包括吊起来打，跪着在腿上压竹杠（对女生），踢得在地上打滚等酷刑。在初中的一些班级，一开会，联战观点的学生，成片成片的被罚跪在地上。仅仅是由于他们持联战观点。

受迫害最厉害的同学，我所知道的，是韦克宁和李裕光。他们被吊起来打。罚跪煤渣，开大会把他们两人轮流斗……后来工宣队又把他们关在校门口。

联战死难的同学，一开始埋在学校图书馆附近的空地上。文革后期，铁路革委会要求迁走。迁走前，一律被要求开棺接受检查，看是否有枪支陪葬。其状悲惨之极。结果没有查出一支枪，只是那些死难者死后又被暴尸侮辱了一次。

现在对毛泽东有不同看法。我认为他对国家还是有贡献的，虽然后面有错误。他能够使国家立于世界民族之林，就是贡献。

我是一个奇怪的人，爱好自由的人。在学校工作做得很好，活动也积极参加。后来书记要吸收我入党，我没有想到。他连申请都帮我写了。但这期间我又和人打了一架，我还是入党了。倒是那人被教育了一顿。

造反与绝食

汤宗纯、刘晓芬、黄伟强

汤宗纯（1949— ）文革时期系柳铁一中高一学生。

刘晓芬（1949— ）文革时期系柳铁一中高一学生。

黄伟强（1947— ）文革时期系柳铁一中高三 28 班学生。文革期间三人都是革命造反联合战队（联战）一般成员。

造反

汤宗纯：我为什么参加造反派？"一. 三造反团"开始造反的时候，我还在陕西徒步串联。同行的有谢同庆，张艺全，余修纯等。我们都是非红五类，徒步长征的基本都属于这一类。遭遇相同的都在这一边，还谈不上什么观点。在桂林一带，我们和窦立诚等人组成的长征队[1]相遇，他们不理我们。我们提出要和他们一起走，他们不同意。我们后来又提出了一次，他们还是不同意。现在来讲呢，一般都说，"成绩好的都在联合战队那一边"，"出身好的多在东方红公社那边"。

到了汉中的时候，蔡某某给我们讲了柳州的情况，说已经分成分两派。我们就决定不走了，回柳州去。

刘晓芬：我也是被排斥在红卫兵之外，就选择了联合战队。我是"千钧棒"战斗队的成员。当时北京已经在批判"血统论"了。我们支持这一观点，也就支持联合战队。

---

[1] 一支主要由红卫兵、红五类组成的队伍。

汤宗纯：我还觉得联合战队很正规，守法，讲规矩，不做做不得的事。例如打人，抄家之类。现在看来，读书的人这边（联战）多，当官的人那边（东方红）多。我对阶级路线有看法。在初中时，我就因为这个入不了团。

黄伟强：我呢，是因为和 联合战队的一些人玩得好，脾气对味。例如我和黄雄民从小就在一起玩。在没有产生红卫兵之前就是如此。他参加了联战，我也就参加联战。大体上说，红卫兵（指运动初期老红卫兵）那边，干部子弟多，工人子弟多。这边（联战）知识分子子弟多。我们下乡时，那些干活能干的，有技术的，多是地主崽。这其中好像有遗传基因。

抓人与被抓

汤宗纯：大约是 1968 年初，柳州市红总抓了 东方红公社的王家骥，关在谷阜街（柳州市的一条街名），要我们去领。我参与了去领这事。当时我们用车拉着他，汽车一进入铁路地区，听见了文化宫我们的广播，他就明显地松了一口气，知道没有什么危险了。他在我们这里的那几天，没有谁打过他，大头（钱文俊）还把自己的蚊帐给他用。

黄伟强：有一次我们到大食堂（铁路局第一食堂）去拍照，我在那里被联指抓了。因为我的爸爸和弟弟都是联指的，他们就把我要了回来。我被抓的时候，被打了一顿。王家骥被抓，我们把他领到学校后，有人要我去看，是不是他抓的我，打的我。我看后不是他。看见他很自由，没有人管他。后来他被释放后，东方红公社骂他是叛徒，他从此成了一个逍遥派。

绝食

刘晓芬：大约是1967年二月底三月初，柳州市红总（柳州市四二二派中学生组织）组织过一次绝食。我们联战作为组织没有参加，但我个人参加了。

过程大概是这样的：那时我住校。我们一二十个人一起住在一间大宿舍。那一天忽然宿舍里只剩几个人。有人进来说，柳州市红总绝食了，我们也要参加。我说，我也去。当时我们正是受压的时候，经常唱"抬头望见北斗星，心中想念毛主席"，心中有一种情结，就是感到自己正在从事一种很伟大的正义的事业，渴望着为它作贡献，甚至为它献身。心中一激动，就立刻跑出参加了。

到那里后看见在大街上搭起了一个个棚子，绝食的红卫兵都躺在棚子里。我也去躺在那里，不吃任何东西，只喝水。到宣布结束时，我已经极端虚弱，走下地来要人扶着。大约前后有六七天左右。

绝食要达到什么目的？当初是讲了目的的。大约是柳州市红卫兵对市委提出的要求没有得到答复，就采取了绝食的手段。现在记不清了。

挨整

汤宗纯：工宣队进校后，我们挨整。我是所有的学习班都进了。

黄伟强：黄雄民被隔离，我去给他买烟。后来我们班斗我，罚我跪在地上。张小武（铁路局副局长张子扬之子，张子扬系亮相支持 四二二的干部））也在他们班被罚跪。孙某某抽出皮带来，对他又抽又踢。奇怪的是这个人并不是很铁杆的东方红，只是个小头头，而且原来和我们很好。三个铁杆倒是没打人。我分析，这是他要表现一下，他已经看准，他们得势了，要进一步投靠。

我的造反经历

吴学忠

吴学忠（1937— ）文革前任柳铁一中团委书记，校党支部委员。文革中参加"红五月"战斗队（教工组织，隶属于柳铁工联）。

文革后任铁一中教师，教务处副主任，副校长，党总支书记。1997年退休。

1966年六月初，柳铁一中在教学改革方面开展了一个"民主教学"的活动。由于党支部书记李金根临时有事出差，我时任党支部委员、校团委书记，于是改由我在全校学生大会上做了动员报告。主要内容是民主教学活动，这是教学改革的一项重要举措。发动学生积极参与这个活动，号召他们对老师的教育教学提出意见和建议，使老师进一步改进教育教学方法，提高教育质量。开始时，同学们也的确给老师提了不少好的意见和建议。后来，文化革命在全国迅猛发展，民主教学也随之变了味。一些学生给老师提的意见，偏离了原来设想的轨道，对老师开始人身的侮辱和攻击。对校领导也开始"炮轰"。有的教师上不成课了。教学秩序出现了混乱现象。高三几个平时比较活跃的同学成立了"六六六"小组，本意是要像"六六六"杀虫剂那样杀死害人虫。他们开始搜集老师上课的言行，批判他们的错误和"反动"的言论。

这时铁一中的上级机关铁路局直属党委马上派了工作组进驻学校。由工作组领导运动。校党支部和领导一律靠边站，搞什么"洗澡""下楼"，即交代问题，做检查。

后来工作组对运动也越来越控制不住了。学生乱揪乱斗老师和领导[1]，先后有李遂武、何文正、李育成、刘家祥等四位老师被揪出，被挂上了黑牌子。后来又揪出了当时的党支部书记兼校长李金根，给他去戴上高帽子，在柳铁地区游了一圈。李金根成了柳州铁路局第一个被游街的"走资派"。

由于学校越来越乱，柳州铁路局党委为了加强对运动的领导，把原来的工作组改为由局党委直接派的工作组，队长由处级干部孙建中担任。但不久随着全国文革形势的变化，各校的工作队都成了执行资产阶级反动路线的工具，铁一中的工作队不久也撤走了。

工作队撤走后，学校日常事务由校革筹负责。主任是高二学生黄世全，副主任是语文组教师玉有祥。

不久，北京的一些高干子弟来铁一中串联，大肆宣传血统论，什么"老子英雄儿好汉""生来的老鼠会打洞"，打击排斥"黑五类"。出身好的学生较早地成立了红卫兵，出身好的老师成立了"赤卫队"。不久血统论遭到了批判，师生们纷纷成立了各种名称的战斗队。他们走出去，到北京和全国各地大串联，接受毛主席检阅。由于学校已停课，学校十三位青年教师也成立了毛泽东思想长征队，于十一月八日起程步行到北京串联。本人是其中之一。当我们过了石家庄，即将到达北京的时候，校内批判资产阶级反动路线，点名要招我回去。其他十二位均已达到北京。

铁一中两派的形成

学生中的情况我不清楚。老师的分派比较晚。主要也是对柳铁地

---

[1] 此处记忆有误。铁一中学生揪斗老师，不是学生"自发"的乱揪乱斗。1、揪斗老师全部发生在工作组进校之后。之前只有少量的大字报。2、被揪斗的老师，大多有"前科"（反右时受冲击，被划为"中右"）但在文革前多系学校骨干，没人提供信息，学生不知道他们的历史。3、对他们的批斗系全校规模，组织严密，由各班代表发言。当时学生尚没有成立战斗队，自发行为没有这样的组织能力。4、当揭批老师到一定程度，工作组曾示意当时的骨干，下一步可以揪学生了，并对要揪斗的学生点了名。后因大形势的发展未实现。

区文革中一些事件的看法不同,例如红铁军事件。一些老师对柳铁地区的"1.3"造反和 红铁军组织持反对意见,认为"1.3"造反是"打砸"行为,不是革命行动,红铁军是反动组织。如原来老师中的"十一"红卫兵。后来他们加入了联指派。老师中的大部分人支持"1.3"造反和红铁军,认为他们的大方向是对的,对造反要分清主流和支流,对一些过激行为应当谅解。这些老师分散在各个小战斗队。他们在 1967 年五月初,联合起来成立了"红五月"战斗队,后来加入了"柳铁工机联教工总部"。至此,铁一中教师队伍正式分裂成两个对立的派别。

我为什么参加造反派

我参加文革,根据我的性格,工作,出身,选择联指的可能性大。但我选择了工机联。我认为我是经过深思熟虑的。

当时我十分崇拜毛泽东。《毛选》四卷我读过好几遍。文革开始的时候,针对当时的混乱状态,以及造反派的一些过激行为,我反复学习毛泽东的《湖南农民运动考察报告》。渐次体会到毛主席支持农民运动,主要是支持农民运动的主流,那些过激行为是支流。例如,他说一些农民在"土豪劣绅的小姐少奶奶的牙床上也可以踏上去滚一滚","那些事都是土豪劣绅,不法地主自己逼出来的"。又说"革命不是请客吃饭,不是做文章,不能那样温良恭俭让。"这种过激的行为,在毛看来是可以理解的。他还说,"矫枉必须过正,不过正则不能矫枉",他说的是"矫枉必须过正",因此我觉得造反派的一些过激行为是完全必要的,完全可以理解,因此我参加了造反派。

参加后,我把这当成了一桩伟大的革命事业,是全身心地参与的。当时我一边努力学习两报一刊社论,学习毛泽东关于无产阶级专政条件下继续革命的理论,一边根据自己对运动的理解,对中央精神的揣测,积极地写了很多文章。后来我被揪出来做检查,当时能回忆起来的就有 43 篇之多。其中影响较大的一篇,是《康老的"6.8 指示"敲响了广西变色龙的丧钟》,影射当时广西军区政委欧致富。因为我从康生的讲话中，揣测到"变色龙"是指的欧致富。为此，我被拉到鹅山体育场，在铁路局军管会召开的全局广播大会上被批斗。

　　1967年大联合期间，我和李延泽（对立派成员）到湖南外调，中途听说广西武斗了。李中途回湖南老家去了。当时我也可以借机回老家和母亲团聚，但我坚决不走。我想这是一场大革命，怎么能在斗争激烈的时候当逃兵呢？便毅然决然地回到了柳铁地区。

清查"五一六"

　　1968年清理阶级队伍中，在所谓"刮十二级台风"[2]时，我被揪了出来，罪名就是"黑教师爷"，挂的大黑牌子上写着"黑教师爷吴学忠"。我和李遂武，庄景惠，雷扶九，郭德金，张焕朝，胡信昌，刘家祥，李育成，叶群，杨芳，李金根、杨帆等二十余人，被当作牛鬼蛇神，挂着黑牌子，游大街。有的人的头发被剪成了"阴阳头"。拉我们到他们据点的大门前，向他们跪拜，磕响头。你如果不磕，他们就抓住你的头，使劲往地上碰。我的额头被碰了很大一个包。游街回校后，他们从锅炉房铲来大颗大颗的煤渣，强迫我们跪在上面，我和许多人的两个膝盖跪得鲜血淋漓，血肉模糊。我们被当作动物一样，搞"活人展览"。早上，把我们拉到校门口，逼我们跪在那里。白天就让我们跪在大操场领操台旁边的空地上。有一段时间，铁路局开工代会，那些刚刚经历过武斗的工人代表（主要是对立派的骨干分子），以及铁路局对立派的人们，一拨又一拨的组织到学校来，像看动物一样的看我们这些跪着的活人"牛鬼蛇神"。他们边看边骂边讽刺，指指戳戳，使我们受尽了屈辱。他们中的任何人，都可以随时任意毒打我们。其中的有些人故意绕到我们身后，拿着棍子，出其不意的从后面对我们对头部背部毒打。有的人被打得头破血流，满身是血，惨不忍睹。我的头也挨了好几棍，肿起了几个大包。我们常常血流满身，女老师惨叫不绝，有些老师的衣服打成了碎片，嵌进肉

---

[2] 文革语言。比喻用法。意思是"大规模的猛烈的发起进攻"，指文革中大规模的不择手段的整人、斗人、杀人运动。

中……后来副校长雷扶九，女教师杨芳实在熬不住，相继跳竹鹅溪和自缢身亡。

1971年清查"五一六"。当时我们铁一中归机务段管。机务段的军管召集全段职工大会，铁一中的全体教工也都参加了。这是一次清查"五一六"的动员大会。讲清查"五一六"的意义，做动员。军管主任说，"'五一六'不仅机务段有，铁一中也有。"回去后，铁一中继续开大会，会上铁一中党支部书记鲁某对机务段军管的话大力宣传发挥，说"五一六"分子铁一中不仅有，而且不是一个两个三个四个的问题，而是一批的问题"，随即又组成了由对立派骨干分子组成的专案小组。

我和一些老师再次被揪出来，隔离审查。不过这次的审查对象和上次不同，主要不再是所谓历史上和家庭出身有这样那样的问题的人，而是造反派的头头和骨干。他们把我关在一间小屋里，让我交代参加"五一六"反革命集团的问题，不准我回家。我多次向他们说："我没有参加过'五一六'，连听都没有听说过。"他们根本不理。我说："我参没参加过，我自己还不清楚吗？如果参加了，绝不会向组织隐瞒的。"军宣队，工宣队，学校党支书和专案人员轮番来找我谈话，先是启发诱导，继而许愿，再施压，威逼。他们说："你想想1967年5月的一天，你们在张焕朝的房间里开的是什么会？都是哪些人参加的？他们是什么人？"

"你跟红五月的头头们是什么关系？"

"他们都承认是'五一六'了，说你也参加了，你还等什么呢？"

"你如果交代了问题，就可以得到从宽处理，甚至还可以留在党内。"

"你如果不交代，那就是敌我矛盾。只有对你从严处理了，那时你的老婆孩子怎么办？"

他们日日夜夜的车轮战，严词逼供。时而怒目相向，拍桌打椅，时而故作神秘，"启发诱导"："想想看，你们'红五月'召开过什么会议，讨论些什么，有没有人提出过极左主张，要求大家集体行动……""和无产阶级司令部的战略部署相对抗，不就是反革命行为吗？"我想，我没有参加"五一六"，就是没有参加，所以不论他们黑脸白脸，我都不承认。

后来对我的逼供升级。他们告诉我，已经有某某某，某某某等几个老师已经承认自己参加"五一六"了，他们将得到从宽处理。"你若再顽固不化，必将从严从重！"对我的逼供更加严酷。

渐渐地我给搞糊涂了，连自己也不相信自己了。我过去一贯相信党，听党的话，党叫干啥就干啥。现在党组织[3]说我参加了"五一六"，我可能真是参加了吧？但又确实想不起来是怎么参加的……这是怎么回事呢？轮番轰炸使我的精神几近崩溃。从来就没有听说过我们组织里有"五一六"，现在他们怎么承认了？是不是他们真的是隐藏得很深的阶级敌人？是不是我们平常参加的那些会议，有些头头说的极左的话，是不是就是暗中研究"五一六"问题，我参加了那个会议，是不是就……又想，共产党员应该相信组织，现在组织说我是"五一六"，可能我就是参加了"五一六"吧……我的脑子糊涂了。我想承认算了，承认我可以得到从宽处理，否则从严就不好过了。于是我也承认参加了"五一六"。

专案组看到攻破了我这个顽固堡垒很高兴。他们乘胜追击，要我继续交代还有哪些人参加。这可为难了，我连自己的事都说不清楚，怎么还知道别人呢？我不能按专案组给我指的那些人的思路去写，不能连累别人。我反悔了。

我及时向组织声明，我没有参加过"五一六"反革命组织，也不知道哪个人参加了。但我会继续回忆，等想起来了再交代。那时我还是把专案组当成组织的代表来对待这个问题的。

随即，学校在职工中召开了"坦白大会"。郁某某，郭某某，张某某等老师陆续上台，坦白自己是"五一六"分子，可能事先已经对他们做了工作。本质上他们也是被迫的。

他们坦白完后，那些主持者和专案组的成员都盯着我，意思是，

---

[3] 这里的"党组织"指专案组。当时作者把执掌权力的专案组看成"党组织"。事实上，那些人只是钻进权力机构的帮派分子。这是文革后期广西一派掌权的现象之一。

这是给你的最好的坦白机会，该你上台坦白了。这时我的脑子正常了，我想，我没有参加"五一六"，就不能到会上去承认。"坦白"了，就成了事实，接着就会要交代上线、下线、同谋，就会牵扯到许多无辜的人。我顶住压力，就是不上台"坦白"。

最后，我校当时的党支部负责人某某说："现在看来我校的'五一六'分子不是一小批的问题了，而是一打两打的问题。还没有交代的人不要抱任何幻想了……"

坦白大会后，专案组成员郭某某到我的房间，拍着桌子指着我的鼻子，对我大骂道："你混蛋！给你一个立功赎罪的机会你不要，非要走死路一条……"后来来了军宣队，工宣队，专案组人员，轮番找我谈话，向我施加压力。又"启发"我说，你们哪天哪天在哪里开会，有几个人……意思是那就是一个参加"五一六"的黑会。他们说的就是"红五月"（柳铁工机联在铁一中的教工组织）的那几个头头。我坚持不说违心的假话，始终没有承认自己是"五一六"。

后来，搞得风发火起的清查"五一六"运动无声无息了。再后来，又宣布我们都不是"五一六"分子，铁一中一个都没有。我去找党支书某某，问他："你说我校有一两打'五一六'分子，坦白大会都开了，怎么现在一个都没有了呢？"

他说他还觉得委屈，都是哪些人自己承认的。

我说："有哪个人本来不是反革命，愿意自己主动承认自己是反革命呢？你们不逼他们，能供出来吗？他们供了，你们就信了？运动搞成这样，组织就没有责任？"结果不欢而散。

关于"处遗"

柳铁一中是所老学校，成立于1946年。历次运动都是重点单位，受迫害和和被冲击的教职员工达九十二人，冤假错案达九十七件之多（有些人挨整两次，如反右挨整了，文革又挨整），其中文革67件，受害人数占当时全校教工总数的一半还多。文革中副校长雷扶九，教师杨芳被迫害致死。如此多的冤假错案，使教师们背上了沉重的思想包袱，严重的挫伤了广大教工的积极性。因此，处理好历史遗留问题，落实好党的政策，是当时的当务之急。

党的十一届三中全会之后，学校成立了落实政策小组，1983年又成立了"处理历史遗留问题（处遗）小组"，先后抽调二十多人，还动员党员教师牺牲寒暑假休息时间搞内查外调。经过大量的艰苦奋战，终于在1986年全部平反了97件冤假错案，当众销毁文革中的黑材料132.5斤，计2005份，54143张。清理了全校教职员工（包括离退休职工）的档案，把其中的不实之词全部清理出来。1987年柳铁一中被评为自治区落实知识分子政策先进单位。

文革的经历与见闻

邵中领

邵中领 1934.11— ）广东南海（今佛山市南海区）人。大专文化。原柳铁二中教师。1950年考入广东铁路局工作。先后做过列车员、保卫干事。1952年后在柳州铁路局工作，先后担任过政治部宣传干事、理论教员，柳州铁路工人报编辑，柳铁二中政治教员，中专政治讲师。1994年在柳州铁道技术学院退休。

运动初期

我是广东南海人，十岁才从南海出来，到广州读书。当时我父亲在广州拉黄包车，后来又到肥皂厂挑水。我家在乡下没有田地。

我后来考入铁路当列车员，又调到公安科。1959年整彭德怀时，我在南宁省党校。上面号召交心，当时大跃进，每天苦战到凌晨一两点，白天挑泥，晚上睡在泥地上。我就说，这样的大跃进搞不长。被人汇报上去，我又死顶，说"不让你睡觉，天天劳动，能坚持多久？"就说我攻击大跃进。

1962年我调入铁路工人报当编辑。因为当时经济极端困难，没纸张，报纸出不了，我要求到学校去当教员。当时铁二中缺少政治老师，让我去代课，一代就代了五六年，直到文革开始。

1966年全开展文革，铁二中也不例外。六月下旬，铁路局派文革工作组进驻铁二中，组长是杨万照，组员中有不少是工人。工作队进校后，宣布全校停课。老师们都集中在教研组，不许与学生见面。各班都派了工作队员，组织学生写大字报揭发老师，各教研组也派了工作队员，动员揭发老师中的"牛鬼蛇神"和"走资派"。

我们政治组被和历史、地理、体育老师集中在一组，组长和记录都由工作队指派所谓"左派"老师担任，我们组担任记录的是一个刚从某大学分配来的大学生。奇怪的是此人抄写毛主席语录，每条都有错别字，读毛主席语录也常读错音。这本是很严肃的事，但工作队又规定抄写、朗读毛主席语录只能是他。大家只好苦笑。

运动初期，大家对文革的内容和意义都不了解，什么"资产阶级教育路线""反动学术权威"，"牛鬼蛇神""三家村"……大多数群众都不明底里，不知道大字报要写什么内容。但工作队督促得紧，不写又怕别人说自己落后，就鸡毛蒜皮地乱写一通。如有些老师爱吃零食，夫妻同事之间吵架，同事朋友的偶尔出言不检……都有人写成大字报。去看大字报，实际上也是去看热闹。有个老师闲聊解放前的往事，造成群众之间有意见，为以后的群众斗群众埋下祸根。

有一个人，揭发别人特别积极。他把自己的恩师刘老师十几年前写过的诗词都翻出来，一一揭发，穿凿附会，无限上纲，说成是"反动诗词"。致使刘老师被作为牛鬼蛇神揪出来，反复批斗。还好工作队长杨万兆还算开明，他说知识分子集中的地方，互相写些诗词是常事，对内容不要过分追究。但到了1968年，柳铁桥梁队的工宣队进驻学校，负责清理阶级队伍，刘老师再次被关入"牛棚"，每天拉马车割马草。后来又被罚到桥梁队看大门。原因据说是解放前在湖南参加过国民党。后来了解到，刘老师参加国民党的登记表，并不是本人的字迹，是别人代他填写的。刘老师始终否认自己参加过国民党。但冤情难洗。以致等不到"四人帮"倒台，没盼到自己的平反昭雪，就抑郁而死。

而这个揭发恩师的老师，还有个"特长"，就是把别人做检查的大字报或者做检查的发言中的相关内容，又记录下来，再写成揭发别人的大字报。他写的大字报是最多的，为人所侧目。

被学生贴大字报最多的，是各班班主任和一些敢管敢教的课任老师。一个"左派"老师曾煽动说："铁二中没有一个好班主任！"

所谓"牛鬼蛇神"被揪出来，并不是他们有什么罪恶，而往往是以为他们出身不好——学生本来并不知道老师的家庭出身，是运动的主持者向学生抛了档案，也有一些人在背后挑唆点水。

有一个晚上，被学生到各教研室揪出来的老师就有二十几个，其中七八个是每月只拿 28 元的代课老师。他们都被带上高帽子跪在乒乓球桌上。以后这些老师就不能再回教研组，而是由工作队派人监督劳动。

一天晚上，学生突然通知全校师生开大会，原来是要斗争"地主分子"张志高。张老师跪在主席台上，被一个斗争他的老师拳打脚踢，学生则在台下朝他丢石头。幸亏张老师带了高帽子，否则就要头破血流。过后他被开除路籍，遣送回湖南老家劳动改造。后来调查，张老师在土改时是小学教师，并没有被划为地主。学校只收到一份检举信，说他是逃亡地主，不作任何核实，就把他当作地主来斗。打到"四人帮"后张老师得到平反，现在是离休干部。

有一个语文老师，白天被整的难受，晚上一个人静静地坐在柳江边，被人看见。第二天早上就有俄语组的老师到语文组斗他，说他企图畏罪自杀。这位老师低头不语，趴在桌子上默默地垂泪。而斗他的人，突击入了党，以后还当了科长。

后来工作组撤走，之前做了书面和口头的检查，承认执行了资产阶级反动路线，伤害了广大革命群众。并落款为"执行反动路线的工作组"。

不久，毛泽东在北京接见百万红卫兵。消息传来，铁路局也组织了一部分红卫兵进京去接受接见。由于我运动初期和工作组硬顶，不许我去。我们就自己步行去。一共有四个老师，五六个学生参加。

我们一共走了三个多月才到达北京。沿途也参观了不少革命纪念地。到北京后过了一个多月才过年。过年后我们就回柳州了。

回来后，发现铁二中已经成立了三个群众组织：一个是"造反团"，成员多系前段受过迫害的人；另外两个是"红教联"和"从头越"。还有民办中学的老师也搞了一个组织。

当时首先面临的问题是给前段受迫害的老师平反。

既然工作组已经承认了错误,广大被批斗的老师理应得到解放,不再监禁他们,不再强迫他们去从事各种重体力劳动。当时这些人都在被惩罚打泥砖。但是有一部分人,特别是前期积极整人的人,反对解放"牛鬼蛇神"。

我就写了一张大字报"关于平反问题"。阐述自己观点。我觉得,家庭出身不好,不能说他就是反革命;过去是右派,既然已经摘了帽子,又整人家就不对,应该平反。我发现整人最厉害的人都是反对平反的。

柳铁是怎样分成两派的

文革开始时,各单位群众本无派别,彼此相处融合。对一些林林总总问题虽有不同看法,但都是通过写大字报来表达。

随着运动的发展,人们对一些重大的问题有了对立的看法。例如,于给前段被整的人平反的问题,群众中有的赞成,有的反对。又如,对待邓承刚平反的问题,电工段工人邓承刚,在组织群众开会时发生口误,被人检举,说是侮辱伟大领袖,被柳铁工安处抓捕。有的主张给邓承刚平反,认为是公安处执行了资产阶级反动路线,有的认为就是抓得好,要"坚决镇压反革命"。针对这些不同观点,各自口头或写些大字报辩论,逐步形成不同观点的两大派。各自成立了自己的群众组织,互贴大字报,互相攻击。

渐渐又在"无产阶级革命派联合起来"的口号下,形成了柳铁地区的两大总部。一是"工人总部",成员多是各单位的工人,领导成员也是文化程度较低的工人和少数股级干部;一是"毛泽东思想总部",其成员多是各单位的干部职员。领导成员文化程度较高,多为科级干部,主要领导成员都在幕后,开大会从不参加。

学生也形成了两大组织,一是革命造反联合战队,与工人总部观点一致;一是东方红公社,与毛泽东思想联合指挥部(即联指)观点一致。两派群众各自集中在一起,讨论时局,商量对策,互相之间较少往来。但是,遇到军管会组织的群众大会,都是全本单位集中前往,没有分派集中。其他单位学校也都如此。

两派势不两立的完全对立，互不往来，我认为是从军管后，取缔红铁军的大会开始的。

1967年三月份的一天，军管会通知各单位到鹅山广场开大会，各单位都按时到达广场。这时我们发现，东方红公社的红卫兵（观点属毛泽东思想总部）已经先行到达，在维持会场秩序，而观点属于工人总部的革命造反联合战队红卫兵则没有一人参加。心里不禁纳闷。

当时大家都不知道大会内容。群众站定后，军管会突然拉出大会蓝布横幅，上书一排大字："镇压反革命组织红铁军！"军管会主持人又宣布："毛泽东思想总部站左边，工人总部站右边！"于是各单位群众队伍纷纷解体，有的站左边，有的站右边，有的徘徊于左右之间，会场顿时大乱。——经过历次政治运动，群众一般都知道"左""右"除了具体意义外，还有隐含的特定意义，于是站在左边的为多，其实观点未必如此。

站在右边的，我的老朋友很多。我就站在了右边。其实我当时并没有参加工人总部，工人总部在那里我都不知道。

接着把六七个五花大绑的红铁军押上主席台，其中最小的旷某某只有十六岁。

散会时毛泽东思想总部已经在铁路局门口的空地上，办起了"红铁军罪行展览"，内容有大量放大的照片和文字说明。展出的红铁军罪行主要是打砸抢，有抢扩音器的，抢《毛泽东选集》的……但是看不出有反对共产党反对社会主义的罪证。红铁军是一支从长沙来的造反队伍，主要反对不合理的合同工制度，行动比较激进。一开始，两边对他们都有支持。毛泽东思想总部就散发过的"红铁军兄弟，我们支持你们"的油印传单，但这次展览没有拿出来。由于红铁军是同行业的组织，行为又激进，被军管会定为反革命组织。

事情真令人不解。如此机密的镇压红铁军行动，为什么东方红公社的红卫兵被提前通知到达会场"维持秩序"，而联战红卫兵一点都不知道？为什么同一天上午毛泽东思想总部就搞出了大型的"红铁军罪行展览"，当天上午就在铁路局门前展出？为什么要规定毛泽东思想总部站左边,工人总部站右边?这不能不让人明显地感觉到,他们支持和控制了毛泽东思想总部,镇压红铁军的目的之一,就是打压和分化工人总部。

果然,第二天,各单位左边的组织就向右边的组织纷纷发出"勒令","勒令"他们到公安段去自首。于是公安段的门口排起了长龙。自首的人们,有的心怀恐惧,低头不语,有的觉得荒唐,倒要看个怎的,嘻嘻哈哈,有的还拉着手风琴。围观的人一大群,议论纷纷。

这次开会,我去前本来没有派别,毛泽东思想总部开会我去听,工人总部开会我也去听,这次因为工人总部中我认识的人多些,站队时就站到了工总这边。看了展览,我觉得不公平。会后来到工人总部,看到张启文,他是我1951年在衡阳团校时的同学,这时是工总的头儿,他拿出许多传单给我看,我最后站到了工总一边。

镇压红铁军后,事情逐渐走向反面,军管会的威信下降。所谓"支左",所谓"一碗水端平",没人信了。"左""右"两边也不断有分化和重组。柳铁地区完全分成了两大派。一派在原毛泽东思想总部基础上形成无产阶级革命派联合指挥部,简称联指;一派在原工人总部基础上形成,所属成员有工人总部,机关总部,红卫兵联合战队,教工总部,家属总部,简称"工机联"。

四月后工机联总部开始示威游行,贴大字报,开始反击所谓"三月黑风"。"三月黑风"指的就是镇压红铁军,以及镇压红铁军后被站在右边的组织受欺压的事。他们要求给红铁军平反,观点也和柳铁军管会对峙起来。

柳铁地区的武斗

(一)封楼与胡超亮之死

文革初期,两派的对立只限于口头的辩论和大字报往来,并没有肢体冲突。柳铁地区的武斗风,是从外地传来的。

柳铁地区出现武斗前,一天晚上,联指在鹅山广场开大会,有个外地人员来介绍"文攻武卫"的经验。第二天,柳铁地区便到处出现了"文攻武卫"的大字报,大标语。两派气氛顿时紧张起来。

柳铁二中当时本来已经开始复课,上课已有一个多星期。一天早上我和刘巨水老师去上课,发现教学楼所有楼梯口都被砖头封住,后来又发现铁一中铁二中东方红公社的学生进驻了教学大楼。

八月三日,铁一中学生胡超亮在铁路局后面的大字报栏看大字报,和东方红公社的成员发生口角,被绑架到联指据点柳铁党校,用长矛刺死。这是柳铁地区第一个命案。此事震惊了柳铁地区。

(二)武斗监督小组

随着柳铁地区各单位武斗时有发生,柳铁军管会成立了一个有两派代表参加,军官代表任组长的"柳铁地区武斗监督小组"。我当时以教工总部代表身份参加了小组。

一天,联指代表指控:铁一中学生袁某某晚上在铁二中被联战分子刺伤,要求惩办凶手。军管组长要求我们各自去调查,再向小组汇报调查结果。

教学楼已经被封,我到学生比较集中的家属区去找学生调查。学生说,那天晚上几个二中学生到自己的教室去,但被一个高个头的外来学生阻拦。双方发生争吵,以致要动手。二中学生中有一个叫"林伢子"[1]的说:"要到就到操场上去打!"几人就来到操场上,其时外来的学生是铁一中高三的学生,铁二中的是初中学生,慌乱之中,林伢子用梭镖将那个个子高高的铁一中学生(后来知道他名叫袁玉坤,是铁一中高三28班学生)刺伤。——其实林伢子等不是什么"联战分子",只因学校停课闲散在家。东方红公社大造声势,要"抓凶手。"

第二天我向武斗监督小组汇报了这一情况。双方代表就这一情况展开了辩论。我问联指代表:"铁二中的学生到铁二中的教学大楼

---

[1] "林伢子"名方天行,时为初二学生,因为在此事慌乱中伤人,在对方大造声势,要抓凶手的情况下,害怕,跑到铁一中避祸。"9.5"时遇人前往抢枪,随行,遇难,时年十六岁。文革后期,此事中受伤者袁玉坤与人谈及此事,承认当时受的是轻伤。

有什么不对？铁一中的袁某某为什么要到铁二中的教学大楼，还要阻止铁二中的学生进教室？事情是铁一中学生袁某某自己挑起的。"军管会组长也知道是东方红学生不对，袁玉坤伤的又不很重，此事就算了结了。

（三）"踏平文化宫"

柳铁文化宫是工机联总部所在地。1967年8月23日半夜，我已睡了。忽然听到党校高音喇叭大叫"踏平文化宫！""踏平文化宫！"接着一声巨响，随着一阵密集的枪声。清早我看见约100多人，头戴藤帽，手持步枪，个个脸色铁青的向柳铁桥梁队方向走去.

早上我到文化宫去看。军管会也到了现场。只见文化宫后门全部被炸毁。奇怪的是，当时工人文化宫除了刘某某不知从哪里弄来的一支有时打得响有时打不响的老套筒子枪外，全无武器，可联指的进攻队伍炸开文化宫后门后，却停止了进攻，天一亮就撤退了。

第二天得知，24日凌晨，周恩来总理在北京表态，"四二二是革命造反派。"进攻的联指估计是在第一时间得到了这一消息。知情人透露，他们这次攻打文化宫的计划非常严密。事先剪断了文化宫的电线，而他们前方与后方都用无线电联络。

那天晚上，南宁的联指也全力以赴攻打四二二。显然是有统一的部署。

北京毛泽东思想学习班

1968年7月19日，央召集广西两派进京，举办毛泽东思想学习班，实际上是解决广西问题。

赴京代表除了军队代表外，全是群众组织的代表。但代表团名单并不是由群众推选出来的，而是由省革筹小组指定的。我是代表团的成员之一，作为工机联下属教工总部的代表。

我记得的其他代表团成员有：总部代表王反修，李振林，张启文，陶煦，联战红卫兵代表钱文俊，其余的都是工人，工人占全部工机联代表的一半以上。联指也同样有他们的代表团。奇怪的是，他们的主要负责人张坚没有来²。这次列车同行的有柳州市造反大军（四二二观点）和柳州联指的代表，由柳州市支左办公室主任带队。另有一个班不带武器的解放军随行。

火车上午从柳州车站开出，中午到达黎塘，不知何故摆下不走。第二天上午再次开动，下午到达南宁前一个小站时，又停下来了。这时只见站台上站满手持机枪步枪的联指武装力量，他们要上车检查四二二的代表。护送的解放军极力阻止，他们动手殴打解放军。支左办公室主任到车站给上级打电话，但屡打不通。为了避免冲突，只好让这些民兵上车。他们上车后，火车直接开到南宁机务段救援列车专用线。解放军和四二二代表被叫下车，分别列队。四二二代表的行李被逐个搜查。凡准备带到北京去向中央反映情况的材料一律没收。有些代表随身带的钱财也被拿走了，以后一直没有归还。当时联战头头钱文俊带有两小瓶用六神丸瓶子（直径约 0.8 厘米，长约 3 厘米）装的 TNT 炸药——这些炸药是在武斗战场上从联指那里缴获的，由于当时这些炸药只在越南战场上使用过，工机联方面对其来源感到怀疑，钱文俊带了微量的进京，想以此为依据向中央反映情况。在这里被联指武装力量搜走。后来在"7.25"中央接见两派代表解决广西问题时，这竟成了钱文俊的罪状，"携带 TNT 炸药进京"，成为抓捕钱文俊的理由之一。

我是唯一一个没有被搜查的人。因为我曾在 1958——1962 年下放到南宁机务段劳动。当时搜查和围观的人中，有几个是当年我的师傅和师兄弟。我们见面都心照不宣，师傅轻轻地朝我摆了一下手。来搜查我的，竟然是当年与我同一个洗检组的师兄。他和我对视了一下，用脚轻轻踢了一下我的行李就走过去了。

1970 年，我又下放到柳州铁路桥梁队，到南宁修建战备桥。星期日就到机务段去查访当年搜查我的师兄。得知他在后来镇压南宁

---

² 此说有误。张坚来了。并且是后来中央首长"7.25"接见时，代表联指控诉工机联"罪行"的人。其中使用的材料，就有本文谈到的拦截两派赴京代表专车，搜查"四二二"代表行李所得到资料，进行了面目全非的歪曲。见本文本段后部分。

四二二时，参加民兵团，是小钢炮炮手，耳朵被震聋，到外地疗养去了。1958年时他是二级工，此时已升为车间主任。

搜查过后，我们终于被拉到了南宁站。广西军区的两部大车，把我们拖到南宁飞机场。晚饭过后，登机飞往北京。当晚到达北京，入住解放军政治学院。

进解放军政治学院后，每人发一本精装的《毛主席诗词》，全部是毛泽东诗词的手迹影印，以及毛主席在韶山、延安、北京各个时期的照片，非常珍贵。另发有两枚毛主席像章，一枚是解放军政治学院的，一枚是"中央办的毛泽东思想学习班"的，后者正中是毛的头像，有四十八道光芒从头像发出，下面由林彪的题词"毛泽东思想万岁"，该像章后被文物界评为全国罕见的珍品。

学习班规定，学员不得与外面通电话，写信，如需外出，必须有办公室的批条。但是很奇怪，后来我们得知，柳州的联指不断收到"北京来电"，报道学习班的情况。

毛泽东思想学习班顾名思义，是学习毛泽东思想的，但从头到结束，我们一篇毛的著作也没有学习。每次吃饭时，都由组长（解放军）带领喊一句"翻身不忘共产党，幸福不忘毛主席"的口号。

学习班做的事主要一是四二二派的头头交代和揭发所参加所谓的"反革命事件"，二是批斗观点倾向四二二派的省市领导干部。

柳铁批斗的是铁路局政委张炎。是联指力求打倒的对象。张炎在半年前（1968年三月份），在根据军管会要求，到铁路军管会报到上班。途中，在铁路局门前被联指观点的红卫兵东方红公社绑架，关押在铁路技术官楼顶，遭受多次批斗和人格侮辱（被将沥青涂在脸上），被多次抄家，较贵重的衣物被浸泡在污水中——此次批斗在铁道部礼堂进行。虽说报纸上的口号是要文斗不要武斗，但实际上许多批斗都是变相武斗。在这次批斗中，柳铁钢联指代表每问一句"是不是？"就用手猛按张炎的头，使之碰向沉重的麦克风，碰得张炎满脸鲜血，一滴一滴往下流。血流到下巴后，凝结成一寸多长的血柱，血柱在下巴上晃来晃去。所有的人都看在眼里，但无人敢作声。大会主席也不制止。后来张炎被抓进北京卫戍区下属第三看守所，后又转到柳铁拘留所关押数年。

在铁道部礼堂这次批斗的，还有广西省委书记伍晋南。伍晋南是1925年入党的老党员，运动中被打成"假党员""广西牛鬼蛇神的总后台"。对于伍晋南的问题，周恩来总理早就表过态，说他不是假党员，只是入党时间早报了一年。他另一条主要罪状，是吹捧当时流行全国的壮族歌剧《刘三姐》"宣扬放弃武装斗争，只用唱歌来推翻旧政权"。对此周总理也说过话，说这不是伍晋南一个人的事，韦国清也推荐过《刘三姐》。

工机联方面要写交代材料的有王反修、李振林、钱文俊。后来李振林很快就被派回柳州，组织工机联下属各支武装力量上交枪支弹药。后来柳铁工机联、柳州造反大军群众组织上缴武器弹药非常迅速。这一方面受到赞扬，一方面又受到怀疑：交枪如此迅速，是否有高人在指点？[3]

我们一般群众暂时无所事事。

参加代表团的有几个公安部门的军管，他们负责掌握各个成员的动向，向上面反映情况。当然，他针对的主要是工机联成员。例如，开大会是否做笔记。如果做笔记，就说明他们是为了今后反攻倒算。一个姓杨的公安军管就这样公开讲过。

约八月中旬，学习班通知到人民大会堂开会，毛主席接见各省代表团。工机联代表被安排在三楼。进入会场坐定后，周总理，江青，陈伯达等出来，一一向群众招手。稍过了一会儿，在一束红光的照耀下，毛主席出来了。全场起立，高呼"毛主席万岁！万万岁！"历时十多分钟。随后毛主席带领中央首长退场。没有讲话。王反修、钱文俊、柳州市的白鉴平等在"7.25"接见中被点名的人，被禁止参加这次接见。

---

[3] 本书编著者按：据李振林说，此期间，省军区某负责人曾找到他，要他回柳州动员四二二派群众交枪，若交枪成功，承诺给他一个革委会副主任的职位。随即用飞机把李送回柳州。李振林回到柳州后，召开了本派的群众大会，但他讲的话是，要交枪，但要两派一起交，联指不交我们也不交。这样当然就没交枪。回北京后，等待他的也就不是什么革委会副主任的职位，而是监狱。
工机联交枪顺利，具体情况请看本书傅德怀的自述。

8月25日，周总理又接见广西代表团，参加接见的还有江青、陈伯达、叶群等人。

周总理先讲话。他说，这次接见本来计划是8月24号，因为苏联入侵阿富汗，中央要研究情况，所以接见推迟一天。他说，苏联不是什么社会主义，而是社会帝国主义。参加讲话的还有陈伯和达江青。陈伯达讲话我不懂他的口音，不知他讲什么。江青讲话时讲到广西情况，说这是坏事变好事。叶群没有讲话，只是用梳子不断梳头。

接着周总理宣布中央关于广西成立革委会的决定。他宣布韦国清任革委会主任，伍晋南任副主任。周总理说，你们要打倒伍、贺、霍、谢、袁五个领导干部，我看不要那么多，就写贺、霍两个为代表就够了。

第二天，广西联指集合队伍在政治学院游行，举着标语，喊口号"坚决打倒广西牛鬼蛇神总后台伍晋南！"以后的广西革委会公告，变成了伍晋南是广西革委会常委，而不是副主任。

回广西后，伍晋南的问题进一步被罗织成一个所谓"伍修反革命修正主义集团"，株连到大批干部，遭受到骇人听闻的迫害和摧残。甚至把他们的所谓罪行编入中小学课，造成极其恶劣的影响。直到1983年才平反。

学习班结束时，开始抓人。按照之前各省市在解决文革问题时的惯例，在中央首长接见该省代表团时，中央首长在谈话时点一些人的名（这些人的名单是怎样确定的，有待于知情者披露），然后由卫戍区抓捕这些人。但毛泽东又有一个讲话说，"各派的坏人由群众自己揪出，专政机关不要抓人。"所以卫戍区抓人前要先由群众组织写出申请。那天我正在睡觉，工机联代表团的某某把我推醒，说要抓张炎、王反修、李振林、钱文俊几人，要我签字。张炎的罪名是"柳州铁路地区抢枪、武斗，破坏柳铁文化大革命的罪魁祸首"。这张大字报的内容事先并没有和代表团的各个代表商量，名单怎样确定的我不知道。我看了大字报后说，我不签，搞不清你们怎么回事。一是抓学生我不同意（钱文俊当时是中学生），二是说张炎是"破坏柳铁文化大革命的罪魁祸首"我想不通。当时柳州、桂林、南宁、湛江等铁路地区，两派都有抢枪，武斗发生，没有证据证明是张炎在指使。文革一开始，张炎已经靠边站，后来又被钢联指东方红公社绑架走了。我当时确实想不通，就没有签字。于是我成了工机联唯一一个没有签字的人。

后来我得知，抓人时本想以"破坏学习班"的名义连我一起抓走，但赶巧，那天上午，我和其他三个人请假外出了。（抓人是在下午临近晚饭时分）。我到外面吃了一餐饭，买了点酒。回来时已经五点多钟接近六点了，宿舍已经空无一人。一上楼，看见姓杨的公安军管。对我说："你怎么还在这里，没有走呀？"我不知他讲我走到哪里，就说，我上街了。下楼一看，那几个人刚刚开车押走。

此前此后，在柳州也有不少人被抓。以致拘留所容纳不下。被抓的人都停发了工资。工务段技术员肖某某被抓以后，家里生活无着，他的妻子只好带着两个幼子，在铁道口帮人理发为生。

抓我的机会错过了。

这消息是后来张某某、夏某某透露给我的。

后来回到柳州，被工宣队抓去，失去自由，并被批斗十个月之久。关押期间，军宣队指导员告诉我，在北京办学习班时，本想以"破坏学习班名义"把我抓起来，后来考虑到缩小打击面，才把我放过。

南宁之行

学习班结束，两派代表在统一安排下，乘火车回到南宁。

经过桂林时，看见车站已经被完全炸平，有解放军端正的盘坐在地上执勤，估计已经疲劳之极。桂林铁路工人和桂林市工人学生，大部分参加四二二，是多数派，时称"桂林老多"。广西各地武斗时，桂林没有武斗。后广西各地农民武装队伍围攻桂林。桂林市内"老多"顶不住，只有桂林机务段武装队伍最强。机务段三面环山，易守难攻。农民武装队伍就用炸药包将桂林北站炸平。以后各地落实"7.3布告"都是派工宣队进入，唯独桂林派农宣队。

到南宁后，代表们被组织参观南宁武斗区。我因为在南宁工作时间达四五年，对市区很熟悉。原来我们总是听说，四二二挑起武斗。可参观时，看见从百货大楼开始，沿民生路看去，左边是联指据点，楼房全无弹痕，房子整齐。而民生路右边是四二二占领区，楼房全部倒塌。沿路走去，数条马路及两边的楼房全部被炸成平地，如此一直延伸到水塔街，广东会馆，红十字会医院，直到邕江边，所有的楼房都被炸平，成为废墟。在房子的断墙垣壁上，留有联指的标语："火光在前，冲呀！"

四二二总部设在南宁苏联展览馆。北京学习时，领导已通告，设在南宁苏联展览馆的四二二总部，已由解放军占领，躲在展览馆内的各地难民全部被押出，交各地民兵押回原地。当时说，被押送的难民无一伤亡。事实是，所谓各地民兵，实际上是对立派的武斗人员。他们在押送途中全无约束，随意枪毙了不少难民。被押送回家了的，也免不了被审查批斗。在进入批斗会场时，常常一入门口就被乱棍打死。跟在后面的人，一看情况不对，便拼命挣扎逃跑，也有因此而捡得一条命的。所以广西虽然武斗激烈，但在武斗中因为各有武器，死人倒不是很多。大量死的人都是成立革委会前后，和后来的清理阶级队伍中被打死折磨死的。

当时处死四二二人员，除了枪杀、棒打、作为活靶被练习打靶打死外，还有不少是被用铁丝捆住手脚，活活推入邕江、柳江、龙江淹死，以致大量浮尸顺水东流。这类事件，我亲耳听目击者讲到的就有三起。

一起是我在南宁桥梁队劳动时，晚上听一个贫下中农（女性）作活学活用毛主席著作报告，说她看见一个人在邕江桥附近画画，就把他抓起来，随即推入邕江。

一起是我在新圩接受农民批斗时，在河边挑沙。听当地农民讲，这条江在当年在1968年有很多尸体漂过，沙滩上就看见过一对母女被捆绑在一起的尸体。

一起是在广西处理文革遗留问题时，我的一个学生来自金城江，他被控文革时期在金城江大桥将一个人推入河中。当地人员要求将他押回金城江审查。我问过该学生,他承认有这回事。铁路局处遗办公室为了保护这个学生,答应对方由铁路局处理。后来该生给予毕业,但不转干,安排在铁路局文化宫当文化指导员。

后来我们又被安排参加广西革命委员会的成立大会。大会上我见到几个原来铁二中的学生,当时在南宁读中专,都是联指观点。他们告诉我,民生路附近几条马路被炸平,都是用小钢炮炸平的。当时他们朝民主路右边打了三十多万发炮弹,仅仅在打停泊在邕江江心的四二二航运工总的船舶时,就打了三万多发炮弹,将船全部打沉。前面说过,我那位参加搜查四二二赴京代表的师兄,就是在这时负责炮击,被震聋耳朵而送去疗养的。

在牛棚的生活

8月26号自治区革委会成立以后,代表们各自回到自己的单位。回到柳州后,工机联总部宣布解散,下属各分部也自行解散。

这时柳铁地区街道萧条,行人很少。但不断有原工机联的人被抓了游街斗争的人,押着在街道穿过。出来看的人也很少。武斗刚刚结束,人们心有余悸,而且到处都在抓人,大家都躲在家里不敢出来。

当时柳铁地区抓的人,有的直接送到柳铁拘留所关押,以致拘留所人满为患。有的画地为牢,直接关在本单位自设的"牛棚"。那时抓人是"群众专政",不需要任何法律手续,得势的一方想抓谁就抓谁。

我回到铁二中后,发现有些老师没有来报到。刚入校大门,就看见周荣廷老师被罚站在校门口,低着头。后来了解到,其余没有来的老师,多系在晚上突然被铁二中东方红公社的学生进家抓捕捆绑,蒙上眼睛,关进柳铁第一幼儿园的地下室,秘密审讯。一开始连家人都不知他们的去向。照理说,学生并不知道老师的家庭出身,也不知道被抓老师的家庭地址,背后必有人指使。他们被审讯时,都被蒙上眼睛对于是谁在审讯,只闻其声,不见其人。但因为是熟人,虽不见其人,但闻其声,也能辨别出是什么人。除了学生外,能清楚地听到一个政工人员和一个老师的声音。以后，这两人都成为学校革委会成员，"吐故纳新"时，又都被突击发展成共产党员。

回到学校后，我向原来群众组织汇报了在北京学习的情况。

接着，全校老师学生在工宣队的组织下，贴了许多揭发我的大字报。我静静地看了大字报，没有一张是揭发我有打砸抢行为的。用工宣队的话来说，是"一点尖端的东西都没有。"

我将被抓。对此我早有思想准备，内心较镇定，只是等着何时来临而已。

到了1968年9月，一天晚上只见我家屋前屋后黑影憧憧，我立即意识到我已经被监视，预感到要出事了。但我能逃走吗？不能。我在柳州无亲无故。到外地，连买车船票都必须有单位的介绍信。我只好静候事情的来临。

过了两三天的一天早上，天还没亮，就听到敲门声。我去开门，只见吴某某带着两个成人和几个东方红公社的学生，一拥而入，将我捆绑起来，推入门外。两个成人自称是学校工宣队的，说要对我家进行搜查。随后抄家，拿走了我所有的书籍，七七八八的东西装了一板车。没有记录，没有收条，就作为我的罪证拿走了。随后把我押到学校。刚进校门口，突然闪出一个斜眼睛、不认识的学生，朝我脸上重重地打了一拳。我双手被绑，无从躲避。我的门牙当场被打断一个。此后花五千多元镶了牙，仍是几十年都患牙患，至今只能用右边的几个板牙吃饭。后来这个学生居然在铁二中教物理，他对物理学中的左、右手定则都搞不清楚。后来又调桥梁队当教育干部。铁二中是桥梁队的接管单位，他对铁二中教师有任命权。

接着工宣队把我带到一个房间，松绑。这是房间里已经有一个老师关在那里。当天就看见把他拖出去打，他发出凄厉的喊声，传得很远。回来时垂头丧气，不知为什么。

关押我们的房间有一张双架床，门后地上有一块黑板。那位老师睡在双架床上，我睡在地上的黑板上。房中有一张桌子，一盏日夜不熄的红灯，门口有一个工宣队员守着。

以后，我们每天清早就要被押着去冲洗全校的男女厕所。冲完厕所就回房间写交代材料。吃饭到机电厂的饭堂去买。到中午要罚赤脚站在校门口晒太阳。然后押到全校清扫垃圾。垃圾清扫完毕，再回房间写交代材料。

有一天半夜，我突然被人拖起，用布蒙着眼睛，拖到教学大楼。一到马上就被人按在地上。接着有七八个人一拥而上，用脚往我身上乱踢。踢得我全身发麻，全身到处好像有一堆蚂蚁在爬。我快要晕过去了，才停止脚踢。过一会儿，一个学生开始问话："写封锁学校教学楼，并附有一张图的大字报，是不是你写的？"我说："我不知道。我是后来才看到大字报的。这张大字报据说是住校老师写的。"这样才放我回到房间。

第二天我爱人来看我，我把昨天被打的事对她说了。看房间的工宣队员也对她说，打得很厉害呀。当天我爱人就去找吴某某（工宣队负责人）理论。吴说："谁叫他不老实。"这说明打人的事并不是纯粹学生的行为，吴某某是借学生之手打人，以了解所谓"牛鬼"的情况。打人的学生，都是所谓"保卫组"的，保卫组由原钢联指派的学生组成，他们都住在学校，随时听候工宣队吴方某某等人的调遣。他们可以随时看所谓"牛鬼"老师交代的材料，稍有不满意，就可以直接去审问"牛鬼"老师。

吴某某是柳铁南站货运场的人。他并不是中共党员，因为在武斗中有功，就被派到铁二中当工宣队长。两派学生背后都叫他"吴二赖"。此人后来带学生下乡，强奸了一名女学生。此事由东方红公社的学生调查证实。在军宣队的坚持下，吴某某被抓进拘留所。后来又由于一派掌权，"家丑不可外扬"，吴又被放回原单位。广西文革中这类问题很多。

被陆续抓到二中"牛棚"中的，有十多个老师（包括一名女教师），另外有三名男学生，一名女学生。这名女学生年纪约十五六岁，人很漂亮。本是钢联指宣传队队员。回校后，有一天对着毛主席像说了一句话，被人密告工宣队，说她侮辱伟大领袖毛主席。她被工宣队抓走。原来，南北语言习惯有不同。"肥"字在北方专用于动物、肉类,但在南方两广一带,和"胖"的意思完全一样。她一句寻常的话,并不构成侮辱,不足为罪。

另一名男生,个头高大,跛了一条腿。是初中一年级学生。据说是在武斗中打死了联指的人。我问他是否有这事。他说,当时双方都打枪,谁打了谁都不知道,他的腿就是那时打伤的。这个学生对我很好,当有人想进来打我时他就拦住,说:"你们谁敢动邵老师一根汗毛,我出去以后就跟你们算账!"那些人望望他就退走了。

另一名男学生刘某某,是初中三年级学生,高大肥胖,同学们叫他"牛头"。是联指武斗人员。常背着冲锋枪,在火车站附近,随便拿了烟摊上的香烟就大摇大摆地走开,摊主敢怒不敢言。更为恶劣的是,在联指迁到柳北时,抓了同班的一个女同学,把她的衣服脱光,用香烟烧她的乳头,逼令她去参加钢联指。女同学无奈,就参加了钢联指。回校后,将其劣行告诉了工宣队和军宣队,军宣队坚持要把"牛头"抓起来,和我睡在一个房间。"牛头"被抓起后,不时有学生在外面喊:"牛头,你搞了多少个女同学?"

"牛头"被关后不久,适逢钢联指总部解散,在柳州地区进行胜利大游行。吴某某趁机把他放出去,双双穿了武斗服,耀武扬威的参加大游行。"牛头"释放后,象征性地让他下乡几个月,就被送到培养党政干部的"柳铁共产主义大学"去学习,回来后就到柳铁四小当体育老师。后来又辞职去做生意。之后因追打一名小学生,追到马路上突然倒地身亡。死时不足三十岁。

第四个男学生是初三学生黄某某。黄某某的父亲在国民党统治时期,任过国民党要职。文革时,他和钢联指一起去了柳北。回到柳南后,柳铁地区各单位正在落实"7.3布告"。黄父到铁一中告他的女儿参加反革命组织联合战队(四二二派红卫兵组织),告其妻为反革命做饭(其妻为了维持生活,养活儿女,便在鹅山四区的食堂工作,此时这边的群众全部是四二二派观点的),告他的儿子黄某某拿了别人一部照相机。黄某某因此被抓。工宣队军宣队查了七个月,什么也没有查出来。以后就给黄某某下放到离柳州最远的地方河池农村。

被关入牛棚的十几个老师,被称为"牛鬼蛇神"[4],简称"牛鬼"。"牛鬼"们受尽了侮辱和折磨。早上五点多钟就要起来向毛主席请罪,然后到东方红公社学生驻地去读毛主席语录,读了五六条他们还没有睡醒。到饭堂吃饭还要再次向毛主席请罪。接着去清扫全校的厕所。上午下午都要站在学校门口示众,有时一晒就是一个多小时。平时在学校操场铲草,本校的铲完了,还要挂着写有各色罪名的牌子到别的单位去铲。有时还要到柳江边拉沙子,到柳州货运站拉石头。晚上常常有老师被拉出去批斗。回来时常常是血流满面,衣服被扯破。

我们被当作专政的对象,"牛棚"由保卫组的学生监管。我们铁二中的这个牛棚打人折磨人一直很厉害,主要由以下方式:

1. 半夜蒙眼毒打
2. 负重罚跑步

"牛鬼"老师挑泥巴,每担约有百斤重。每担挑到规定地点都必须挑着跑,否则就用鞭子抽。年老的教导主任彭老师,快六十岁了,被迫挑泥跑,气喘吁吁的几乎要倒在地上。有一次大家被带到司机学校,抬实木双人架床到铁六小,距离约有四公里。到司机学校后,我们被勒令站队。忽然一个学生大吼:"他妈的,他们一个个都握着拳头,想反抗吗?"——因为我们天天都拿锄头挖土除草,拿锄头必须要握紧,久而久之不拿锄头也习惯了握拳。此时大家都没有作声,于是抬架床时也被迫抬着跑。

铁二中革委会成立的前一天,我和周荣廷老师被叫到鹅山上去砍柏叶——1956年,我参加青年突击队,在鹅山上种下200多棵柏树,当时(1969年)已经成材了。砍完柏叶后我和周老师各挑一担,回校时又被逼着挑着跑。1969年,我和陈正端老师背着背包,又被捆绑着,拿着锄头从新圩回学校,全程七公里。回来是在公路上坡时又被罚跑步,我心一横,想,跑就跑,我跑你也要跑,看你们保卫组的能跑多远。可是陈老师是在受不了,不断地喊"报告,报告",学生还是不理睬。跑到路旁一片树林时,我被绑在路边的一棵树上。陈

---

[4] "牛鬼蛇神",简称"牛鬼",原指各类坏人。此处为文革语言,对被抓捕、被关押、被批斗……等各种被迫害的群众的蔑称。

老师被带到树林深处。陈老师被带回来时，脸上有血，又被喝令将血擦干净。我接着被松绑。原来有一队解放军从公路上经过。回到铁二中校门口，学生令我打陈老师两棍。我迫不得已，拿着锄头把，横着打了陈老师脚弯着的地方。我自觉打下去，他叫脚一弯就可以消除冲击力。后来陈老师对我说，打得还是很痛。真是对人不起呀！

吊打

一天上午，"牛鬼"老师们都被令站在保卫组前三十米。然后被逐个叫进保卫组。出来时都垂头丧气，表情痛苦。其中肖老师出来时，两只手腕上留下两毫米深的深痕，以后两个多月痕迹都不消。我被叫进去时，只见五六个保卫组成员在场。不由分说，他们就把我吊在梁上。然后用拳头往身上打，每打一拳，身体都晃荡起来。打了一阵后，有人开始逼问我："你们在劳动时，互相讲了些什么？"我说，没讲什么。只听见一个老师说，劳动时不要讲话。这样回答是实情。但显然不能满足打人学生的要求，有人又举拳准备再打。被另一个学生制止了——因为保卫组有些学生我认识，文革前我教过他们照相，焊收音机。我这才被放下来。

事后了解到，是有人告密，说我们在劳动时串联。专案组得知，就布置学生吊打老师，以便获知情况。专案组组长吴某某事后得意扬扬地说："又诈了不少材料！"

冬天脱衣在地上爬

冬天大家都穿着棉衣。一天清早。保卫组头头某某，令"牛鬼"老师都脱下棉衣，脱下鞋子，只穿内衣内裤在地上爬。当时水面都结冰了。一个6985部队的军宣队员是个大学生，他看见了，出面制止，但那些行凶的学生不理睬，有人还当面骂解放军："八五佬！"[5]

---

[5] 指系6985部队的。6985部队文革中支持"四二二"派。

冰水打泥砖

冬天，水面结有薄冰。我们牛鬼老师被令脱掉鞋袜，下到冰水中和泥，然后把泥挖上来打泥砖。我们打完泥砖，将脚洗干净，明显地感到小腿的皮肤爆裂。

我没有在教师大会上被批斗过。所有的牛鬼都被斗了两三次，有人就告诉我说："下面可能要轮到你了。你要在膝头上绑些布，批斗时要你跪下，就没有那么辛苦。我说："我不绑，跪就跪。"对我审来审去，我发现他们抓我的主要原因就是在北京抓人时，我没有签字。奇怪的是一直没有大会批斗我。后来我想，大概是我的罪状不大好批斗吧，因为我讲的是事实。

后来军宣队换人了。一天晚上，新来的军宣队负责人到我们牛棚来，找我谈话，问我："你什么时候参加的国民党，三青团？"

我发现他完全不了解情况，就问他"您贵姓？"

他说姓韦。

我就说："这个房间没有一个国民党，也没有一个三青团，只有共青团员。"

我向他反映了打人吊人等问题，说："对待敌人的俘虏都要优待，我们都还没有定性，怎么这样对待我们？"

大概他把情况反映了，以后铁二中打人的情况被通报，就不敢再打了。

几件小事

1. 由于"表现好"，我们"牛鬼"中有一个老师被任命为队长。这位"牛鬼队长"说，老师们忠于毛主席，每天早请示，晚汇报。我们是罪人，应该早晚请罪。于是我们在繁重的劳动之余，每天早上五点多钟就要起来，向毛主席请罪，并且写了请罪书。交给管理我们的东方红公社学生。没想到这请罪书也惹了事儿。学生们看了后，问是否我写的，我说搞不清，不知道。学生训我们说，这请罪书里面写着

"我们亲爱的毛主席",毛主席不是你们的,你们要重写。我只好拿来改了改。

2. 有一天,有人要我检举李某某老师用脚踩毛主席像。牛鬼队长问我:"听说李某某用脚踩毛主席像,你亲眼看见的。我都听你说过。"——那时用脚踩毛主席像是犯天条的。如是事实就会被当做现行反革命犯处以极刑。我当即回答说:我没看见,也没听说过。"牛鬼队长"说:"真是被你气得吐血!"

要我污蔑周老师教唆我写反革命大字报。

一天,工宣队员找到我,说:"你要在教师大会上坦白,说你自己有能力想当校长。于是你就听了出身地主家庭的周某某教唆,写了很多反革命文章。你坦白完了,马上就释放你,恢复你的自由。同时,我们立即宣布周某某为现行反革命分子。如果你不这样做,就立即把你带到大学习班,继续关押审查!"

周老师是图书管理员。出身于破落地主家庭。解放后参加了军政大学,后在部队当文化教员。以后转业到铁路学校部门工作。文革时只负责抄抄写写,刻刻钢板,负责编辑教工总部油印小报《大字报》,本人并没有写文章,只收集稿子编辑出版。在工作上,他只听我的意见,谈不上他来唆使我。如果我这样冤枉他,他成了现行反革命,我获得自由,就太违背天理良心了。

于是我拒绝了工宣队的要求。说:"这样的事情我办不到。"工宣队员无奈,走开了。以后,我果真被带到大学习班,继续审查七个月才宣布"解放"[6]。

"解放"后我只是不在牛鬼队了,但人身并没有自由。继续由接管学校的工宣队监管,停止教师工作。别的老师放假,我仍要到学校报到。父亲文革期间在广州逝世,我不能回去送葬。此时父亲已逝世三四年,放暑假时,我请求工宣队让我回广州省亲扫墓,仍不获批准,继续在学校坚守监督。就这样在学校被管制了十三年。直到1980年,遇到以前在政工部门工作的老同事,把我找到铁路局职工中专去

---

[6] "解放",文革语言,意思是解除关押、审查,拘禁,恢复人的正常活动。

上政治课，从此和铁二中不辞而别了。

后记

1984年，广西由韦纯束同志主政。他负责处理广西的文革遗留问题。在胡耀邦同志的亲自关注下，广西很多在文革中的冤假错案才得以平反，被错误判刑的人才得以释放。那些在文革中滥杀无辜的人，也有些受到了法院的处理。1984年清查我在文革中的案件后，最后结论是：我不存在平反问题，因为我的问题只在学校立案，没有在分局党委立案。学校立案只是群众运动，所以不平反，不道歉，被抄家的财务也全无退还。这样我在文革中就被白白的整了13年。

我在回忆起文革的时候，也想起当年保卫组的那些孩子们，他们现在怎样了？我打听到当年保卫组成员之一的学生某，现在在某厂当领导。于是约见他，想和他聊聊。一天他开了小汽车到我家来。见到他时，我勉慰他说："当年你只是初中学生，不懂事，有些行为显然是大人利用的。我当老师的，对学生的错误总是原谅的。你不必介意。"他到我家来时，说是谢罪，带了一堆礼物。随后向我和我爱人（也是铁二中老师）深深三鞠躬。背后还给我爱人送了1000元钱。钱我坚决不会要他的，但学生现在有觉悟了，我觉得很安慰了。

还有一个当年的东方红公社学生，在工务段开发电机，他委托他的师傅转告我，"文革中我打过他，向他道歉。"这些学生当时年纪都不大，我原谅他们。

但我希望对文革彻底反思，使这恐怖的历史不再重复。十年文革，现在已经只有六十五岁以上的人才有所了解，五十岁左右的人已经全然不知。抗日战争有纪念日，南京大屠杀有哀悼日，十年浩劫也应该有一个反省日或哀悼日。十年文革的苦难，需要用实物、图片、影视等教育年青一代，让文革的教训警钟长鸣。

文革琐忆

林家钟

林家钟(1937—)福建福州人。柳铁一中高级教师,民盟会员。1960年毕业于杭州大学历史系,同年分配到柳铁一中任教。1966年调铁二中。文革中被打成"现行反革命分子",1968—1973年被"群众专政"关押批斗。平反后回铁一中任教。退休后回福州定居。

关于文革历史的研究和反思,很有意义。随着时间的推移,文革渐渐地被冷落,如果不深入反思,总结教训,文革的历史有可能重演。

文革开始,人们就有了一种身份的认同。这是在毛泽东的阶级斗争理论下,人们对身份的认同。这种认同,由于谭立夫鼓吹的"老子英雄儿好汉,老子反动儿混蛋"的反动血统论的宣扬,而变得空前的强烈。这种认同,对于某些人来说是护身符,通行证,对于某些人来说,则变成紧箍咒,变成被迫害的理由。

我出身知识分子家庭。受家庭影响,我从小爱思考,爱对家事国事发表看法。我的大哥是中央政治大学的学生(蒋介石是校长),1947年毕业后,分在侨务会员会工作,职务类似师长。他对蒋介石不满,经常抨击国家的腐败。陈布雷自杀后,南京也渐次吃紧,大哥被遣散回家。回家后也经常发表对国事的看法,认为蒋介石已是政治僵尸。我二哥黄埔军校毕业,在第一次内战时就被共产党俘虏,关了三四个月后，因为是下级军官，释放回家。他回家后也讲了许多共产党的见闻，我从小就跟着他学了一些解放区的歌，如"解放区的天是明朗的天，解放区的人民好喜欢……"等。这些都引起我对历史的兴趣，升大学时就报考了杭州大学的历史系，杭大在当时是一所很有名气的学校。

知识分子喜欢抨击时政。解放后，大哥在福建省民盟工作，肃反时期被审查。反右时又第一个被打成右派，随即又被抓去劳教——后来知道，劳教制度就是当时为了惩治右派而临时搞出来的。一直到文革前，在劳动中发生工伤事故，一只腿重伤，才被解除劳教。回家后没有任何待遇，靠弟弟养他。没多久，文革来了。大哥被批斗游街，又是跪又是打。在这种情况下，他回家后还研究文字革新。但他的研究结果没人敢尝试。他的精神状态变得极坏，有病也坚决不看。在1972年郁郁而终。他对我们几兄弟的感情极深，为了抚育我们，终身不娶，使我们四兄弟个个读了大学。

二哥在抗战时期投笔从戎，报考了黄埔军校，是黄埔军校第九期学员。毕业后分在重庆。内战发生后，双方交战的第一仗就被共军俘虏。关押和教育了几个月后，因为他是低级军官，被释放，共产党希望他回去以后做内应。他回到福州休养，向家人宣传共产党，教我们唱"解放区的天是明朗的天"等革命歌曲。之后又重新加入国民党军队。到解放军解放时，率兵起义投诚，没抵抗。之后跟随解放军一起解放厦门，做后勤工作。到了肃反时他立即被抓。因为没有血债，被放回，定性为反动军官，从此失业了。为了生活，他跑到农村，种田种菜，渐渐做了民办教员，在那里生儿育女，竟躲过了历次政治运动。

我对政治感兴趣，也懂一些，爱发表意见。小时候就跟着哥哥抨击时政，骂国民党。所以后来读大学就选择了历史。

毕竟受家庭情况的制约，我在大学不问政治，一头钻进业务里。但是仍改不了关心时政的个性。班上有些调干生，都是党员，我对他们的作风有些看不惯，同时对一些敏感的政治事件有看法，如苏共十九大等，有时就在私下里议论。因此一直被当作注意的对象。反右的时候,我接受了大哥的教训,不管时事一心钻在故纸堆里,躲过了一劫,但还是被划为中右。之后又是拔白旗插红旗运动。我被指斥为只专不红,首当其冲。毕业是被发配支边,先要我到临夏,后来到了广西。

当时档案跟着人走。我的材料太多,里面塞得满满的。封条都封不住。我把它打开一看,关于我的鉴定是二十个字:"本人历史清楚,家庭关系复杂。只可使用,不可重用。"我知道自己的前途已经被完全决定。本来我一心想读研,此时已成天边云彩。人生理想破灭,只能灰溜溜的混。

第一年教历史,随即取消,改教俄语。我也很投入,学生至今对我印象很深。我的工作好,组织上没话讲。但心中总是格格不入。对毛泽东一边倒向苏联,苏联对我国的剥削,很有看法。二战以后本来是和平发展时期,但毛抓阶级斗争。铁一中反右时,把一些老师划为右派,一些老师不够条件划右,也横遭打击,被逼大会检查,接受批判等。我对他们很同情。如曹德荣,何文正,他们人品好,学问好,是学校的肱股之臣,他们被打击,为哪般呀!

这样的形势下,我对那些官僚看不上眼。在学校里,我和郑××、胡××、陈××、杨××几个老师比较投合,在一起看参考消息,议论时政。

这就是身份的认同感。这就是所谓阶级斗争,祸国害民的理论。

这种情况下,运动一来,就胆战心惊。我感到自己已没有了人生理想,只是为一口饭活着,为五斗米折腰。尽管如此,1966年初,我还是和学校的党支部书记李金根闹翻了,随即被贬到铁二中。

事情是这样的:1964、1965两年,福建连续遭受大风灾,大水灾,我一直寄钱回去。哥哥接收到钱就回信。但有段时间不知为什么,他连续两个月没有回信。我心中不安,到邮局打电报:"安否?速来信。"回来的路上,在铁三小处遇到李金根,他问我到哪里去了,我说去打电报。到了1966年,在一次教职工大会上,李金根说:"国民党要反攻大陆的时候,我校也很不平静……"下面就有人写字条,问我校出了什么事。李说:"有人打电报,向蒋介石通话,要求蒋介石打回来……"这真是天大的新闻，学校一下子轰动了。

回到宿舍，我对同寝室的杨桐老师讲，这人是谁呀，这么大胆。渐渐的，我想到自己前一两年打电报的事，告诉杨桐，他说："这非同小可，你要去澄清。"

第二天，我找到李书记处，问他："昨天你说得给蒋介石打电报的事，究竟是怎么回事？说的是谁？"

他当时正在喝茶，把茶杯一放，说："你做贼心虚！"

我解释说不是那么回事。他把桌子一拍，说："你诡辩！"

我也火起来，把凳子一摔，说："你有能耐就喊公安局来抓我！"

我走了以后，他不敢怎样。但两天之后，一纸调令，把我调到铁二中。我不服气，找到铁路局教育处处长孙德福，把这事情讲了。

但木已成舟，孙也只好息事宁人，我不去也得去。这样，我1966年春季到了铁二中。

文化革命开始，我们不知道这文革要怎样搞。就和吴学忠、胡信昌等十三个老师一起，徒步长征。1966年十月7号，我们胸前挂着毛主席像章，背后背着毛主席语录，在铁路局新楼，铁路局副局长陈新民接见了我们，送我们从少年宫上路。我们沿着湘桂线走到衡阳，从那里插小路到韶山朝圣。从那里走到长沙，沿铁路线走到岳阳，从城临矶到洪湖，从那里过长江到嘉鱼，再走到武汉以后，就又沿着铁路线一直走到北京。一共走了三个月，没有一步路坐车。

在这一过程中，沿途不断听到这样那样的消息，打倒刘少奇了，又出来一个"百丑图"，江青冒出来了，林彪炙手可热……到北京后，几乎已看不到商店，全是红海洋，个人崇拜登峰造极。

我渐渐地觉得有些不对头。制造个人迷信，这不是愚民政策吗？在此之前，我最反对愚民政策，什么"民可使由之，不可使知之"之类。再说江青，我知道她结婚的时候是有约法三章的，不许介入政治，现在变成了两人开夫妻店，不是好事……还有有人自称喜欢搞阳谋，现在是不是又是阳谋呢？我觉得搞政治斗争不应该这么搞。这些话都不敢公开讲，私下里叨咕一下。

朝圣回来后，柳州已分成两派。其中一派多系自恃出身好的人，盲从，没有独立思考精神。而工机联这派比较能独立思考。联合战队的头头许多和我关系很好，我就参加了工机联。

文革中，我主要在铁一中活动。我对这里更熟悉，特别是崇拜联合战队的学生。我曾长期在这里任教，感到学生中的人才都在这一边，他们独立思考，思想活跃。一开始的时候，我和他们一起，努力学习毛泽东著作，极力地去理解"无产阶级专政下继续革命的理论"，理解"无产阶级和资产阶级两个阶级、两条路线、两个司令部的斗争"。很喜欢和学生一起交谈，讨论。

整个文革中，我可以说都有所怀疑，有所思考，但生活所迫，我不敢像张志新那样直言不讳。

"7.3布告"后不久，工宣队进校，把我揪出来了。认为我是《今日的哥达纲领》的黑手，反反复复的追查审讯。工宣队和保守派学生把我双手反绑，吊在房梁上，用鞭子狠抽10下，又继续逼供……后来又把我关到运校，韩某某亲自来审问我。一开头他狐假虎威，虚张声势，打着官腔问了几句："你叫什么名字呀？""党的政策是坦白从宽，抗拒从严……"然后桌子一拍，声色俱厉的大喝一声："你什么时候参加的国民党？"

我先是一愣，随即哈哈大笑——解放前我才多少岁呀！1949年我才12岁！于是我说："解放的时候我才12岁，想参加童子军都参加不了……"

他只好找话下台："我说你反动就反动吧，那么小就想参加童子军！"

像这种采用恫吓，诱惑等手段，试图制造假案以谋求政绩的事，当年很多。铁一中追查"五一六"的时候，对四二二派教师反复使用这套手法，使人精神几近错乱。有人经受不住，承认自己是"五一六"分子，并煞有介事的编出介绍人是谁，宣誓词是什么，又发展了谁谁等等，牵连其他一批人挨整。而这人的"从宽"马上兑现，立即宣布解放，恢复自由，以后又结合进领导班子。

文革用这套扭曲和摧残人性的办法整人，造成了许多的悲剧。铁二中斗了我一段后，又用手铐铐着我，押回铁一中斗争。把我、吴学忠、郑志岱、胡信昌等打成反革命小集团，逼跪成一排。为了摧毁我们的意志，逼胡信昌的女友小黎老师"控诉"胡信昌，回去后，小黎老师蒙在被子里大哭一场。以后两人被迫劳燕分飞。直到晚年，胡老师已调往上海，仍对黎老师牵挂不已。

我的心态较好，我看穿了他们，对那套不以为然。他们摧残我，我不从精神上摧残自己。抓回铁一中后，东方红公社的头头王某某抓我戴高帽子游街，我觉得滑稽，趁他不注意，摘下帽子偷偷发笑。他走过来一脚把我踢倒在地，但在精神上无法制服我。

整我不下来，他们恨极了我。铁一中校长雷扶九被逼自杀后，他们问我："你想不想死？你怎么不去自杀？"竟然希望和暗示手下的批斗对象去自杀，这说明死个把人，对于他们完全不算回事，甚至可能成为他们斗争坚决的印证，他们才会这样说。何等的残酷！何等的冷血！

抓"五一六"时，我长期被关在运校。1971年"9.13"后的国庆节，没有游行，也没有集会，什么庆祝活动也没有。我感到非常的奇怪。但是我们什么消息也没有，不许我们看报，更不许听广播，也没有人跟我们传达。我很想到外面去看看到底发生了什么事。我先把窗户的一根栏杆弄断，然后小心地把它复原成原来的状态。又放下窗帘，遮挡住。入夜，我把床上的蚊帐放下来，又在床前摆一双拖鞋，做出有人睡在床上的样子。然后从窗口爬出，从后门跑出院子，翻过运校的围墙，落荒而逃。一路跑到我女友的弟弟家。弟弟见了我大吃一惊，问"你怎么来的？"我顾不上讲自己的情况，急忙问："外面发生了什么事？"他说："林彪死了。"我又问："怎么死的？"他简单讲了两句，我就急忙返回。又翻墙回去。有人发现追了过来，我又从窗口钻进房间，追来的人没有发现我。我一晚上高兴的没有睡着觉。

第二天，我找工宣队员，说我要写检查，要查林副主席的话。他说没有带来。我说请你下午带来。到下午他说忘记了，一天天地拖，都说忘记了。于是我确认林彪的确出问题了，他的语录被收回去了。

刘少奇被打倒的时候，他的《论共产党员的修养》就被收回。

第二天我写了一份检查，说自己再三反思，自己的罪行中，"对林彪的污蔑"这一部分，从内心接受不了，请给我解释一下。以后一个星期他们见到我都视而不见。

又过了两天，一个人来找我谈话，说："你写的东西看到了。你跟外面有什么联系？"

我说："我关在这里，怎么联系？"

"你为什么写这东西？"

"我认不了罪。历史上的确是这样，林彪不是南昌起义的领导者，他当时只是个连长……"

他没话说，就向我宣布："我代表处党委——你只许听不许问——你罪恶很大，但讲林彪的话不算错……但是你必须好好改造……"又过了几天，对我们宣布："党对知识分子的政策，是团结教育改造，你们给我种菜去……"我们走出牢房种菜去了，又过了半个月，就放了回去。

我被定性为"现行反革命分子"，罪行是"恶毒攻击与毛主席为首，林副主席为副的无产阶级司令部"攻击中央文革小组"。结论是1973年由地铁处党委宣布的。后于1979年平反。

改革开放后，我陆续地读了很多书，如辛子陵的《红太阳是怎样升起的》等。我都作了详细的笔记。这些书让我知道了许多历史真相，也促使我新的思考。中国近当代有很多机会，可以走上世界的前列。但都被改变了。把整个国家民族拖进文革深渊的始作俑者是千古罪人。文革的事，始作俑者的事搞清楚了，文革自然清楚。现在年轻人对文革都不了解，以至于薄某某在重庆又搞了一次小文革。

我心中有憾的是，教了一辈子历史，都是为高考服务，都是讲的胜利者的历史，失真之处很多。如果再有机会，我一定要向学生讲真实的历史。

我的文革经历

张传诚

张传诚（1943.9— ）1961 年高中毕业于柳铁一中。1962 年在柳铁林场做临时工。1963 年到柳铁建工段做合同工，1972 年转为正式工。文革期间 1968 年 7 月被无端拘捕，关押在柳铁看守所。1969 年无任何结论获释，回原单位工作。1972 年 2 月大会宣布平反补发工资，同时宣布任工长。1985 年调柳铁第一工程段任材料员。1987 年一月加入中国共产党。1989 年任第一工程队三队队长，党支部副书记。1995 年任段离退休办公室主任，支部书记。从 1979 年起连年荣获段和柳铁工程处先进工作者、优秀共产党员等奖励。所在退休办多次被柳州铁路局评为先进退休办，本人多次被评为"热心老龄退管工作的好干部"。2003 年退休。

我怎样参加文革的呢？

简单地说，我参加文革是想为父亲翻案。

我父亲出生在辽宁盘锦，家里很穷，只读了几年私塾，就不得不辍学，去给地主放猪。每天把猪放到野地里，很辛苦。天寒地冻的时候更是受不了，还要挨地主的打骂。十三岁那年，他离家逃跑了。先是到黑龙江省海轮铁路上做擦车夫(童工)，后来学会了修车，当验车匠(现称车辆钳工)。日本鬼子到东北后，父亲和一部分不愿意当亡国奴的铁路工人一起，往南方逃，一直到贵州独山才止住脚。后来在独山铁路车房工作。他善于修车，是个好工匠，先当领班，后来又自己学了点文化，提升为监工（现称车间主任）。解放前夕，上面说都要加入国民党，否则不发给免票，也不给涨工资。父亲就和独山车房的全体工友一起集体加入了国民党。但从没有交过党费，也没有领过证件。只过了四五个月，独山就解放了。

一解放，父亲就向领导交代了集体加入国民党的问题，也没有受到任何处分。

后来父亲从独山调到柳州铁路车辆段，后来又调到柳州铁路局车辆处任技术员。再调到南宁铁路车辆段。1956年柳州铁路司机学校成立，父亲又调入该校任机车车辆教员。

1957—1958年间，父亲利用假期回东北探亲。发现当地各家各户都不得开火做饭，必须砸了铁锅，集中到食堂吃饭。家乡土地较多，农户住所分散，到食堂吃完饭后再下地干活，干不了多少活儿，又得走很远的路去吃饭，如此折腾，时间都花在往返的路上了，农活干得少，人还累得够呛。回柳州后就和人说起这事，说"人民公社这集体食堂看来办得不咋地。"有人叫他不要再讲，他说这是事实，"真的办得不好"。领导找他谈话，他也坚持，引起领导气愤。

到了反右的时候，先要给他定成右派，但他文化太低（据说政策规定高中毕业以上才行），要定他消极怠工破坏生产也不行，他无论在哪个单位，干出来的工作可以说都是漂亮的，没有瑕疵。后来调查他的历史，发现他加入过国民党，又是监工，就怀疑他担任过国民党的党务工作。又有人揭发他是东南特区的区分部书记，领导就叫他交代问题。父亲一气之下就上了北京，到铁道部告状。回柳之后不久，就被送到来宾古瓦农场劳动教养。后来又转到柳州新兴农场劳教。劳教期间，父亲一直不停地写信，向有关部门申诉，自己从没有当过国民党区分部书记，也没有当过区分部委员，请求查实。1963年被释放回家，没有安排工作。

人虽回来，问题却没有明确答复。于是父亲到家休息几天之后，又到北京铁道部去反映问题。从北京回来后没几天，就被公安局抓进了拘留所，说他违反了社会治安。拘留一段时间放回来，没过几天，他又去北京告状。回来后又再次被拘留,再次放回来又去北京状……如此反复多次后,他再去上告后,公安部门不再拘留他了,但他的上告也始终没有任何结果。他长时间失去了工作,失去了生活来源。

直到1979年5月,柳铁公安处才给他宣布平反,宣布他不是国民党区分部书记,连区分部委员也没有干过。重新分给了住房,安排在司机学校退休。对于从1958年到1979年22年间受冤枉停发的工资,只发给了三千元的生活补贴,说文革期间的冤案太多了,原来财政准备的钱远远不够给所扣的工资全补,以前的情况就只好酌情发给生活困难补贴了。对此父亲还是很感动。

我的父亲,一个无论是解放前还是解放后都是一名优秀的铁路员工,对铁路事业做出过应有贡献的人,就这样受了二十二年的打击迫害,巨大的身心摧残难以平复。但即便如此,平反处理时,当问及他还有什么要求时,这个已经七十多岁的老人只提出,希望让他再回学校带几批学生,浪费的时间实在太多了。这个回答,让宣布平反的工作人员都大为感慨。

我感到父亲真是一个好人。这样一个好人,却受了那么多年的无端迫害,真是不合理。

父亲冤案下的一家

解放后我们一家仅靠父亲一人工资养活全家八口人(六个孩子),拮据是必然的。但随着哥哥姐姐长大,情况渐次好转,到父亲出事前,大哥已作为积极分子被调往青岛四方机车车辆工厂工作,每月可以寄钱回家,二哥也已在马尾铁路机务段工作。姐姐在柳州医专读书,食宿费用全免。学校分给父亲位于文化区67号的一套住房,有三间卧室,一间厨房,一个储藏室。父亲一被抓走,我们就被从67号赶出来,搬进39号。这里只有一卧一厨两房,家里东西都放不下。接着,大哥听说父亲出事,急忙从四方赶回柳州,试图找人帮忙解决。谁知被说成坚持父亲反动立场,不请假(事实是请了假但超过了几天)回来帮反革命父亲翻案,以此为由解除了他的工作。于是我和母亲、两个弟弟及二哥五个人，只能靠二哥的 40 多元工资生活。为了维持生计，母亲帮人洗衣服，缝被子，弟弟挖地种菜，有时到菜场捡菜皮。

1959 年我就不再上学，到处找工作，但到处碰壁。一次听说邮局招人，我跑去对他们说，只要每月给我十五元，当个送信的邮递员就行。他们问了我的家庭情况，事情马上泡汤。几经曲折，才在铁路农场找到一份月收入 24 元的临时工作。

做临工时认识一位朋友，说我家的问题关键是要把父亲的错案翻过来。但你不能自己写信向单位反映，那样又会多一个为父亲翻案的小罪犯。他鼓励我考大学，考政法系，将来当法官。我于是没日没夜的读书，参加了 1961、1962 两届高考，两次志愿填的都是中国人民大学政法系，想将来当个法官，公正断案，决不错判，伤害好人。两次考得都很好。特别是第二次，我做了极其充分的准备，但两次都落榜了。落榜后有人问我你报的什么学校，我如实回答。他们说，你这样的家庭背景竟想上中国人民大学，真是痴得可以。就凭你这种蠢想法就不能录你。

到了 1963 年，柳州铁路局第一建工段招合同工，月薪 31.8 元。这比我的原有工资高出 7 元 8 角。这对我是个多么大的诱惑！我立即报名，被录取。工作是普工。我边做边学技术，两年后就成为瓦工师傅。然后又学会了看施工图纸，对房屋建筑越懂越多。

参加文革

父亲的事时刻压在我心里。我想，涉及的事其实很简单：人民公社的事，派个人到父亲老家去一趟，就可以明白公社办集体食堂究竟好不好。历史问题，1958 年离 1949 年不到十年，当年的同事都还健在，敌伪档案也容易查找，父亲是不是国民党区分部书记一查就清楚，怎么一有人诬告就抓人，抓了又不正式宣判，还不断这里那里的把人送劳教……

文革开始了，到处宣传这次运动的重点是整党内走资本主义当权派。我感到一下子豁然开朗：原来中央有两个司令部！毛主席说的话有人不听！给我父亲办错案的一定是走资派，是资产阶级司令部的人。我决定参加造反派，对走资派造反，保卫毛主席的革命路线。我想，只要打垮了反动路线，父亲的问题就一定会得到查清，坏人就能够清理出来。于是我带头在单位成立了"五敢"战斗队。

造谁的反呢？我们觉得党委书记和段长都不像坏人，讨论来讨论去，大家都感到合同工制度太不合理——

做同样的事情，合同工没有免票（铁路上供职工出差和探亲等外出时使用的免费乘车证），因工地转移必须出差时，合同工必须把姓名写在纸条上附在正式工的免票上随行；

合同工不能单独开具出差证明；

合同工没有外地施工津贴；

合同工不发给工作服；

合同工没有外出观摩学习、进修、培训的机会；

没有加入工会的权利；

更没有入团、入党、升职、转干的机会；

没有职工医疗证；

没有分配住房的权利；

合同工不论你如何努力，也不能改变你的工种和职务。即使你实际上已经当上了瓦工师傅，木工师傅等技术工人，你的工种仍旧永远只是合同制的普工。

合同工没有决定自己工作单位的权利。你今年被招聘在这里，明年是否还用你，完全由单位说了算。如果还要使用你，你想到别处找工作，他说你违法合同，其他愿意接受你的单位是非法用工；他不用你了，你想留也不行，他说社会主义建设暂时不需要。

合同工没有通勤票，节假日在外地加班，正式工可以凭票免费乘火车回家和家人团聚，合同工只能厮守工地，，要回家的自己花钱买票。往返一趟，一个月的工资就基本泡汤。

如此种种。

我们决定造反就从这里开始。我所在的工班32人中17个是合同工，一建段合同工约有300多人。一经发起，大家齐声相应。大家推选我和几个工友到上级单位工程处劳资科反映合同工制度的不合理。那时文革刚开始，一交锋，科里的人吓得赶快声称同情我们，但他们无权，要铁路局劳资处下文才行。

我回来找大家酝酿几天后，大家又推举我和另外三个工友作为请愿谈判代表，到铁路局请愿谈判。大家约法三章：一、纪律严明，入铁路局后不得损坏任何物品；二、由代表找劳资处领导谈判，其他人列队等候，不七嘴八舌，不喧哗；三、谈判期间由选出的通讯员向大家传递谈判进展情况，适时呼喊预先拟好的口号，如"公平对待合同工！""合同工也是工人阶级的一部分！""合同工应有长期参加革命工作的权利！""砸烂反动的合同工制度！""打倒支持合同工制度的走资派！"等。准备就绪，我们一支三百多人的队伍就到了铁路局。

一开始，劳资处只是派一般工作人员接待我们，不把我们当回事儿。反复强调这是国家政策，自有道理，等等。我们列举事实，那人败下阵去，又换了一个姓马的继续来谈。三个小时内，合同工代表据理力争，300多人围坐楼下。随着通讯员不断地传递消息，群情激奋，口号声不断，但队伍不乱。最后结果，劳资处也认为合同工制度不合理，同意我们派代表去北京铁道部劳资局反映问题。

几天后，我又和另外两位合同工作为柳州铁路局合同工代表赴北京，我是全柳州局第一个拿到公差免票公差出差证的合同工。到铁道部后，招待所已全部爆满，我们被安排在部小礼堂，每人一个床垫，一条毯子，打地铺，这里也已住得满满的了。每天免费餐票三张，可以饱肚。

到铁道部第三天通知接见。接见共进行了三天。我发言时除了陈述合同工的不公平待遇，还讲了这么一个故事：一次我们在一个小站施工时，火车拉来一车皮纸袋水泥，正巧天下大雨。如不及时搬进工地临时库房，几十吨水泥就会全部报废。领导号召大家抢搬，但几个年纪较大的合同工就是不动。后来又提出搬一袋要给一角钱，领导答应才搬。我说那不是国家财产吗?怎能不抢救?他们说:"傻×,水泥是国家的,身体是自己的,水泥损失与你无关,你淋雨淋坏了身体,单位一脚把你踢出去,你找谁去?谁还会用你?"我以这个故事说明,合同工制度会导致一大批人因为被国家歧视而产生雇佣思想,进而对社会产生逆反心理。

负责接待我们的一个同志说:"小同志,你们反映的合同工待遇问题和对这个问题的看法,很值得深思。但现在不是解决问题时候,只有到文革后期再说了。"边说他边打开一扇窗户,让我们看见楼下的大马路上,有人正在刷大标语:"打倒吕正操!""火烧武竟天!"临别他给了我他的电话号码。说以后有事可以找他联系。

说明一下:到1972年,我们一建段的合同工一起转为了铁路正式员工。

三次请愿,我们都请了假,只有到铁路局那次,因为人太多,没有批准。但单位领导也没有为难我们,事后算了出勤,到北京这次还破天荒地领到了出差费。

文革蒙冤

从北京回到柳州,一共才离开十七天,但回来一看,段里已经大变样。到处贴满了大字报,柳州市和铁路地区各单位都分成两派。我看了许久两派的大字报后,决定参加工人造反派。但是给自己定下几条,一是绝不做偷鸡摸狗,打人伤人等违法的事;二是不随便喊打倒谁的口号,不污蔑任何人,要喊口号必有根据。我是一个处于最底层的小小合同工,观点又不激进,照说不会冒头。但因为合同工的问题,整个"五敢"战斗队全部参加了工人总部,我还是被选为一建段工总的小头头。但是根据我自己定的原则,一个小合同工能有多少根据去批斗谁呢?这一段基本没做什么事。

后来,两派对立越来越严重,直至动起枪来。

我的二哥是钢联指派的。他参加钢联指的原因,是他看到本单位参加钢联指的干部居多,而参加工总的工人居多,而民总是斗不过官的。两派斗争,从长远看,钢联指获胜的可能性大。兄弟观点不同,在家也有交锋。一次他说,铁路文化宫(当时是工机联的总部所在地)的水牢里关押着钢联指的人。我一听就知道这是有人蓄意造谣的,文化宫根本就没有什么水牢,连抓人都没有。于是我带了哥哥到文化宫去看,陪着他到处找,最终没有找到。他才觉察倒是受了他们头头的骗。这段时间类似这样耸人听闻又纯属无稽之谈的谣言很多。

兄弟观点虽不同,亲情犹在。这时间他叫我别住在家里了,他说钢联指已在铁二中和机电厂设立武斗据点,盘查过往行人。我从文化区(我家住址)往外走必须经过这两个据点之间的和平路,万一被盘问到是四二二的,被抓起来就麻烦了。到了五月份,钢联指果然到文化区来抓人。我接受了哥哥的意见。但我没有其他去处,就和工友魏玉良一起住到文化宫去了。住在大厅上楼西头的那间小房子里。

1968年六月一日,柳铁地区的钢联指在统一部署下,包括妇孺老幼,一日之中全部撤往柳北地区。从此柳铁两派形成隔江而治的局面。

1968年7月中旬,中央解决广西两派问题,将两派负责人都集中到了北京办学习班。我们这派的负责人和家中没有任何联系。7月25日传来的消息对我们很不利,说他们被抓了等等(后来证明是事实)。我们的队伍渐次散了。交枪也已经完毕。我还挂念着文革这些事,不知会怎样结束。不知何故柳铁军管会派了二三十个解放军战士,全副武装驻在文化宫。

7月30日,头头在北京被抓的消息传来几天了,整个组织人心惶惶,枪支弹药已经全部收缴完毕。这天,我和魏玉良在午睡中被吵闹声惊醒。起来一看,楼梯口下面有无数的人,拿着铁棍木棒,还有大量的石头和砖头,匕首,叫喊着拼命地往上冲。楼上的人把桌子椅子破木头烂板子等往下砸。又跑到东头楼梯口一看,情况完全一样。七八个解放军战士全副武装地站在楼上守着,大声喊着不许楼下的人往上冲,这边楼上的群众也用桌椅来阻挡。从窗口往外看,文化宫外面到处是拿着铁棍木棒的人,公路上还有整队整队狂喊着的人群,简直成千上万,而文化宫内的人群很少,全加起来也不到200,而且赤手空拳,一旦桌椅丢尽,再无东西可用。好在这样的时间持续不长,否则解放军战士也会顶不住了。

不知何故,忽然攻击的人群一下子全部停止了攻击,连文化宫外面和马路上的人群也撤得干干净净。我下楼一看,进大门通讯班停放的十几部自行车全被砸坏,车的内外胎全被锋利的刀具割成一条条的胶带,楼下所有床单上的蚊帐被褥毯子,全被利器划成布条条,医务室内所有药瓶全被砸碎,各种药品洒落一地。楼下凡可以打碎的东西无一幸免。

问了一下情况,说是几个红卫兵小姑娘站在文化宫大门口卖《工机联战报》,门前公路上走过来一大队游行示威的钢联指队伍,队伍中突然有人朝红卫兵喊"受蒙蔽无罪,反戈一击有功",那几个红卫兵女孩子也朝队伍喊同样的口号,队伍中就有人拿着木棒铁棍朝文化宫冲了过来。那几个女孩子一看,急忙跑回文化宫,一边跑一边大喊报警。队伍中大批人员接着冲了进来,惨案随即发生,楼下没来得及撤到楼上的工机联人,不论男女老幼全部被打伤,一个名叫左治平的工人被活活打死。

大家正在议论此事时,就得到通知,任何在文化宫内的人不准外出。一看,大门口都站上了解放军战士。不一会儿就有人通知全部到电影厅楼座集中开会。人们到齐后,一个着便衣的人宣布开会,要求大家揭发这次武斗的挑起者。他说,根据可靠消息,钢联指的游行队伍经过文化宫时,有人在文化宫楼上向队伍扔石头,打伤了人,引起队伍的人愤怒,于是冲进文化宫。看来这是工机联蓄谋已久挑起武斗,阻止两派大联合的行动。一定还要把这个人抓出来,他就是今天的杀人凶手。人们莫名其妙,一时间议论纷纷,但谁也没有看见有人丢了石头。

我当时心里很激动,就质问这个想在文化宫内抓凶手的人:一,两边的人发生武斗,为什么把冲进来的人全放跑,只在一边找凶手,凶手如果不在我们这边,你不是把凶手放跑了吗?二、文化宫内住的不只是工机联的人,几天前就进驻了二三十个解放军,如果文化宫有密谋，他们能不知道吗？三、你到现场看一看，工机联人有什么武器，一根铁棍，一把尖刀都没有、楼上石头砖块都没有，这像是准备打架的样子吗？四、你问问现场的解放军，冲进文化宫的联指是不是拿着铁棍木棒，砖头石块，楼下那些被划成胶条的自行车车胎，被割成布条的卧具，没有锋利的刀具行吗？五、冲进文化宫和围在文化宫外面的人起码有几千，如果没有预先约定的进退号令，能在短时间内说进就进一大群，说退就一下子退的精光吗？这些都说明游行队伍中早有人预先谋划，不然带着凶器干什么？毛主席的教导我们说，"没有调查就没有发言权"，你应该按毛主席的教导，把这次攻打文化宫的策划者抓出来，把杀人凶手抓出来。当时我很生气也很激动，但不容我们争论。广播员也出来说话，说至少应该在两边调查，抓凶手。大家为我鼓掌，高呼口号"严惩杀人凶手！"

　　他们说你不要讲了，你们的头头在北京被抓了，你也要去学习班。那人又询问了几个参加开会的人，也问了解放军战士，最终没有一个人能说出他说的那个扔石头砸游行队伍的人，只好悻悻离去。但文化宫门口站岗的解放军战士仍未撤离，部队说要调查，不许文化宫内的工机联人员外出。

　　到了晚上七点左右，又来了几个着便衣的人，叫我和文化宫内另外两个人（均为男性，我不认识）过去，说送我们到毛泽东思想学习班学习。我们跟他们走到楼下大门口，突然又涌上来几个人，扭住我们三人的双手，用绳子捆起来，扔在蒙着篷布的解放军卡车里。汽车拉着我们转了许多圈，我们在里面完全看不到外面，不知道到了那里。好像转了几个地方才停下来。我们被解开绳子一看，才知道是到了柳州铁路看守所，说是军管会送来的。要我们签字，我不签。被关进8号牢房，从此没有名姓，有事只叫"89号"。

　　我气得要死，天天报告公安看守，要军管来说个道理。一连十几天没有任何回答。我就对公安说，军管再不来人，你们就不要送饭给我了，我绝食了。同监的一个小伙子，样子像个大学生，名叫杜江，他对我说，千万别干傻事，饿坏了自己白死，只有好好活着才能把事情搞清楚。

又过了一些日子，有人来提审了。问的问题是我对父亲到处告状的看法。我说，父亲上告党的上级机关，要求搞清楚他的问题是他的权利。我作为儿女，只是希望尽快有个实事求是的结果。他的事我不清楚，他不让我们参与，我也用不着去参与。又过了许久，来人叫我谈对王反修带领工机联人抢夺援越子弹的看法，我说文化革命有一个特殊的大环境，为什么要抢，王反修他们应该有一个说法。此事我没有参与，完全不知情。

他们继续到处查我的问题。有人反映说，当时我们这边武斗中死了的人，埋在铁一中，当时我去了，帮那些死者换衣服，在他们胸前别毛主席像章。后来他们把这坟挖了，隔了几个月遗体已腐烂，像章被污染。再提审，他们就抓住这事对我做工作，当时我对此事记忆已模糊，来人对我"谆谆善诱"说，"你想一想，尸体埋放几个月后会是怎么样，伟大领袖的像章会搁置在什么样的地方……你想想，你这是做了什么事，是不是侮辱了毛主席的像……"我差点就要顺着他们的思路回答，忽然想到狱友邓承钢对我的告诫："遇到提审千万不要顺着杆子爬，越是古怪的问题越是不要马上回答，好好想想再说。"于是我才意识到他们是想引我上钩，说出像章会随着尸体腐烂，而放置在十分污秽肮脏的地方，从而构成侮辱伟大领袖的罪行。想明白了，我就没有顺着他们的话说，我说，参加武斗而死难的人，都是响应伟大领袖的号召参加文化大革命的，他们用年轻的生命向世人证明了他们兑现了"誓死保卫毛主席"的诺言。我们常在电影上看到，许多为革命牺牲了的同志，都会在他们的遗体上覆盖一面党旗。同样，这位烈士最崇敬的就是毛主席，在他的遗体上挂上毛主席像章，是对遇难者最大的褒奖和慰藉。他们无话可说，以后再没提审。

一直关我到1969年10月，我被放回原单位工作。抓我进去没有任何文字说明，放我出来也没有任何文字结论给本人。我要求给个书面材料，至少说清楚为什么抓，为什么放我，都没有答复。只说要我多理解，这是群众运动。从进去到出来也就问了我上面三件事，而引起事情的文化宫打死人抓凶手的事，却没一次提起。倒是每次都由我来追问：策划者到底是谁，杀人凶手到底抓到没有，提审的人从没有应答。

直到我放出来后,才听说被打死的人是柳州东站的职工,名叫左治平。后来大约赔了他的家属 600 元钱,抓了打他的几个凶手,没听说做了什么处理。当年这样的事太多。

爱情故事

回到单位后,正常上班。虽然我蒙冤被抓,弄得不清不白,但我坚信自己不是坏人,工作一如既往,勤勤恳恳,兢兢业业,在自己看来,工作也还算顺利。

1972 年,从铁路局机关派来一个工作组。其中有个年轻女孩子,是铁路局机关办公室的打字员,年纪比我小十岁。组织上把她派到我所在的班组,任务就是搞社教。我曾被拘留,是组织上要求她监视控的对象。

她看了我一段,觉得我的工作表现都好,就向组织汇报,说我没有问题。组织上说,"你不要丧失立场,他隐藏很深。你继续观察。"

她又继续观察。还是没有发现我什么问题。又正逢上我被选为工人理论辅导员,评为单位上的先进生产者,她于是再次向组织汇报,说我没有问题。因此组织上说她丧失了阶级立场。

由于我俩都是未婚青年男女,单位上渐渐的传出风言风语,说我俩在谈恋爱。但我觉得这不可能。她是工作队员,我是被监控对象;她是一个机关工作人员,我是一个泥水匠。但我坚信自己是好人。我把情况告诉她,让她不要再和我来往,但是她坚持和我来往。

组织上给她做工作,要她不要和我来往,她不听。

于是,组织上惩罚她,不让她做打字员了,把她调到铁路钢厂,去做洗煤工。每天要穿着高高的套靴,站在湿漉漉的地上,不断地往传送带上铲煤清洗,劳动强度很大,既脏且累,是一个柔弱的年轻女孩难以承受的。但她默默地咬着牙挺着,不求饶,也不改变自己的初衷。

我看到这个情景,就劝她,"你另外找一个人吧,这工作太苦了。"

但是她坚定不移。在这种情况下,我感到如果再不接受她的爱,就太对不起她了。于是我们筹备结婚。

这遭到她父亲的坚决反对——这很可以理解,谁愿意自己的作为工作队员的女儿,嫁给她监控的对象呢?谁愿意自己的女儿嫁给一个政治面貌不清的人呢?于是他父亲常常把她锁在家里,不让她出来和我见面。

到了结婚那天,我请了三四十个好友,在家摆了四桌,准备缺人也办酒。

女友的父亲知道这件事后,坚决不同意,把她锁在家里,把大门也紧紧地关住。

到了酒宴快要开始的时候,忽然有朋友问:"新娘子呢?"我只好讲了实话。

朋友中有位辽宁人,是我的老乡,名叫宝臣,他说:"这怎么成?走,咱们去把新娘子接回来。"

于是三四十个朋友一起出发,由宝臣带路,一直来到岳父家。

由于一直没见动静,岳父放松了警惕,大门只是虚掩着。宝臣他们一下就把门给推开了,岳父问他:"你们找谁?"

"找某某某。"宝臣说出我妻子的名字。

"找她干什么?"

"她今天结婚,接她去做新娘子。"

"她不能去,我不同意。"

"婚姻自主,恋爱自由。您这样做是不对的……"双方争论起来。

女友在房间里听到争吵的声音,就走了出来。我在外面用单车把她接走了。当时她只穿了一双拖鞋。

这事很快传开来,被人说得有声有色,说是"地主崽子抢婚"。

婚后,我没有辜负妻子的期望,工作勤勤恳恳,平反后很快当了工长,入了党,提升为工程队长。后来又担任了支部书记。妻子也调入学校工作。几十年来,我和妻子互敬互爱,直到晚年,生活十分和谐美满。婚后有一个女儿,也很优秀,现在在桂林工作。

平反

1979年春节前,单位给了我一份平反文件,大意是：张传成同志在文化大革命中犯有一定错误,但不构成犯罪,公安处给予其拘留处分属于过重,现宣布平反,补发其关押期间扣发的全部工资。落款是"柳铁工程处党委"。

这份文件说我"犯有一定错误",这不符合事实。我被抓完全是无辜的,我感到这是为乱抓我找理由,我不愿意接受。

但究竟接不接受,我心里也忐忑。当时大量的人蒙冤,沉冤莫白,有平反总比没有平反好。假如我拒绝了,以后他们就置之不理呢？

对于这不实的结论究竟接不接受,我去找周大荟和苍惠恩商量过。老苍说,你先把补发的工资拿到,以便使平反成为事实,再慢慢争取使结论符合事实。

但我想,你接受就是整体接受了,黑纸白字,以后会更没有办法。于是我要求他们写明"一定错误"的内容,否则这份文件我不接受。

他们写不出。一星期后又重发文件如下：

张传成同志响应伟大领袖毛主席号召积极参加文化大革命,在群众运动中犯了一些错误,但公安处处理过重,现宣布平反。平反文件在职工大会上宣读。补发关押期间扣发的全部工资。

对此我仍不同意,不签字。

处党委李宝德亲自找我谈话。我要他说出文革我所犯的错误究竟是什么,他说不出。最后他说："毛主席都说每个人都会犯错误,难道你张传成就一点错误都不犯？"

我反问他："你李书记也不会一点错误都不犯吧？你的档案里有没有在文革中犯了一些错误的记载？"

他无言以对。最后他问我："你想要一个什么样的平反结论？"

我说，我要实事求是的结论。如果我有错，你们就将什么错写清楚；如果没有错，你们就不能留下我有错，让别人去猜想这样的尾巴。

他回去后，把我的结论改为"犯了一些一般性错误"。我还是不接受。没办法，最后终于把"犯了错误"这不实之词去掉了。

1979年三月初，第三份平反通知下达，大意是：张传成同志响应伟大领袖毛主席号召积极参加文化大革命，于1968年7月30日被柳铁军管会抓进柳铁看守所至1969年10月×日，受到了不应该的处分，现宣布平反，补发关押期间的全部工资，此平反文件在大会上宣读。

我接受了这份文件，领取了扣发的工资，并要求查看档案。档案里明确写着我属于"23种人"，只能使用不能重用。平反前我很多年都是先进工作者，档案中没有记载；我是工长，也没有记载，说因为我是"代"工长。这些情况，我都是在平反时才知道。

此次有关黑材料得以连同其他诸如"为父亲鸣冤叫屈，企图翻案"之类的东西一并抽出，一起付之一炬。

随着四人帮的倒台，党的十一届三中全会的召开，形势越来越好。我衷心拥护以经济建设为中心取代阶级斗争为纲的做法，唯愿大家本来同是一样的中国人团结在一起，集中力量把经济搞上去，切实改善老百姓的生活。我愿意为这样的目标努力奋斗。

1979年5月，我四年的"代工长"头上的"带"字去掉了，下令成了工长。

1985年下令担任材料员。

1987年加入了中国共产党。

1989年提升为施工队长，兼党支部书记。

我的丈夫吴根深

向君桃

向君桃（1932— ）原为纺织工人。文革中系柳铁工机联家属总部成员，参加过一些群众集会和游行。丈夫吴根深于1968年5月被对方群众组织绑架杀害。后历尽艰难为丈夫上诉伸冤，独自一人将三个[1]年幼的孩子抚养成人。

我老吴原来是柳铁建工队一建段技术员，中专学历，毕业于衡阳铁路技术学校，是铁路保送去的。他是那里的高才生。毕业时本来分到广州局，后来支援广西建设，又调到了柳州。

文革中，他参加柳铁工机联。他是一个性格温和，办事稳当的人，在工务段又算有文化的，被单位群众选为造反派负责人。1968年4月，由柳铁军管会指定，作为工机联代表赴北京参加"全国铁路运输工作会议"。同年5月，在返程途中被联指武装力量绑架，后被残酷杀害。

1968年以来，两派对立严重，武斗频繁，形势紧张。之前我们把两个孩子连同老吴的母亲一起，送回了湖南乡下，躲避武斗。四月，老吴作为工机联工人总部的代表，赴京参加周恩来总理亲自主持的"全国铁路运输会议"。五月中旬，会议结束，代表返柳。途中，老吴向带队的军代表请假，到湖南乡下去接孩子。次日，他接了孩子，再次上车返柳。没想到列车没到柳州，在柳北摆下来不走了。

---

[1] 向君桃的丈夫被杀害时，本留下四个孩子。因丈夫被害后全家又饱受迫害和摧残，生活极度困窘。九岁的大女儿帮助母亲一起承担家庭重担，四年后时患白血病去世。

载着代表的车到柳州的时候，我背着最小的孩子，打着一把烂油纸伞，到车站去接他。有人看到我，就喊："小向，你是去接小吴吧？他晚两天回来。"这说明当时人家已经知道了吴根深单独行动的消息。走到车站，车上有人打枪，打到了我的伞。要是没有这把伞，我的孩子就没有了。这次我没有接到人。

老吴到哪里去了呢？

后来一个不认识的十六七岁的小姑娘，打听到我的住址，说有人要她来告诉我，吴根深被抓了。我急得到处跑，打听消息。找工机联总部，找军管会，找熟人，都没有结果。

下旬的一天，工机联攻打小鹅山，联指死了人。第二天他们总部下令，让他们全部迁往柳北。家属区的人们拿了衣服被褥往柳北跑，一片乱纷纷的，我不知出了什么事。这天，一个已经跑走了的联指家属回来挑米，偷偷告诉我，说老吴被抓了。她说她住在铁路局大院里，看见有小孩子出来玩，一看是我的孩子军军和平平，就拉着他们，说"崽呀，你们怎么在这里？你妈妈在家里哭死了。"后来得知是军代表在带着他们——听说，是吴根深在柳北被抓走后，车上有好心人，把孩子交给了柳北车站的军代表，柳北的军代表又把他们交给了铁路局的军代表。她回来就把消息告诉了我。

我急忙到铁路局去领孩子。因为那里是联指据点，我进不去，那个报信的朋友刚生了孩子不久，跳不动米，我就帮她挑，混进了铁路局大楼。那里的武装人员盘查我，她为我打掩护，又带我到军代表处，接了小孩。我一路怕得要死，路都不敢走，这棵树下藏藏，那个屋角躲躲，到了家属区里，也是鸦雀无声。

吴根深怎样，还是不晓得。我又到处去找，又要工机联总部出面，但总部也没有办法。后来打小鹅山抓了三个活的，其中两个是我们建工队的，我要总部的人拿他们去换吴根深，结果总部放了他们，吴根深还是没被交换回来。

后来我住到了机务段。一天，刘慧生到机务段行车公寓找人去收尸。正好我背着孩子看见了。那里停着一辆汽车，我就爬到了汽车的车头上，看见他们把铲子锄头等工具放进车厢。我知道有事。刘慧生以为我晓得消息了，一把抓住我，说："你不要去，你暂时不要去。"我明白了，这是去收吴根深的尸，就死活不下车，非要去不可。他就派了个女的陪我。

尸体在西鹅乡农村，车开到一队的时候，他们就要我们下来，说喝喝水吧，休息一下。他们把我拉下车，甩掉了我，车又开走了。

后来高尚勇用纸烟盒捏着一件灯芯绒衣（后来知道这是从老吴身上脱的）给我看，说："认识不？"我说："这怎么不认识？这是吴根深穿去的。"那件衣服的托肩衬的是一块北京蓝布。

果然，这件衣服是从老吴的身上剥下来的，他们还从他的裤子后袋里找到三颗大板栗，那是他家里的板栗树结的。还有一串钥匙，那是他办公室的，上面吊着他的一颗私章。

这一年，我的大女儿九岁。这个失去父亲的孩子，开始帮我一起挑起这个破碎家庭的重担。四年后，她又在贫困交加饱受歧视中，得白血病死去了。

……陆陆续续，听到事情的经过大体是这样的：

老吴回来那天，车摆在柳北的时候，是早上七点多钟，两个孩子一个三岁，一个五岁不到，喊着要吃东西。老吴看见车站上有卖发糕的，就下车去买。正在买发糕的时候，联指武装力量用麻袋把他的头罩起来，绑架了他。

有人告诉我，看见他被关在铁路局党校，是杨××、张××提审的他。那两个人都是建工队钢联指的头头，原来都是木工组的。他们"点水"（暗中指认）造成老吴被抓。杨××是和老吴一起到北京去的钢联指代表，只有他知道老吴是离开了代表团单独回来的。

审问的时候，有人在窗户外面偷看，看见他们用手巾蒙住吴根深的眼睛，杨××问吴根深一些事情，吴根深不服气，和他顶，杨××一拳打在桌子上。吴根深质问他："你为什么抓我？"

杨××大发脾气，从地上拿起一张四脚板凳砸过去，在老吴的头上砸了一个大窟窿。后来两人吵起来，杨××拿出枪来，朝吴根深打了一枪。是这一枪致命，还是后来又受了许多折磨，不知道。

那年的玉米长得很茂盛。

杨××张××用汽车把吴根深的遗体拉到西鹅乡的玉米地里。当时一个收玉米的农民偷偷躲在玉米地里，看见车上拖下来两个人的尸体，扔到铁路边的壕沟里，再从玉米地里挖了些土去填。他们两人走后，这个农民走近，看见埋的是两个人的尸体，吴根深的在上面，底下还有另一个人（后来知道是机务段的）。当时吴根深的脚还露在外面，没掩盖好。农民扒开土，从吴根深的上衣口袋里掏出来一个工作证，上面写着他是建工段的。那农民拿着工作证，送到建工队的家属区，见到一个人（刘慧生），问他："你是什么单位的？"

刘慧生说："建工队。"

"你们建工队有没有人名叫吴根深？"

"有。你问他干吗？"

"这个人没有了。"那个农民说完，把工作证交给刘慧生，就走了。当时人人都害怕，怕被人害。

后来知道，那个埋在吴根深底下的人，是机务段的，姓黄，也是从他的身上找到他的私章确认的。

点水抓老吴的人，叫陈×，也是建工队木工组的，当时他还是一个年青崽。审问老吴的还有一个是谢××。他们在5月27号早上抓的老吴，下午审讯，就把他打死了[2]。他们都没有受到惩罚。杨××一直平安的活到现在。而且态度还很嚣张，见到我，常常冷嘲热讽，说："你这女人有什么用？一点用都没有，拉尿都拉不了三尺远。"陈×是后来喝工业酒精勾兑的毒酒死的。

抓老吴的原因，据说是要为小鹅山的死者报仇。小鹅山一仗，据说打死了他们27个人[3]。要是不打小鹅山，可能我老吴也不会死。

---

[2] 向君桃这里说的凶手 情况有出入。据1988年2月出版的《中共广西壮族自治区委员会整党领导小组办公室》编撰的《广西文革档案资料（柳铁文革大事记 之工程处文革大事记）》记载，杀害吴根深的是柳铁钢联指所属"东方红公社"毛泽东思想宣传队聂泽尤、吴玉生、卢锦等几人。

[3] 实际是7人。打小峨山后，各种匪夷所思、骇人听闻的谣言蜂起，意在煽动仇恨，把死7人蓄意夸大成27人是其中之一。

而且老吴和小鹅山完全没有关系，他到北京去了。

老吴遇难后，一直无人问津。我走上了漫长的告状路——

在建工队告；到工程处告；到铁路局告……

1982年，我又到北京去告。先到了铁道部，只差中南海没有进去。在铁道部，许多告状的人挨了打，我也受了委屈。铁道部信访局的一个王八蛋，是柳州铁路局去的。他认识我，大概风闻过吴根深的事，根本不想管，对我极其不耐烦，说："你讲啰，什么事？"我刚开口，他就伸了一个长长的懒腰，一会儿去喝水，一会儿抽烟，根本就不听我讲话。我在北京待了58天，哪里的接待站都一样，没有一个地方听得进我的话，没有一处地方告得进去。

老吴沉冤未白，我家反倒继续受迫害。革委会、"工纠"一次次到我家来抄家，只因为老吴是工机联的。人死了都不放过，说什么抄枪支弹药，实际上连锅子、碗筷都往外丢，共抄了三次，什么东西都抄得精光。

一直到"处遗"，才给了我一个巴掌大的打印出来的条子，上面轻描淡写的写着"非正常死亡"。发给我600元钱。这时距离老吴遇难已经十六年了。真相一直无人问津，凶手一直逍遥法外。

老吴死难后，我家的生活极端困难。我也是中专生，本在衡阳的一个纺织厂工作。当时老吴要我调柳州。1962年的时候，组织乘机欺骗我们，说要你们要调动的打个报告。一批下来，却是把我们都"精简"掉了。老吴说柳州有工作，我问什么工作，他说是"搞副业"。来了一看，搞副业是什么？就是挖土种菜。我从此没有了正式工作。为此我和吴根深大吵了一场，我要回老家去。到了文革，我本来在鹧鸪江找到一份正式工作，但老吴死了，家里拖着四个孩子，我又去不成了。

很长时间不给我发任何抚恤金。同样是文革中死的人，联指派的有，我没有。后来，给我家每人8元，而联指家属是每人12元。我又到北京告状，北京把我的问题转到南宁，才改成每人每月20元。

前几年柳州市开始卖养老保险，一开始领一个号子都要50元钱。

儿媳妇看我没有正式工作，没有退休金，就去帮我买了一份。谁知因为有了这份保险，吴根深的抚恤金就此也不发给我了.

老吴是完全无辜的。尽管抓人杀人者的借口是工机联攻打了小鹅山，但事发时吴在北京，对此事完全不知晓。更准确地说，他是由当时的政权机构柳铁军管会指派，前往参加周恩来总理主持的全国铁路工作会议返程中遇难的，他是因执行公务被杀害的。

吴根深的被杀害没有经过任何法律程序。几个人，几条枪，就为所欲为的在光天化日之下把人绑架、关押、审讯、殴打、杀害，用汽车一拖，拉到荒郊扔入土坑，随便铲几抔土，受害者的脚都没有掩盖！这是文革法制被彻底砸烂，法律被彻底撕毁，"秃子打伞，无法无天"大兴"群众专政"的结果.

老吴遇难后，留下没有正式工作的我和四个幼小的孩子（最大九岁），孤儿寡母不但没有得到任何关照，反而遭受各种歧视和迫害：多次抄家，连饭锅都被扔掉；克扣抚恤金，几近濒于绝境.

吴根深遇难迄今已有53年，但事情真相一直无人问津，凶手一直没人追查，更遑论惩办。仅在处遗期间得到一张巴掌大的纸条，上面轻描淡写的写着"非正常死亡"几个字。

这些凶手嫌犯，都是有名有姓的。有人曾经问我，您有证据吗？您怎么知道是这些人呢？我可以拍着胸脯说，当时都是有亲眼看到亲耳听到的人，一五一十地把具体情况告诉我的。当时虽然派性严重，但联指群众中仍有许多正直的人，有良心的人，他们路见不平，冒着风险把看到的和听到的情况告诉了我。这些详细情况，当时我都仔仔细细一遍又一遍地写在申诉材料中了。但这里那里，奔波了十几年，到处都无人受理，家里又不断抄家，搬家，这些材料逐渐丢失了。几十年来，我独自一人拖着四个孩子，生活极端困难，饱受歧视和打击，四处奔波，状告无门，又经受了我懂事的可怜的大女儿夭折的打击……我渐渐地也心灰意冷了。我有证据，但我个人没有能力去把这些证据查证落实。现在事情已过53年，我也年事已高，但仍忘不了我的老吴。

"吃化肥而死"的许保只

周桂花

> 周桂花，出生年月不详.家庭妇女。原柳州铁路局工务段的道口工许保只之妻。

我的丈夫许保只是柳州铁路局工务段的一名道口工。河南汤阴县人。1928年生。家庭出身贫农，个人成分工人。高小文化。1950年参加工作，一直在柳州工务段工作。

当年我家的住址在柳北铁路七村。那是三排式的平房，南北走向，面东背西。我家是中间一排的第二家，门牌十三号，后来改做工农路282巷35号。

我老许的工作地点是湘桂线K530道口。这个道口的地点很特殊，距离柳江大铁桥北端仅数十米，儒雅路呈东西走向，与大桥呈垂直走向，穿湘桂线而过，桥边就是铁路八村和柳州市水厂。

水厂当年是柳州市武斗的热点，柳江大桥又成为两派的分界线。老许的道口就很敏感。

老许是个老实巴交的人，本不懂什么是文化革命，但和大家一样，也有一个观点，也参加了一个组织，算是工机联的成员。那时候谁都得有个观点——伟大领袖毛主席说，"你们要关心国家大事，要把无产阶级文化大革命进行到底"，你没有观点就是逍遥派，就是不革命。一首文革歌也唱"要革命的就跟我们走，不革命的就滚他妈的蛋"，老许也要革命，他也有了一个观点，也参加了一个组织，这个组织是周恩来总理表态支持的，这该不会错吧？

但是他还是闹不清那些事儿。他什么活动也没有参加过，更不用说武斗。他只知道"抓革命促生产",一直坚守着自己的工作岗位,没有离开过他看守的道口。

前面说过,老许的工作岗位,是湘桂线 k530 道口。道口工是个很重要的工作,稍有闪失,就会造成火车出轨,列车颠覆。老许不敢有些微的懈怠。

但是,老许万万没有想到,这个岗位也极端危险。它地处交通枢纽,又是两派的分界线,他这个守道口的工机联成员,楔在对方的领地中。

灾难一茬又一茬地找上门来了。

1968 年 5 月底的一天,老许在家休班。一伙武斗人员拿着枪,冲到家里,把老许和隔壁的钟安民用绳子捆起,用毛巾蒙住头部,抓到雅儒路某处审问。

回到家里后,我问许保只:"你挨打了吗?"他不回答,只是低着头不停地掉眼泪。男儿有泪不轻弹。老许到底经历了什么?连自己的老婆都不敢透露?什么事让他那样害怕?他不讲,我到现在也不知道。我只是感到,后来的事是和这连在一起的。当时只是担心和害怕,但无可奈何。同时被抓的钟安民,由于前不久家里来了个姓殷的人,和他住在一起,这个人有联指证,他去把钟安民保了出来,钟安民才免了一难。

后来的事一件接一件。

5 月 31 日晚,我正在家里倒开水,有人在门外朝屋里打枪。子弹从前房门穿过,打伤了我的右大腿。听到枪响后,许保只当即带了一个大一点的孩子,到门外去看是谁打枪。只见六七个人拿着枪已经走过去了,看不清。这是住在附近的邻居都好心的来看望我,有一个是在材料厂上班的唐重生,他好心的马上去找了一些草药给我敷上,我的伤口才止住了血。

因为我的腿遭受枪伤,第二天一早,许保只还没吃饭就离家出门,说要到柳北铁路卫生所去找药。他出去后一直到中午还没回来。我很担心,顾不得腿伤,拄上一根棍子,带着大女儿,四处去寻找。

当天没找着。第二天又没找着。六月三日再去找，还是没找着。

下午四点钟左右，我回到家里，刚一会儿，一个家住铁路五村的十来岁的姓朱的女孩，悄悄来到我家，告诉许我说许保只在北站第二站台。

我马上挂上棍子赶到北站。远远地看见一群人围着。走近一看，只见许保只仰面靠在化肥堆（这是堆在车站准备装车运走的）上。上身赤裸，被撕烂的长裤上沾满血迹，鞋子没有了，头、脸、手、脚、胸部、腹部、背部，全身满是棒打鞭抽的伤痕，一条条的，纵横交错，还有十几处刀口伤，结满了血红色的淤痂……全身青一块紫一块，已没有一处好肉……左胳膊被打断了，嘴里塞满了化肥……真惨呀！

我伤心地痛哭着诉说："你又没有参加过武斗，连大字报都没有去贴过，他们怎么就这么狠心地把你打死呀！……"

这时一个三十来岁的像是车站的工人，拿着枪气势汹汹地指着我说："他也不是做好事死的，他是做了坏事，你还有脸哭，还不快走，不然就用枪打死你，叫你和他的下场一样！"我辩解说："他没做什么坏事。他只是出门给我找药治枪伤呀！"

拿枪的人不理会，连拖带拉地把她我拉开了。

这是我又听见围观的人中有一个人说："那个车厢里还有一个伤得的轻一些的自己走了。这个伤得重的从车厢上丢下来就不动了。看见有个人把他拖到尿素堆上，往他嘴里塞化肥，就说他是吃化肥死的……"听到这话，我气得说不出话来。但是我没有办法，只好到车站去找军管会（当时柳铁已经普遍的实行军管）。军管会的人先说管，并答应给找一口棺材，但过后又推辞不管了，说你们是工务段的，你到南站去找工务段吧。这还有讲理的地方没有？我只能不停地哭泣。可是哭天天不应，哭地地不灵。

天黑了。我只好又回家去照看那几个年幼的孩子。到了第二天，也就是六月四号，我才带着几个孩子来到车站，弄了点水把老许擦洗干净。

又有个人拿着枪过来指着我说："你还不把他（老许的遗体）弄

走?你还不把他弄走,就把他扔到河里去,让水冲走,让鱼吃掉。"他还不许我和孩子们哭。

我一时找不到棺材,有人告诉我,我们单位的领导就在车站的候车室里住着,可以去找他们看看。我就到车站候车室去找领导。门口站岗的人说领导不在,喝令我走开。我只能迷茫地站着。他就拿枪指着我说:"你再不走老子就要打死你!"

直到老许死去的第三天,我才央告别人,用家里的铺板钉成一副棺材,有住在铁路二村的文某某和菜园的陈某某来帮我料理,才安放了老许,用板车拉到道口过去的铁路边掩埋好。自始至终,全部事情和一切费用单位都没有一个人过问。

抓老许是在光天化日之下进行的,当时有一些人就了解事情的真相,例如三工程队的毛某某,柳工段桥机班的周某,就说知道这个事。

我们也陆续听人说,老许是被抓进一节车厢内毒打致死的。他们听一个也曾被抓的人说,那人被抓进车内时,车内已经关着一个人,听其哭诉知道是工务段的,家里还有老婆孩子几个;已经被打伤,手被反绑着。当天又被轮流毒打,两天都没吃饭。六月天水都不给喝一口。当晚又抓了一个小青年进车厢,那小青年说他是武宣的。到半夜的时候,那小青年逃跑了,先被抓的那人也不出声了。小青年逃到哪里不知道。

打死老许一案,工务段的军管人员席某某曾审理过。原一线队的人承认参与了打人;在他死后往他嘴里塞了化肥。

还有原桥隧队的贺某某,在抓许保只的时候,还威胁工人郑某某等不许看,喝令他们走开……

有人说,老许是被抓到桥隧队打死的,也有人说是抓到车站旅社打死的。

可以说,事情本来是很容易搞清楚,甚至是已经搞清了的,可是我们到工务段革委会去问,得到的都是一些自相矛盾,或者含糊其词的话。

1968年10月28日，工务段革委会的仇某某曾对我的大女儿说，你父亲百分之八十是被打死的，那天一共抓了三个人，那两个打得轻些，跑掉了。但又说，你爸爸抓了三四天，放出来，肚子饿，吃化肥死的。

我的儿子也曾向他诉说，因为我的脚受伤，许保只到北站找当权派（段长），从北站出来以后就被抓走打死了。仇说，这事管不了，你赶快走吧。

1968年1月30日，革委会的李某某也说，许保只是两顿饭没吃，肚子饿了，吃化肥死的。还对许保只的弟弟说，许保只的道口共四个人，别人对他不满意，把他抓去打的。

这些都是胡说。对他工作不满意，同事就会把他抓去打死？肚子饿了，可能乱吃东西，可能吃青草，吃树叶，但怎么可能吃化肥？这都是为了掩盖事实真相，包庇凶手。

工务段的革委会是4月成立的，许保只是6月3日被打死的。

事情就这样在假话和敷衍中踢来踢去。

我是个没有工作的家属，识字又不多，加上当时腿受了枪伤，走不得路，以上一点点可怜的申诉，都是我那两个稍微大一点，但都没成年的孩子去的。碰了几次壁，走投无路，只好把眼泪往肚子里吞。

老许是家中的顶梁柱，全家只他一人有工作。他死后，家中失去经济来源，生活极端困难。特别是住在附近的于某某，李某某，司某某，吴某某，尤某某等人，不断任意欺负我们一家，骂我们是国民党家属，往我们家里砸石头，扔土块，砸坏我家的东西。住在对门的于某某更是凶恶，硬拆掉了我家自己搭起的厨房（那时的许多工人家庭都没有厨房，只能自己在紧靠住房的地方搭个茅棚做厨房），霸占了我们家门前原来搭厨房的一块地。

当时我最小的孩子只有五岁，一出门就被这些人打……

实在过不下去了，1968年十一月，我只好带着孩子被迫迁回河南汤阴老家。走时要求单位给许立个碑。结果碑上还刻着"因吃化肥而死亡"的字样。孩子他叔指出不能这样写，他们才用水泥把那几个字盖起来。一直到 1974 年也就是许保只死后 6 年，才得到了一份这样的死亡结论：

许保只同志的死亡结论

　　许保只，男，四十六岁，汉族，河南汤阴县人。家庭出身贫农，个人成分工人，高小文化。1950 年入路。历任养路工，测量工，道口工等职。原系柳州工务段道口工。许保只同志自参加革命工作以来，努力学习，积极参加各项政治运动，工作积极负责。在社会主义革命和社会主义建设中，做出了一定的贡献。

　　在刘少奇林彪的反革命修正主义路线的干扰破坏下，该同志于 1968 年 6 月 3 日在柳州北站非正常死亡。其性质属人民内部矛盾。

中共柳铁分局委员会
1974 年 12 月

　　这是一份敷衍草率，谈不上任何公正的结论。

　　一个活生生的人，在光天化日之下，莫名其妙地被抓捕，被毒打致死，这是一起严重的刑事犯罪案。给他做死亡鉴定的时候，竟然不作任何调查，事出何因，缘何而起，凶手是谁，性质如何，毫不提及。人被毒打致死，遍体鳞伤，从车上丢下来，还要丧心病狂地往他嘴里塞化肥，就足见凶手做贼心虚，但这"结论"全然不做任何交代。

　　第二，1968 年，我许保只只有 40 岁，就被活活打死了。可这结论把他写"46 岁"，难道遍体鳞伤，嘴里被塞满化肥的许保只，在荒草之下，泥土之中，又活了 6 年不成？他们太不把这件人命关天的事当成一回事了！

　　尤其是我们气愤的是"其性质属人民内部矛盾"。

　　不是从当年过来的人，很难理解这一句话。在当时这话专用于一切被揪出，被批判，被斗争，被关押，甚至被打杀的人，他们在经历了以上种种羞辱、迫害以至残害后，要释放或解放你，就要对他们抓你捕你等行为给个"说法"。这个"说法"，通常有"带上反革命分子（或其他的什么分子）的帽子，交群众监督"，"帽子拿在群众手里"，"开除公职，遣送原籍"等等。最轻的是"属人民内部矛盾"，但往往还有"犯了严重错误"等附加内容。

因此这句话在这份结论中的潜在意思是，总之你是有问题的，不过这个问题是人民内部矛盾。也就是说，抓你打你杀你都是对的，因为你有问题，抓你杀你都是你自己引起的。不过这问题嘛，就大人不记小人过了，给你定性为人民内部矛盾。这是再次给冤死的许保只泼上污水。

我们不平，我们愤怒。更主要的还有，一个活生生的人，一个家庭的顶梁柱，平白无故的被打死了，留下没有工作的妻子（我当时还带着身孕），三个没成年的孩子，这份结论却没有提到任何对家属的抚恤和救助。

没有办法，我们四门无靠，只能由两个稍大一点的孩子去找单位。到了1979年，给了我们第二份死亡结论。

这份死亡结论是由柳州铁路分局柳州工务段中共柳州工务段委员会作出的——

许保只同志的死亡结论

许保只，男，一九二八年四月生，汉族，河南汤阴县人。家庭出身贫农，本人成分工人，高小文化。1958年入路，原系柳州工务段道口工。

许保只同志参加铁路工作以来，能努力学习，钻研技能业务，积极参加各项政治运动，服从生产指挥，工作积极肯干，能完成上级交给的各项生产任务。在社会主义革命和铁路建设事业中，做出了一定的贡献。

许保只同志于1968年6月3日去世。根据劳动保险条例，按其生前直系亲属供养人数，发给救济费和丧葬补助费。

中共柳州工务段委员会
一九七九年四月七日

这一份死亡结论，与1974年的那份比，明确了老许是"1928年4月生"，他只活了40岁，而不是四十六岁。将事情的结论，改成了"1968年6月3日去世"。比"其属于人民内部矛盾"，去掉了对死者的无端污蔑。

这份结论添上了"根据劳动保险条例，按其生前直系供养亲属人数，发给救济费和丧葬补助费。"的内容，多少给我们解决了一些生活困难。

但是，仍没有一句话说到对凶手的追查，更谈不上惩处。

1983年，胡耀邦同志亲自主持了广西的文革"处遗"（处理文革遗留问题），往广西派了中央工作组。我们一家向工作组再次发出了申诉：

中央工作组同志：我们一家有十五年的冤屈向你们申诉。

许保只是柳铁工务段的道口工。在1968年6月3日，他被一伙人抓去打死了！我们要控告那些杀人犯逍遥法外15年这么长的时间。十五年的苦水无处诉！这回盼你们能做主，查清事情原状，杀人的要他偿命，主谋的人要依法惩办，被打死的受害人才会闭目。我们的孩子才会伸腰吐气。

（冤情略）)

我要求：

查清故意朝我家开枪打伤我的那个凶手；

查清许保只是哪些人打死他的，被谁抓去，有没有指挥者，要求按法律追查他们的刑事责任。

查清是哪个坏人往许保只口里塞化肥，又造谣说许保只是吃化肥死的。

查清柳北站军管会的人是谁。为什么在他当面抓了人，当他的面打死人，事后他一直不管？

查清工务段领导人为什么在事后十年了还不发给家属丧葬费？为什么要在许保只的墓碑上刻上"吃化肥死亡"这几个字？这是谁主

张的？为什么在 1974 年和 1979 年两次死亡结论上都不提许保只是含冤受迫害被人打死的？不提追查凶手？为什么一个单位都不对自己单位的职工负责，不找出打人凶手，把问题拖延至今？

……

后记：本文是根据杨建平先生（已去世）生前搜集到的许保只的遗孀周桂花的上诉材料编写，基本系照抄原文，少数地方有连缀。原件到此结束，未见下文。

由于年代已久远，当年周桂花已被迫带着孩子回河南原籍，编撰者未能联系上他们。所以此文完成后未能交许保只的遗属审核订正。

我的文革经历

王明松

王明松（1929.10.18—2019.9.23）柳铁机务段工人，文革前任机务段工厂车间调度。中共党员。文革中参加柳铁工机联，因参加小鹅山武斗被捕，在铁路看守所关押5年。1973年释放。1983年病退，之后自主创业，颇有成绩。

参加文革的缘由

四清运动中，我们单位柳铁机务段是铁路局的试点，铁路局党委书记亲自担任四清工作队队长入驻机务段。当时我是工厂车间的调度，中共党员。

四清越搞越厉害，渐渐的搞到家属头上，抓了她们戴高帽子游街批斗。工作队提出的口号是："机务段里老虎多，打成聋子、跛子，也要把他们搞清楚。"我感到事实不是这样，看不惯，但不敢说。之前，又抽调了一批干部去搞四清，我们工厂车间的党支书也去搞四清了。四清工作组长张某几次找我谈话，要我出任车间党总支书记。我都一次次婉拒了。原因一是因为我是个技术工人，我喜欢我的工作，没有当领导去管人的想法。过去也搞过党务，没兴趣。二是心里也有点儿顾虑。我出身贫寒，父亲去世后，母亲难以维持生计，改嫁到湖南。我的继父也是个贫苦农民，但他有一个哥哥是地主。但此人和我们家关系并不好。我在继父家里也只生活了几年，十二岁就出来当学徒了。但是这毕竟是我社会关系上的一个问题。我担心当了车间党的负责人，会给党带来不好的影响。这时四清工作组长再次找我，要我当车间党总支书记，我推不脱，就把自己的想法和盘托出了。

谁知这下坏了。到了第二天，好家伙，大字报铺天盖地，说我隐瞒地主成分，并顺势搞了我一大堆罪名。把我揪出来批判。例如说我贪污了互助会等……我的确管互助会，但我只是批条子，不管钱，想也贪污不到，这一切从何说起呢？我对此当然很气愤。

文革来了。四清运动首当其冲。有一些红卫兵来到我们这里串联，揭发四清工作队的问题，认为他们打击一大片，保护一小撮。我联系自己的遭遇和其他一些被冤整的人的遭遇，感到红卫兵是对的。我选择参加了造反派工人总部。后来柳铁分成工机联和钢联指两派，我所在的工人总部属于工机联。

文革经历

到1967年下半年，柳铁地区渐次开始武斗。8月23日，联指武装力量武装攻打我们的总部柳铁工人文化宫。当时整个总部只有刘重阳不知从何处搞来的一支枪，情况极其危急。

第二天，周恩来总理表态，四二二是革命造反派。这增强了我们的信心和正义感，也感到必须搞些枪来对付对方的武装进攻。当时工机联总部没有组织过抢枪，下面的组织和个人零星的有一些行动，但基本都没有抢到过枪。因此，总部想办法，到云南搞了十来支废枪，要我们组织人修理和改造。我积极参与了这件事。当时大家的劲头都很高，争着想办法，争着干活，经过改装，枪能使用了，但只能单发，不能连射。

一开始我没参加过什么武斗，只是守了一两个晚上文化宫[1]。当时我们除了刘重阳有一支不知道从哪里搞来的老式枪，我们全是唱的"空城计"。眼睁睁地看着联指的炸药包带着火尾巴发过来。

---

[1] 工机联总部所在地。

到 1968 年，武斗升级，形势很严峻。柳铁地区形成两派割据的形势，柳州周边到处发生围剿造反派的事，距离工机联驻地不到三公里的市郊，已经驻扎着进城武斗的联指武装民兵。5 月 21 号，工机联抢夺了停驻在柳州车站的军车，得到大批子弹。但仍然没有枪支。我当时是机务段工总的负责人，又在总部搞后勤，我们就开始造枪。由工程队的范某某拿来一支朝鲜战场上使用过的冲锋枪，叫作汤姆什么的，给我们做样子。我召集有关人员开会，分工负责，不久就造出了一二十支，还有手榴弹，火箭筒等。

地处铁路中心地区的小鹅山地势险要，地处要塞，被联指武装力量占领。他们不断地向附近工机联所在单位和必经道路打枪，不断有无辜的工机联人员和过路人被打死打伤。因此总部开会，要拔掉这个钉子，决定 5 月 27 号打小鹅山。我们机务段是参战的单位之一。当时我是机务段的造反派负责人之一，由我带队参战。分给我们的任务是负责防止和切断联指的增援。

联指的武斗人员住在山上的棚子里，那是主要阵地。山下有一套两层小楼，本来是工程队的办公室，这时也归联指占领，守着一部电话，负责联络。战斗打响后，主攻部队很快拿下了他们的阵地，我带着队伍在山下搜寻。我们不知道那栋小楼里面有没有武装人员。我带人冲到门口，用枪顶着门，人闪在一边，高喊："里面有人吗？"后来知道，里面有两个值班人员，听到刚才攻山的枪响，又听到门口的喊声，其中一人就对着门外开了一枪。我看见里面朝外打枪，心里慌了，急忙隔着门朝里面打了一梭子。这时里面有人喊饶命，我们就没有再打枪，推开门，看见门后躺着一个人，已死；一个人跪地求饶。问这人情况，他说他们的枪也是土手枪，只能打一发，是死者刚才站在门后开的枪，他没有枪。估计是我的那一梭子，把那位站在门后的工友撂倒了。对这个求饶者，我们没有杀害他。

牢狱之灾

清理阶级队伍的时候，我被作为杀人犯抓捕关押。先是在铁路局第二专案组关押审查，"二专"结束后，被送到铁路看守所关押，1968年进去，1975年释放。释放时没有补发工资。

去押我回来的是单位的李某某。同我一起被释放的还有另一个小伙子梁英智。李某某要绑我们，看守所的军管人员不同意，说，你们要绑，我就不放人。他没有办法，只好不绑。出了大门，走到一个土包处，土包挡住了军管的视线，他就捆住了我们，勒得死死的，一路走一路打，他带了一支驳壳枪，用驳壳枪捅，拿皮带抽……梁英智被打得一路走一路喊叫，我咬紧牙关忍着。回到单位，是一场接一场的残酷批斗。逼我们跪铁板，铁板上铺着大颗大颗的煤渣……让我们戴高帽，人在台上被批斗时，台下扔砖头上来，我们一个个被打得头破血流，我的头上现在还有伤疤。最冷的一天，树枝都被冻断了，他们把我们扔在煤台下面过了一夜，幸而未死。

批斗结束后，安排在料库做搬运工，不能再回工厂车间。1975年又调到全州作养路工。这里是联指的老窝，名义上没人监督，实际上到处处于他们的监督之下。

创业

1983年，广西文革处遗，我恢复了车间主任的级别，但党籍没有恢复。后来我在全州办了病退，要求调回柳州。组织上动员我退党，我就退了。

原来的一些好友，这时候已经不在机务段干了，他们有些人就介绍我到铁路材料厂的五金厂去搞修理。我是搞机车钳工的，技术好，他们看重我，给我按六级工发工资。我在这里给他们解决了许多问题，工友们的机器，从冲床到缝纫机，我都帮他们修。车间主任对我也很好，后来车间想搞滚石机，主人和我一起到桂林买了一台报废的，这是一台半自动化的机器，在当时很先进，我帮他们修好以后，很好用。后来车间来了两个复员军人，一个人主任，一个当书记。这时车间买来一台冲床，却不能使用。送到总厂去修，要重新做配件，不知何时才能修好。当时车辆段天天来要螺钉，工人们却因冲床不能用停工，没工资发，事情急了，来找我。我仔细看了，能修。工人们都很高兴。但车间却又不要我修了，说我政治上有问题。工人们看我没有动手，问我为什么，我照直说了。他们到主任那里去反映，主任同意让我修。可书记回来后，主任叫我到办公室，又不让我修了。但问题实在解决不了，第三次又叫我修。下午通知我，我晚上就修好了。很动了一番脑筋，加班加到半夜，连夜宵都没有给我。第二天喊我到办公室，我以为会表扬我两句，不料一进门，支部书记就说我搞阴谋诡计，在工人中挑拨他们的关系。我说我是照直说的。他又训了我一通，全是文革那一套。我火了，交了工具就愤而离开了。后来车间主任跑到我家里来，说"请你回去，还要帮我们。"我要求书记来赔礼。结果他没有来，我也没有回去。

此后红光小学的校办工厂请我去。校办工厂的设备管理都很差，干了一段后，修机器，接加工件，做核算结算都是我承担。后来另一个工厂有个很难做的工件，批量很大。我尝试着做，找资料，搞设计，把一个旧零件的加工，实现了全部自动化，做出来的工件十分漂亮，球面镜子一样发光。原来那个厂长很高兴。我们又接下一大批业务。可惜这个厂长不务正业，管理混乱。

新的机遇又来了。有个朋友在锌品厂，是电焊工，不懂机械，就叫我去。我给他打工，实际上工程一接下就交给我，什么困难也都由我解决。后来又到了龙城化工厂，当时这也是一个校办工厂，和农业中学合办的，以后的20年我就在这里搞承包。原厂长许家威（原来柳州市联指红卫兵的头头），把厂里的钱搞到美国，老婆逃到美国去，自己躲债不知所终。我去的时候几乎什么都没有，现在已经具备很强的生产能力，其中绝大部分工作都是我做的。

一个红铁军的文革自述

黄应龙

黄应龙，湖南长沙人。1945年生。1965年参加工作。文革中组建红铁军（四二二观点，但组织上不属于工机），在柳铁地区活动。系14个头头之一。因延安旅社凶杀案被捕（系冤案），判刑20年。释放后回单位工作，直至退休。

我1965年参加工作，是柳铁第一工程段工人。当时一个专列把我们从长沙拉过来，说是到这边参加三线建设。文革一开始，没有任何理由，把我们全部退了回去。我们突然失业，生活无着落。1967年初，我们串联起来，到柳州造反，要求复职，号称"红铁军"。共有14个头头，我是其中之一。下设宣传部组织部后勤部等等。

到柳州后，我们占了铁路局机关的几间房子，住在那里，强烈要求铁路局解决我们的问题。当时柳州的文革比长沙的文革要慢几个节拍，激烈程度也远不及长沙。我们的到来，在柳铁地区引起了轩然大波。有的群众组织反对我们，而以联合战队为代表的柳铁工机联支持我们。支持红铁军还是反对红铁军，一时间成为群众辩论的焦点，成为许多群众退出或加入某个战斗队的原因。到了二月份，柳铁公安处以"打砸抢""危害社会治安"为由，将红铁军定性为反革命组织，予以取缔。支持红铁军的工机联也相应受到重创。

我们14个头头全部被抓。先是将我们关押在铁路看守所。后来又转到柳州市和柳州地区看守所。再又转到地处大苗山的融水县看守所。

联合战队认为，红铁军虽然有一些行为过激过火，但大方向是正确的，镇压红铁军就是镇压革命群众，是资产阶级反动路线的表现。因此他们大造舆论，极力主张为我们平反，要求释放被抓捕的人。在全国范围内，各地造反派也都在反击"二月逆流"。

毛泽东支持了造反派对"二月逆流"的反击[1]。在这一个斗争回合中，造反派取得了暂时的胜利。在这一背景下，支左的解放军给我们平了反。把我们从大苗山拉到6984部队，又用军车把我们拉到广州，给我们发了一个月的钱和粮票，从那里将我们送回长沙。

回去后，我们都得到了平反。但是这只是几个头头，在我们被抓捕的前后，底下也有一些人被抓捕，他们一直没得到平反。铁路局对此不理睬。他们要求我们出面为他们解决问题。所以，到1968年初，我们又第二次到柳州来了。

这一次我们住在延安旅社。开始和周围有小武斗。由于生活无着，也有一些打砸抢。例如，抢过一板车米，约一两千斤。

1968年元月12号清早，驻军6984部队包围了我们的驻地，准备收缴我们的武器。这次军事行动被联合战队冲击了。

四月，延安旅社发生发了一起恶性凶杀案件。一位外地来出差的解放军军官入住延安旅社，在楼顶被歹人杀害，随身携带的枪支、400元现金及其他值钱物品被抢走。这个案件被杀害的是解放军，影响极坏。有些人想当然地把注意力集中在住在延安旅社的红铁军身上。随即我在长沙被逮捕，被解往柳州。其实，案发时我根本不在柳州，我在桂林。

一下火车，就把我送到柳铁公安处三科，当即上了脚镣。然后是一场接一场的审问和批斗。问我："你杀了解放军吗？"我说："没有"。又问："你喊人去做了没有？""听见别人给你汇报这件事没有？"总之要把这件事栽在我头上。但是我没有挨打。每次提我出去审问或批斗，看管的军管就交代："怎样拉出去的要怎样拉回来。"担心打死了我灭口。

以后就一直关在拘留所。和张炎（柳州铁路局原党委书记）关在

---

[1] 这一认识是当时造反派的主流看法。

一起。还有一个贵州人,是个精神病患者。在发病时杀死了一个小孩子,当作鸡杀的。共关了他七八年。

后来又从旧看守所转到新看守所。带着最大的脚镣,两脚的铁链之间吊着一个30——50斤重的大铁锤,要用手提起才能走路。每天进出牢房时,看守的士兵都要使劲抽一鞭子,骂一句:"你这个坏家伙!""反革命!"

我始终没有承认我是"反革命杀人犯"。

两年多后,有人悄悄告诉我,那个杀害解放军的真凶找到了,是鹿寨县的一个武装民兵,联指观点,利用派性嫁祸于人。看守所没有告诉我。直到大家都知道这个真相后,他们才向我夸耀,说:"你看我们负责不负责。"

但我还是被重判了20年。只是换了罪名,说我打砸抢,打伤了多少多少人。但不讲具体事实。我没有办法,只能随他去讲。

其实我不主张打人,别人打人我都劝阻。判决书上也没有讲我的具体情况。我也一直没有签字。判刑后和白鉴平关在一起。到了1983年,又和白鉴平一起被放了出来。共坐了15年,说是减了我五年。

白鉴平放出来时获得了彻底平反,我只给了一个释放证。释放后英山监狱送我回到长沙,长沙不能上户口,监狱帮我办妥了。

回长沙后我修了一年半单车,柳铁一工程队的人事主任就去接我们。当时在长沙的红铁军共有10人(死了两个),他给我们平了反,一并带回了单位。回单位后我们复职了。以前坐牢的一段,工龄全算,但没有补发工资。人没有死,我知足了。

处遇的时候也没有找过人申诉,我一点都不懂。生活都困难,没有能力去申诉。再说到处都一样。

以后一直当线路工,砸洋镐,抬石头。到后来招收了农民工,就让他们做,我做带班。年纪大了后,有人同情我,调我到南宁管饭厅。一直到退休。

现在住在七十年代的老探亲房,一室一厨。唯一的亲人是一个妹妹在广东打工。

我的文革自述

唐光国

唐光国，文革前系铁路林场工长。文革初参与组织全铁路第一个造反战斗队"先锋造反团"，是全铁路第一个被柳铁公安处作为"反动组织"取缔的造反派组织。文革中是柳铁工机联骨干。参加过攻打防腐厂，驻守文化宫等活动。改革开放后任柳州铁路林场场长。退休后自己开了一个小型木材交易市场。

我们铁路林场的先锋造反团，是铁路地区第一个工人造反组织，也是第一个被取缔的"反动组织"。

我参加造反派的原因，回想起来，几个阶段的几件事对我都有影响。

反右的时候。我年纪还小，在家乡读中学，亲眼看见人家一个个打成右派。我的家乡虽是农村，但历史上就读书人多，喜欢舞文弄墨写诗作对联的人多。当时农民生活很贫困，有人就写对联"住茅屋心中美满，吃杂粮身体健康"横批"社会主义好"，又有人写"勤也空，俭也空，社员好像采花蜂。采得百花成蜜后，到头翻悔一场空。"他把诗写在榨油厂的油渣饼上，被发现了。这两个人后来都被打成右派。我私下认为他说的是事实。

我们铁路林场，是最早开始四清的单位。我是四清工作队员之一。四清先从经济问题开始，工作队让我们到各个单位查账，揪贪污分子。后来我知道，"贪污分子"是下指标的，人数多的单位下得多，人数少的单位下得少。我心里很纳闷：这种事怎么能下指标呢？我们单位的小任，本来是个战斗队长（四清积极分子骨干）查来查去，小任被撤换了。四清工作队整了他父亲，认为他父亲贪污了。他父亲的情况我知道，账目是清楚的。我就说，办事要实事求是。到下午工作队就研究工作。第二天就宣布不要我当四清工作队队员了，罚到河边去拉石头。这对我打击很沉重。感到从此再没前途了。心里很不舒服。

后来李选凤也被说成贪污。朱安熙也被揪了，他是会计，说他贪污。还有几个工长，都被打成贪污分子。我感到是一顿乱来，很看不惯。

文革来了，批判资产阶级反动路线开始了，毛主席号召批判"打击一大片保护一小撮"的资产阶级反动路线，我们感到正和我们林场的情况一样。我们五个人，两个四清积极分子三个被错整的人就起来造反了，批判我们林场的四清工作队。

我们是铁路地区最早的一个战斗队。

工作队的队长是铁路局派来的，他回铁路局后就说坏人造反了。对我们中那些被整过的人，就说是牛鬼蛇神造反，对我们中的四清积极分子，就说是为牛鬼蛇神翻案，就把我们给取缔了。后来，给红铁军平反的时候，也给我们平反了。

我感到，参加造反派的人，好些都是像我一样，对现实生活中一些不合理的事看不惯。到处有人讲假话，不讲真话。本来是好人，一点小事，或者因为家庭出身，就无限上纲，把你讲成坏人。假话讲得越过头，就越认为你表现好。讲假话的都好，讲真话的都坏。我长在红旗下，参加造反，想把这些邪气去掉，把正气树起来。

我们一直是工机联中最铁杆的成员。我参加过打防腐厂，驻守文化宫等事。

打小鹅山时，我和另外两个人打前站。我们攻上山头后，按照原来的约定，要发三颗照明弹。但携带的照明弹被我们在路上搞丢了，我们中有一个人就点亮马灯打信号，被第二组攻上来的人员误会成对方的人员发增援信号，对他开枪，把他打死了。事后说是联指打死的，事实上是自己打死的。

许训祠是个调皮伢子，他参加了打小鹅山。但是我没有看见，也没有听说过他杀过人。后来他被判死刑，不知是什么原因。

湖南湘江风雷[1]有人跑到广西来，参加我们这边的武斗，打防腐厂就有湘江风雷的人参加。他们也有人被打死。杨某某就是在鸡笼村和水泵厂附近被打死的。

文革中我没有打过人。但抓过一个女的，因为听人说她很讨嫌，"点水"，还和李选凤等人抓过张珍（柳铁公安处长），把他交到铁一中联合战队关了起来。

1968年5月底，有一个南宁铁中的女孩子，名叫王慧萍的，被六次列车的联指抓捕，交到柳州分局联指手中。6月1号联指撤退时，被带到柳北。折磨将死时，被赤身裸体扔到柳州警备区司令部门口，解放军通知我方将她接回。我到柳江铁桥南头参与了接人。当时她全身赤裸，已奄奄一息。接到林场就断气了。不久前碧琼子在博客中国发帖，将这件事披露出来，跟帖中竟然有人指斥这是"谎言"，我不知道这人安的什么心。

我亲眼看见过一场所谓"贫下中农最高法院"的杀人现场。

文革前我是铁路林场的工长，所辖地区是从三岔[2]到罗城一条铁路支线。在这条支线的口子上，有一块平地，是当地农民赶圩的地方。1968年，"7.3布告"下来后，工机联都挨整。我在林场日子也不好过。这天，林场革委会（实际上全是掌权的联指）派我到三岔去，去干什么，他们没有明说。一去，才知道这天这里开贫下中农最高人民法院"宣判大会"。要我去到这个地方，目的是让我"受教育"，杀鸡吓猴。实际上，他们事先已经得到通知了。

所谓"贫下中农最高法院"，实际上就是联指骨干、民兵和当地人武部人员组成的临时杀人机构。只见会场上挂着斗大的字写的横幅："向阶级敌人刮起十二级台风！""公审某某某大会"……开会前，

---

[1] 湖南的造反派组织。
[2] 和下文的罗城都是铁路车站名。

他们就抓来了三四十个"犯人"（均为所谓黑五类子弟和四二二观点的群众），五花大绑押到会场，强迫他们跪在台下。然后，主持人宣布他们的"罪行"，再"判处死刑，立即执行"，开着开着会，一声喊，就开始杀人。台下的群众（联指观点）一哄而上，用事先准备好的木棒，石块，锄头等临时凶器，对犯人棒打，砸石块，用锄头挖他们……这些犯人很快就血肉模糊……我当场看见打死三个。我住在供销社招待所，供销社的主任那天也被当场打死。他的母亲，妻子，孩子等四五个人在一旁放声痛哭，好几人当场昏死过去。

我的家乡全州，是所谓"贫下中农最高法院"的重灾区。我堂兄在全州，因为家庭出身不好，被抓去批斗。当时被用绳子捆着，因为勒得太紧，气都透不过来，他要求看守人员放松一点，结果看守人员反而勒得更紧了。堂兄气极了，站起来和捆他的人拼命。当场被用柴刀劈死了。

我的一个叔叔，五十年代初期就是桂林市教育局局长，后来又到资源县当中学校长。文革中他参加四二二，是个头头，被判12年徒刑。我的婶婶有文化，懂政策，到处找军管会摆事实讲道理申冤，关了两年放了。出来后到五七干校，待了两年，到民族师范学校任党委书记，直到退休。

我没有进过拘留所。可能是因为我和军管会的关系较好的缘故吧。

文革后很长一段时间，我们都很受歧视。一些职工家属，动不动叉着腰骂我们。一有风吹草动，就说是牛鬼蛇神出笼了。

改革开放后，我担任柳铁林场场长。退休后到柳州市林业局帮忙。后来因为自己对木材市场很熟悉，自己开了一个木材交易市场，并在下面县里承包了山林。

我经历的文革与"9.5"事件

王 翊

王翊，柳铁车辆段电焊工。柳铁一中初24班学生，1958年参加工作。文革中参加工机联，系骨干成员。1998年退休。

四清

文革前，我是车辆段的电焊工。文革开始，有红卫兵到我们厂来参加劳动，煽风点火。文革开始分派后，参加四二二的人很多，联指只有200多人，不到300个。

四清开始时，我是"结合队员"（即依靠对象，积极分子）。后来选举革筹成员，上面让我们每个班组提一个名，但最终都是由上面指定的。我就说："这不是愚弄群众吗？"到第二天开会，结合队员中就没有我的份了。

单位上有一个检车员，名叫郑克中。他家里有事，要求请探亲假（当时夫妻分居的现象是很普遍的事），单位不给。他心里很急，就拿出语录本在桌上拍了一下。结果第二天就刷出了斗大一个字的大标语："坚决揪出现行反革命分子郑克中！"他看见后，当晚就用电把自己电死了。参加工作之前，他是所在公社的学雷锋标兵，经常从自己微薄的工资中拿出一部分，寄到附近的生产队去，帮助那些更困难的农民，也常以这样那样的方式帮助周围的人。他死后，单位偷偷摸摸的叫人给他盯上板子，拉出去埋了。对群众讲他是自绝于人民，就此没事了。

对这件事，我心中非常不平。

工友许国良的妈妈在许国良的生父死后，改嫁给一个开船的人。四清工作队追问许国良，"你妈妈为什么要嫁给一个开船的。"许说不知道。我觉得这是人家私事，工作队无权问。心中看法不好。

父亲

我是湖南长沙人。出生在裕湘纱厂。在裕湘纱厂附近的湘江河里，还能找到我的胞衣（胎盘）罐子。我爸爸原名王少甫，后改名王斌。他在裕湘纱厂参加地下党，后来又在纱厂发展了很多党员。建国十周年时，当时的湖南省工人纠察队总队长刘觉，写了回忆录《难忘的革命时期回忆》（现在湖南省博物馆可以查到），其中有两页提到我的父亲。

父亲后来在六甲[1]迎接解放。解放军的接收大员到达六甲时，父亲主动迎接解放军，告知自己是共产党员。并为党做了许多工作，例如动员已经上山的土匪回来，后来一个叫周瑞请的匪首，带了人回来，还带回了一些枪支、子弹和鸦片。

三反五反时，把我爸爸当成叛徒、假党员、贪污分子整。说他用汽车运大烟。其实六甲根本不产鸦片。把他关到现在的柳州飞鹅拘留所。爸爸非常不服气，认为白色恐怖时没坐牢，到了共产党手里坐牢。把他关了近一年（但是可以回来过春节）。放回后到单位上班，工资没有降，但原来主任的职位被拉下来了，当工人。以后每次运动都有份，成了老运动员。一直到死都没平反。

当年看守我爸爸的人现在还活着，王姓，住在二区。

刘觉的那本书，草稿是十六开本，交给我父亲保存，上面写"王斌同志保存"。文革期间，吕永德和另一个民兵负责人到我家拿走了。后来找他们要，他们说弄丢了。它的出版物在湖南省博物馆可以找到。

文革前我一贯工作积极，学习努力。文革初期，要介绍我入团，

---

[1] 六甲，铁路站名。位于贵州省。

我不入。又要我去听党课，我也没去。我说我是叛徒崽，父亲的问题不解决，我就不会去。

以上这几个事，让我心中有看法。文革来了，我就参加了造反派。

"9.5"事件

1967年9月6日下午，有柳州市的人开着一辆车，经过我们车辆段，对我们高喊："抢枪去！抢枪去！"一问，知道是到来宾武装部去抢枪。我们一些人就跟着去了。去后，一进到院子里，那里的军人就对我们开枪，共打死了16人。这就是后来所说的"9.5"事件。事情的经过，当初王反修代表工机联来调查的时候，我已和他详细讲了。情况就是那样。

我们一进去，就发现到处都有火力点，门口有交叉火力封口。他们已有准备。我们在大门外时没有开枪打，进了大门后他们就开枪打，我们一直没有打。被打死的共有十几个，有机务段的，车辆段的，还有市内造反大军的，最小的是方天行，十五六岁，铁二中的，联战观点。最冤枉的是胡新沂，他已经举手投降了，但经过窗口时，还是被射杀了。

我是这次事件中的唯一幸存者。冲进去后，看到四处是火力点，对着我们开枪，我就势躲进了旁边的一家住户。这家有女主人、两个孩子和保姆。我提着一把盒子枪冲进去的时候，他们吓得发抖，孩子直哭。其实我的盒子枪里并没有子弹，也不是要打他们而来。这时对门兵营宿舍里，几支枪对着房门和枪口。我就喊这几个家属出去，说开枪的是你们的人，你们出去没问题。后来知道，这是武装部龙部长的家。我为什么没有被打死？我想大概是两个原因：一是近距离接触，但我没有伤及龙部长的家人；二是我高举着《毛主席语录》，高声念着"没有人民的军队，就没有人民的一切"，毛主席语录救了我。

后来留了我在那里参与调查，对我还是很照顾的。

武斗

除了"9.5"到来宾武装部抢枪外，我参加过两次武斗。一次是打小鹅山，我们在前面佯攻，许训祠等人从后面主攻。

还有一次是打技术馆。实话说，我们无心打死任何一个人，只是想把他们赶走。技术馆后面有一个小桥，是他们逃走或增援的必经之路。我们对着那里布置了一挺机枪、三支冲锋枪的交叉火力，要是我们想要杀人的话，他们一个都跑不了。但我们没打一个人，他们的头头贾耀军从桥上过，也没有打死他。倒是他们那边打死了我们的林中立，是飞鹅桥那边射过来的子弹。我的腿上也挨了一枪。所以后来打防腐厂我就没参加了，我住在医院里养伤。

被判死刑的许训祠，我感到他也是被冤枉的。打小鹅山时，他们负责主攻，从后山爬上去。登上山时，上面已经起火，估计是枪打造成的。混战中对方的廖明亮被打死了，后来说成是许训祠放火烧死的。我后来私下问过许，他说不是他烧死的。我分析，可能是联指住的棚子起火后塌下来，烧死了廖明亮，或者是廖已被打死，塌下的棚子烧坏了他的遗体。

挨斗

文革期间，抓了我和黄克勤，开大会斗我们。要我作假证，证明我们有人抓了军管会解放军坐水牢——当时我们是抓了军管会解放军，认为他们不支左，对他们不服气。把他抓到机务段，但怕他受潮，在给他睡的房子里，给他铺了很厚的地板。我就在大会上证明，没有水牢。话一出口，他们马上对我拳打脚踢，又拿绳子把我捆起。捆得很紧，我气都透不过来，站着站着就晕倒了。又要把我关起，是军管会解放军放了我。当时我的父亲准备上台拼命，若他一上台就会有许多人跟上去。

后来在单位上一直把我当牛鬼蛇神，把我编入牛鬼蛇神队伍，和牛鬼蛇神一起接受监督，参加劳动。

后来又抄了我的家。抄走了我爸爸的一件皮衣料子。那是当年王彦章（单位的联指总头头）帮我爸爸买的。我说："你们去喊王彦章来，这不是打砸抢来的。"后来他们拿走又退回来了。

我有一支苏式步枪（俗称"大屁股"）我藏起来了，他们没有抄走，是我自己后来上交的。

母亲

我的母亲原是居委会主任，也是被整死的。

她下属的家属委员会主任黄某某，拿了公家的酒票送人，母亲批评了她。她怀恨在心，到了文革，她是联观点，乘机报复母亲，把她当走资派斗。逼她跪石渣跪煤渣，挂着大牌子游街……母亲实在经受不住，晕倒在地上……

后来家属委员会黄某某等人又要把我母亲赶下农村，说不许她在城里吃闲饭。母亲经不起三催四逼，说走就走吧。但另外两个工友，秦延龄，蒋秀文（那女的是联指的），人很好，来劝我们，说你们不能走，走了就回不来了。又说这个政策他们懂，45岁以上的不用走。他们又找到黄某某的爱人谢春甫——谢是制动车间工长，为人好——说你们要按政策办事，搞错了以后要平反的，王斌的爱人已经五十多岁了，不应该要他下农村……这样母亲才得以留在家里。

后来母亲发现癌症。她要求送湘雅——她原来是长沙裕湘纱厂职工，抗战时期裕湘遭受日本鬼子轰炸，母亲重伤，半边乳房被弹片削去，湘雅医院把母亲治好了——不被应允。接回来后，在家待了一周，见了亲人，后送到柳铁医院，在那里去世。

拘留

我在批斗期间没有进拘留所。那次大会拒绝作假证时，想把我关起，军管会的解放军放了我。但后来还是找岔子把我关进了拘留所。

那时候文革已结束，但还没"处遗"。工休时和工友去玩，想捞点鱼虾。在太阳村的一条水沟里，放了"鱼藤精"。单位上就造谣说毒死了多少解放军，多少农民，那水沟里的水流入柳江，又毒死了多少市民……当然，放毒药毒鱼，是不对的。但后果远没有那样严重，一个人也没死。和我们同去的何炳堆，原是公安人员，参加造反派，被贬到车辆段。他喝了那水沟里的水，没事。

单位就以此为借口，把我抓到拘留所。当时文革中被抓捕的工机联头头骨干，还有一部分还继续关押着，我和他们在一起打砖。但放我回来过了春节。关了一个月差几天，韦锡荣当了柳铁公安处长，把我放了。因为带我们去抓鱼的，是原来联指的成员米九林，买毒药也是他提议的，要放他就必须放我。

抓我的时候，我们车辆段的段长不同意抓，是进入革委会的一些联指成员，以单位的名义抓的。

抓鱼那次从拘留所放出后，我就一直在单位上班。从参加文革到1987年，单位上加工资，半级都没有我的份。普调那一年，我也只调了半级。1987年，中央有文件，凡是1958年参加工作的，工资没有调到87元的，一定要调到这水平。我去问段人事主任，他说给你调了，但到了车间，又扣下你半级，给了别人。我不满，他们就说，等你退休时，给你补回这半级。当时我的徒弟工资都100多元了，只因为他文革参加的是联指。为了这半级工资，我退休了，当时还不到五十岁。

退休后就自己小打小闹地找点事做。卖过水果，批发过鞋子，开过茶庄——茶庄垮了后，又去卖鞋子，到小地方去买卖。荔浦，阳朔，蒙山……都去过，两夫妇一起，日晒雨淋，有时候就睡在街头。

现在不做了。两个孩子，一个承包了一个麻将馆，一个承包了一座果园，还可以。

李旺生的文革经历

胡桂兰　王反修　杨建平

李旺生，柳铁工程一队技术员。中专毕业，转业军人。文革中参加柳铁工机联，曾作为工程工总的代表参加1968年临时组成的工机联文攻武卫指挥部。文革后期被抓进拘留所关押七年。释放后又被单位强制劳动。1982年患胃癌去世。

胡桂兰（李妻）：老李本是河北兴化职业中专毕业的，后来参军到海南岛，是排级干部，我随军一起住在部队。组织上要培养他入党，又派他到南宁学习了一个多月。后来因为他哥当过伪保长，牵连了他。

1962年，蒋介石要反攻大陆，部队的训练很紧张。常常晚上要搞军训，回来把被子一扯就走，到第二天晚上七点多还不见回来，我不知道他到哪里去了，问营长的爱人也不知道。只看见一辆辆的大卡车，上面贴着人的名字，装着人呀物品呀往别处开。我心里特别紧张。这时部队要把老李调到榆林港去驻守，我坚决不同意，说你要去我就和你离婚。他没服从部队调动，转业到资兴煤矿。后来广西铁路局到煤矿招人，把老李招来了。这一次一共来了四五百人。老李把我的户口也转到柳铁。这是1965年。这时没有房子住，住洋毛毡搭的棚子。我也没有了工作，（在部队时我在军属中当主任）很艰苦。

文化革命开始了。他要参加工机联，一开始我不同意。这次他不听我的了，上次在部队听了我的，吃了亏，耽误了他的前途。

后来我看见工机联这个组织很好，我很高兴，到后来我也参加了。开会游行，大家都喊"桂林老多，越抓越多"的口号，我也喊。

没多久，老李就被抓起来了，我不知道是什么原因。他被关了七年，很可怜，我常到拘留所去给他送东西。

后来我也挨斗了，但是我没挨打。只是被游街。是居委会抓我去的，当时我是居委会干部，在部队我就是。

王反修：（工机联主要负责人之一）李旺生被抓，主要是"5.21"的关系。1968年5月，我针对当时形势临时组织了工机联文攻武卫指挥部，李旺生作为工程工总的代表参加了。这个指挥部在林场召开过很多次会议，研究当时的武斗形势。每次李旺生都参加了。但这里出的事主要是"5.21"策划并抢夺了子弹，李旺生被抓和这有关系。但他不是主要人员，他和事情没有直接关系。其他方面他可以说没有什么事。他被抓后在拘留所关了七年。放出去以后，送回单位，又被单位强制劳动。

杨建平（同事，难友）：我文革前就认识李旺生。1967年铁一中学生胡超亮被联指用长矛刺死后，铁路形势骤然紧张。当时我在小站工区工作，一天工务段一个这派的人通知我们，要我们到柳州来保卫总部。我一听形势这么严重，就带了十几个人到柳州来了。一看李旺生和工程队的人也来了。一个年纪较大的人，懂些武功，正在教他们使用刀棍之类。

和他一起来柳铁的，有一帮湖南人，和"湘江风雷"（湖南造反派组织）联系较多，零零星星搞来了几支枪，加上后来"5.25"抢的枪，他们有一批武装人员。

他被抓进拘留所，被追查的有这样一件事：，五月下旬，小道消息满天飞，说联指开了个火车头，从来宾那边过来，要怎么怎么。那天晚上，李旺生就带了几个人，到五三八（铁路区间地名，来宾到柳州的必经之路）后面去打伏击。在铁路主线旁边的山坡拗口驻守。人还没有站稳，就看见来宾方向来了一辆轨道车，后来知道，轨道车上的司机叫蒋自卫，车上拉的全是解放军，大约是到来宾那边去处理问题，回来时已是晚上。

当时这边还没有布置好，轨汽来了。车上没有亮灯，有些人不懂，分不清是轨汽还是火车头，就开了枪。

后来据开车的蒋自卫讲，他差点被打杀死，有两个解放军受伤。但天黑，分不清是谁开的枪，后来追查下令开枪的人，说是李旺生下令喊打的。但李说他没喊。下面的人说，有人喊打。追查的结果，认为责任在李旺生，要惩办他。但他即使喊了，也绝不是要打解放军，当时天黑，看不清楚，不知何人。关了他七年后，把他放回单位，带着反革命的帽子监督劳动。

胡桂兰：老李被关了七年后，单位又把他抓回来，批斗。后来给他定性为"现行反革命分子"，到来宾工地去监督劳动。他在那里的情况非常悲惨。但当时老李被抓了，我家里没有了生活来源，我到外面做临时工，又拖着三个孩子，很少有时间去看他。对他的情况不很了解。一天，单位上的一个姓张的工程师（现在已经八十多岁了）偷偷告诉我："不得了啦，你们老李要被折磨死啦。干活扛东西都要他戴着手铐，去搬五六十公斤重的千斤顶……好可怜啊……"

大年初一的晚上，老李写信回来，说："我完了，活不下去了……长痛不如短痛，我想死了算了……但一想到几个崽，心里好难受……"我接信后就哭起来。然后给他写信，边写边哭。大儿子看见了，问我为什么。我说，给你爸爸写信呢，他好可怜的，不想活了。他就给爸爸写了一封信，说："爸爸，你要知道，我们的生活也很苦。特别是妈妈。她早上太阳还没出来就去做工，晚上太阳下山了还没回来……儿子五六岁的时候，就爬上树去勾柴火……我们都是为了明天。当乌云出现的时候，曙光就在前面了……"我们把信请张工带去。老李收到信后，情绪好了一些。

过完年后，我就跑到来宾去找曲德仁（桥隧工程队的党委书记，1967年8月23日晚上，带人攻打文化宫的总指挥）。我进门就说："你们要磨死我老公呀……"接待我的是办公室主任陈某。我说我要见曲德仁，一定要跟书记讲。曲来了，问我是什么事。我说："你要实事求是。李旺生犯到哪一条就办到哪里。他究竟犯的什么罪？戴着手铐去搬五六十公斤重的千斤顶……他总没犯死罪吧？要是他死了，我要告你……"

陈主任要我坐下来讲。我对张说："你要答复我。究竟怎么办。他有病要治。"没过多久，老李回来了，慢慢地就没到工地去了。

他回到家里时，每月只有四十元钱，就偷偷地到外面去做工。

我陆续写了好多材料，去告状，都没有结果。1971年的时候，南站公社的书记黎彦青、陈效之，虽然都是联指的，但人很好，他们对我很好，派我到菜市去当了指导员。

1979年，我到北京去出差，南站公社的李秘书帮我写了一个材料，我拿了交到铁道部，铁道部又让我到柳州铁路局解决。铁路局发了我1000元钱，恢复了老李的工作。

一直没有宣布平反。也没有补发工资，铁路局发了1000元钱后，单位就来喊他去单位上班。做了几天后就退休了。

老李坐牢的时候，家里一无所有。每顿饭都没有菜吃，用大蒜子捣烂，放点盐，做菜。有时候就把辣椒烧熟了当菜。孩子就用篓子去捞了点儿小鱼仔，给他爸爸送饭。看守的公安人员说，老李好可怜的，送给了他十元钱，半个月的粮票。

我被游街的时候，强迫我跪在小鹅山的铁道口，对着小鹅山磕头。（因为武斗的时候，他们在小鹅山死了人。）

老李1982年得胃癌去世。

我的大女儿，是铁一中学生，学业优秀，后得白血病去世。

小儿子广西大学建筑系毕业，柳建集团总经理，市政协委员。盛年时患癌症去世。

许多人都说，是那段生活条件太恶劣了，埋下了祸根。

我曾经是造反派

窦立诚

窦立诚(1947—)柳铁一中高三年级 31 班学生。班团支部宣传委员,学校武装基干民兵排排长。文革初期参加造反派,后参加东方红公社。一度是东方红公社主要负责人。1968 年 2 月参军,历任师部秘书,专业后任山西冶金建设公司子弟小学校长,党委宣传部长,柳州铁路分局成人培训学校校长,分局党校副校长等职,2007 年退休。著有长篇小说《梦魂》《军魂》等。

文革中,我是造反派的对立面东方红公社的主要负责人之一,但在这之前,我参加的却是造反派。

参加文革,可以说是顺潮流而动。

1965 年,全国都在搞四清。我们学校党支部门口也贴了大张的《中共中央关于农村社会主义教育运动中的一些问题》(即 23 条),那里醒目地提出四清的重点是 "整那些走资本主义道路的当权派"。也就是说,党内出了走资本主义道路的当权派。铁一中也原定 1966 年暑假期间就要开展四清,我当时还为那时我们已经高考了,参加不上了,有点遗憾呢。

文革前,我的父亲[1]是铁路局电务系统四清工作队负责人。他常把一些四清工作队的机密材料带回家。我历来关心政治,又好奇,偷看过一些,看到了一些令人吃惊的东西——

副局长某某某,先后强奸到柳铁中心医院实习的上海医生和护

---

[1] 窦的父亲时任铁路局电务处处长。

士多人，四清中，仅到四清工作团来哭诉的就有 30 多人。他经常到铁路医院住高干病房，期间洗护都要护士帮做，护士每帮洗澡必被强奸。在四清中，他被划为三类干部（敌我矛盾按人民内部矛盾处理）。

还有个副局长土改时霸占地主小老婆。来柳局后，还在家里与干部家属集体淫乱，也被定为三类干部；还有个处长，在党校讲课时公开说，"马克思说革命不能输出。但帮助世界人民，关键时也可以输出。比如二战时苏联解放了大半个欧洲，现在我们援越抗美，出兵越南，都是输出。"被定为公开反对马克思主义等等。

这些，使我感觉党的问题严重，干部的贪污腐化严重，一些人已经变质了，需要来一场大革命。

1965 年，学校传达了毛主席跟王海容、毛远新等的谈话。说教育要革命，现在教育是对付敌人的办法，学生负担太重，影响健康，建议从教学总量中减掉三分之一，还说考试可以交头接耳等。我觉得毛主席说得对，现在教育确实是填鸭式，死记硬灌，要来一场变革。

1966 年我上高三，面临参加高考。高我们一届的校友金志敏是铁路局金局长的儿子，他已考入北京大学。他曾对我说，咱们高考一定要打过长江去（上长江以北的大学），最好考人大和政法学院，出来后很有可能留在北京进各部委工作。我的学习成绩不算太好，数理化一般般，整个高中阶段只得过一次乙等优秀生，就想报考文科，报人大或政法学院。这个心理背景，使我高考前有兴趣挤时间关心时事政治，因为考文科，涉及时事政治多。听广播，看报纸是我复习准备高考的常态。从 1965 年底，姚文元在上海《文汇报》发表《评新编历史剧海瑞罢官》，到次年 4 月北京发起对北京市领导吴晗、邓拓、廖沫沙三家村的批判一系列大批判文章都认真读过，觉得当时国家进入非常时期，阶级斗争非常激烈，甚至有黑云压城城欲摧之势。

我和几个关心时政的同学常常聚在一起，看报纸，讨论问题。报纸上一会儿批判这一会儿批判那，我们也学着以批判的眼光看待一切。《中国青年》在纸上有一张图，上面的水稻倒向一边，田边插着的红旗飘向另一边。被批判说，这是作者故意表现"西风压倒东风"。我认为，反革命都已经猖狂到了这种程度，我们必须要加以反击。

当时我的心理，是一种窥测风向的心理。

1966年5月份，我给《柳州日报》写稿《向资产阶级黑线发起攻击》，属表态类文章，除拥护全国批判资产阶级黑线以外，没什么实质性内容，报社没采用。团支部会议上，尤其是支委会上，我多次提出团支部在大是大非面前，应当旗帜鲜明地参加文革，至少可以出出墙报，给校广播站写写稿，造造舆论，跟上全国形势。邻班的同学洪安民也劝我说，还有一个月就高考了，先拿下高考再说，那时就有精力和时间批黑线了。因此我常常和洪安民等同学展开激烈辩论。后来又在学校里率先开始关于"红专"问题的讨论。

大概是6月1日，在校图书馆，我写了两张大字报，一张是《告高三团员书》，点名批评了洪安民，说他"只专不红""面对革命浪潮，只追求升学"——当时我们高三已放不下一张平静的书桌，他却有时仍偷偷到木工房去温习功课。另一张是《我校资产阶级教育思想应当批判》，点名批评学校语文教研组长何文正老师，揭露他的"右派言论"。说何老师上课说，诗要有形象思维，写诗填词要有意境，不能干巴巴的，比如"三面红旗万万岁"，那是口号，不是诗；如果要学点东西，就要深入生活，就是见到街边卖狗皮膏药的也要问问。我认为，这些都是资产阶级的教育思想，甚至是反动的。

后来，在母校50周年校庆时，我当面向何老师道了歉。

写大字报时图书馆有好多同学在复习功课，看见我写大字报就凑过来看。其中钱文俊、肖普云、李崇泰、王继宁、黄雄民表示支持，就一起签了名。大家又发现是1966年6月，又是六个人，于是我们干脆落款"六六六小组"，"六六六"又是一种杀虫剂，表示我们"要扫除一切害人虫"的决心。

学校停课搞文革后，铁路局派来了工作组。工作组对我们这帮人挺重视的，基本安排在工作组所属材料组等地方，协助工作组开展运动。

七月底，铁路局工作组组织我们铁路地区的学生，在运输学校统一收听中央领导人关于文革的讲话。我们听到了国家主席刘少奇的录音讲话。

刘少奇说，文化革命怎么搞，你们不知道，我也不知道。刘主席都不知道怎么搞文革，我们对此很惊讶。

紧接着，学校的工作队就撤走了。

听说桂林那边闹得很凶，于是我和钱文俊等到桂林串联。在桂林师院得到清华附中红卫兵写的"一论"，"二论"，"三论"无产阶级革命造反精神万岁的传单，再论中引用了毛主席关于"造反有理"的语录。还得到印有柯庆施的"革命就是不满现状"的语录的传单。尤其是惊叹不已的是得到了师大学生的手抄"北京快讯：毛主席的《炮打司令部—我的一张大字报》"。回柳州后，我就和钱文俊一起拿到柳铁印刷厂去印。当时印刷厂的两个负责人是我们两个同学的父亲，一看是红卫兵要印的，立刻就答应印两万份。翻印署名时，我们没有没用"六六六"小组，而用了新名"无产阶级革命造反队"，又有田松年等参加进来。就是造反队的来由。

大约1966年8月10号左右（毛主席"8.18"接见红卫兵之前几天），葛冲[2]从北京探亲回来，说北京出现了红卫兵，上街破旧立新。于是我们按葛冲描述的，买了红布，依葫芦画瓢地，一人撕了一条，用毛笔蘸墨汁写了红卫兵几个字，戴在胳膊上，成为红卫兵了。第二天，我和梁才毅去柳高，发动并商量上街"破四旧立四新"的事。参加的人有王智慧、蔡金城等人。后来又有高三十班的大部分同学，以及师范班的几十个同学参加。这是我们学校最先成立的红卫兵，后来人们把其他称为"老大红卫兵"。"老大红卫兵"对参加者没有阶级出身的限制。

约8月15号，我校与柳高为首的全市红卫兵在人民广场集会宣布柳州红卫兵成立。记得柳州市委书记梁山还在大会上发表讲话，向我们致敬。会后我们走上街头换街牌、路名，如罗池路改为卫东路，龙城路改为人民路等。没有特制新的标准路牌，而是用红纸写的路名贴在路口。当我们按约定好的浩浩荡荡地向鱼峰山挺进，要把头些年才立的歌仙刘三姐的塑像砸烂——歌剧《刘三姐》因为描写刘三姐以

---

[2] 此处葛冲系柳铁一中原初65班学生，此时已考入银行学校。与本书前文所说的柳铁军管会主任葛冲是两个人。

唱歌为武器和地主作斗争，被批为反对武装斗争的大毒草——结果走到半路，听说市委机关干部早就把刘三姐的像砸了。也许是我们有人走漏了消息，市领导先下手为强，给我们个措手不及。

毛主席1966年8月18日接见红卫兵后，各地纷纷组织红卫兵和文革积极分子到北京接受毛主席的接见。月底，柳州铁路局开始挑选铁一中的文革积极分子和红五类子弟分批坐火车到北京。每批约有50多人。

第一，第二批都没有我们造反队的事。这说明我们造反队已经成为局里监视控制的对象了。

也就是在这前后，大约是八月底，九月初北京红卫兵（主要是北航的）来柳州并到我校煽风点火，并带来了谭力夫等人鼓吹血统论的文章。在学校礼堂里他们敲钟集合在学校的师生，当众指责我们是不讲阶级路线的大凑合，说红卫兵是红五类的组织，一个个喝令台下的同学报出自己的家庭成分，喝令不是红五类出身的红卫兵交出自己的红袖章，"不是红五类出身的滚他妈的蛋！"

也怪，我们造反队的成员包括我自己，都自觉地退出会场，承认自己不是红五类（我父亲东北伪满时期是伪职员）。此后，铁路局组织成立了阶级成分全为红五类红卫兵（尚有不少出身虽为红五类，但被斥为"不纯"的同学被排斥在外），局"文革办"出钱给这批红卫兵办了铅印版的《红卫兵报》，总编黄世全，一直到文革结束。这批红卫兵因为完全由铁路局文革办组织成立，人称"官办红卫兵"，又因为成立在我们老大红卫兵之后，又被称为"老二红卫兵"。"老二红卫兵"可以说是后来东方红公社的前身。

造反队仍然在活动，渐次出了些名，惊动了局党委。八月初的一天，局党委副书记孙连捷亲自来到学校，公布我们这些人的家庭档案。他指着李某某骂："你是什么东西！你爸爸是历史反革命！你妈妈在医院是三类干部！"——孙连接捷是柳铁中心医院的四清工作队队长。

李某某当时很沮丧，一句话都没有说。后来，他私下对人说："看来像我这样的人是不能搞政治了。"

对于我，孙连捷采取了另外的方针。他接连找我谈了两次话，一次还把我父亲叫到一起来谈。先说："你知道你父亲历史上的问题吗？他是伪职员！"又反反复复地说："你们搞造反队，造谁的反？造共产党的反？不满现状，那就是不满社会主义。"还说："问问你父亲，1957年反右时怎么搞的，先让你们大鸣大放，最后抓你们右派。"让我好好写检查，取消造反队。

我当时挺硬的，说，我出来也已经来不及了。我已经写了大字报，又印刷了传单，话已经说了，水已经泼出去了，退出来也是这样了。

他气得对我拍桌子。

后来我到东方红公社后，我们保孙连捷，就是因为他在运动初期给我打过招呼，保护过我。

我们明显被排斥在革命队伍之外。到北京见毛主席的权力也被剥夺了。因我们是铁路子弟，铁路很熟。我曾经自己冲进车站，要爬车去北京见毛主席，结果被一些学生认出来，喊道："那个人是造反队的黑七类（地、富、反、坏、右、资、走资派）"，结果我被车站工人纠察队给撵下车。

后来，《人民日报》报道了大连海运学院红卫兵步行长征到北京的消息，还发了社论《红卫兵不怕远征难》。这个启发了我，不让坐车，咱也走着去北京！柳州到北京2310公里，为了走得更有意义，我想起了红军长征，于是决定用一年时间沿红军当年的长征路线走到延安再走到北京。于是我们五男六女（走到遵义又加了一男一女）走了四个月，头年10月到1967年2月，中央国务院宣布停止大串联才返回柳州。长征队取名长征红卫军。

回到柳州，柳铁红卫兵已分成两派，一派是革命造反联合战队，一派是东方红公社。顺理成章的，我本应回以造反队为基础的联合战队，可后来铁路公安处处长张珍的一番指点，让我有了新的抉择。

张处长与我住同一小区，一天散步遇到我，问："你串联回来啦。柳州变化大了，分成两大派，你参加哪派呀？"

我说"还不是回造反队"。张说："造反队现在是联合战队了，有些事你们不知道。湖南有个湘江风雷，他有个战斗队叫红铁军，来柳州闹事，住在延安旅社。联合战队和他们来往密切。红铁军不是什么好东西，过些日子有大行动……这事你就知道就行了，先不要跟任何人说……"

我觉得张处长这么说，而且不让告诉别人，这事比较严重。于是跟钱文俊说，人家说红铁军不是好东西，不要跟他们往来。结果钱文俊把我讥讽了一顿，说"你们游山玩水小半年，知道个屁！柳州还真的靠红铁军打开局面呢，人家敢闯敢干，是造反派……"

没过几天，张处长说的大行动出现了。市警备区，军管会，铁路公安处在鹅山体育场召开取缔反革命组织红铁军大会，红铁军几个头头被五花大绑押上主席台批斗。

后来我又搞了几天调查，感到东方红公社大都出身好，团员多，而参加工机联这边是没有政治前途的。于是模仿毛远新在辽宁写的《我为什么参加红造总》的风格，写了万言的《我为什么要参加东方红公社》，铁路局广播站广播了三天。我们长征队除中途加入的两人外，都参加了东方红。4月份，东方红公社举行了选举，我成为主要负责人之一。

1967年6月，柳铁钢厂的联指打了1000多把大刀长矛，送给东方红公社。

1967年8的一天，我和王秉政一起带人去部队抢枪，未遂。

1967年九月，柳铁武装部龙部长，某某某，带领我们到铁路医院后面的地下仓库，将封存的铁路武装基干民兵的3700多条枪全部"抢"到。同时抢了驻守部队6963部队挂在墙上的六支手枪。之后，6963部队找到我们，说："你们把我们的手枪都抢了，害得我们交不了差。你们把抢我们的手枪还给我们吧。"我觉得他讲得有道理，就去找联指总部负责人刘俊三商量。刘说："交回去？你们是去干什么的？去抢枪，哪有把枪交回去的道理？"

1967年8月24日，周恩来总理在接见广西两派赴京代表时，表态说"四二二是革命造反派，联指是群众组织"，这让我感到失落和迷茫。遂于1968年二月参军入伍。

附一：我的几个同学之死

黄玉梅

文革中联战共有九位同学死难。他们是：胡超亮、莫兆明、张立伟、丘黔桂、李湘、李能、龚晶、方天行、王惠萍。前六位全是柳铁一中高三的同学；方天行，柳铁二中初二同学；王惠萍，南宁铁中初二同学，她死在柳铁，而且情节特别悲惨。

东方红公社和工人中亦有四位同学遇难。

李湘(1947.11.28—1968.6.21)

柳铁一中高三年级三十一班学生，品学兼优，班团支部书记。1963年从柳铁二中考入铁一中。

我们同班，同一个团支部，又同一个寝室，分睡在上下床。我们成了好朋友。文革来了，我们又一起参加联战，但分属不同的战斗队。整个文革她虽一直在造反派队伍内，但没有任何实际行动。没有看见过她写过一张大字报，参加过一次辩论，散发过一张传单，没有上台斗争过谁，批判过谁，更没有抄家打人之类的事……

有一次，她到我所在的宣传组来玩。看见她来，我很高兴，说了说话，就说："来，你也来写篇文章吧。"当时大家都争着为自己的组织出力，宣传组的同学多主动写文章。可是不经意间就发现李湘已走掉了——很久以后我才理解到，对那场运动一开始她就很有保留，完全不像当时的我们那样狂热。也许出于对自己的保护，也许对那场运动并非像我们一样深信不疑。

可是她还是遇难了。

1968年初,运动越来越难以进行下去了,大家普遍陷入惶惑之中。李湘和另一位同学一起外出串联了一个多月。一个春日,在我回家的路上,在竹鹅溪上那座临时搭成的桥上,李湘向我走过来——我已经好久没有看到她了。她穿着绿格子上衣,毛蓝布裤子,神态从容,沉静,带着几分忧郁。

"李湘!"我欢喜地叫道,"好久没见到你了,你到哪里去了?"

"我刚才去给我姐姐寄了一封信。"她说。

她的姐姐,贵阳一中65届高中毕业生,也是班团支部书记,历年的三好学生。但没有考上大学,响应号召,下农村了。1964、1965两年的高考招生很强调贯彻阶级路线——凡出身不好的学生,无论怎样优秀,都没有被录取。据说他们的录取与否,在他们参加高考前,已经由他们的档案材料决定了。

"姐姐他们乡下,很落后,情况我们难以想象……苦不怕,问题是这完全不是知识青年能改变的……他们满腔壮志,却无用武之地…做一天的工分,才值五分钱,我姐姐连小手绢都买不起……我刚才在信里给姐姐寄了一条小手绢……""

说完,看了我一眼,又说:"以后我不想下农村去了……"

说完,她低下头去。我只觉得脑袋轰的一声响。"农村是一个广阔的天地,在那里是大有可为的"这是伟大领袖毛主席的教导,是我们在整个高中阶段共青团的中心工作之一,是在全国青年中开展的思想革命化运动的重要和主要内容。"考不取大学就下农村去",我们天天喊着这样的口号,团支部天复一天日复一日讨论着这样的问题,共青团员、要求入团的积极分子逐人逐人的表态……表了这样的态,才叫作你已经解决了"前途问题"。我和李湘都是共青团员,都带头表过这样的态,也动员别人表过这样的态.。

"以后不想下农村去了。"这就完全否定了自己,而且不仅仅是如此。顾不上我多想,她又说:"前不久我去了一次南方,那里已经成立了革命委员会……那里武斗中死了许多人,但只有一个被追认为烈士,还是为抢救国家财产牺牲的……"

又一记炸雷在我的头顶炸响——柳州也已有武斗发生,两派都已死了人。少不更事又已被炙人的革命宣传烧得谵妄的我们,一门心思一厢情愿地认为自己是跟着领袖干革命,是革命路线的当然代表,大方向完全正确,上面也已公开表态支持了我们。那么,我们在武斗中死去的人就理所当然的是为保卫无产阶级革命路线而牺牲,理所当然的是烈士。而现在,李湘的话,等于提前向我撕开了未来的一角,让我们能稍稍冷静地提前看到我们当时狂热斗争的结果——那是和自己的想象大相径庭的。以此为观照,我们应对自己当时的所作所为发出严肃的叩问……

但是,这又和我们运动以来的忠诚信仰完全矛盾。

我们现在的一切都错了?我为自己的想法吓得几乎发抖!

多少年后,我看到苏联作家格罗斯曼曾通过他笔下的人物,准确描写了我当时的感受:"新的想法使莫斯托夫斯克伊大吃一惊……为了摆脱利斯(一个法西斯小头目)只需要……但是,不,不行,还得更多,需要放弃他一生所关注的东西,需要谴责他为之捍卫和认为正确的东西……还得更多,不但得谴责,而且的全身心地以自己所有的革命热情憎恨劳改营,憎恨血债累累的叶若夫,贝利亚,但是还不够……"(格罗斯曼:《生存与命运》)

当时各地的传单满天飞,那里的信息已使我们熟知,不少的人,不少的组织,被打成反革命……就是因为议论和反对那场革命。对他们,有一个新的通用的罪名,叫作"炮打三红"。

而眼下,李湘的话,沿着李湘的话去思考,就会怀疑自己,怀疑运动以来我们所做的全部事情,怀疑斗争的方向,怀疑整场"史无前例"的革命……

我不敢再想下去,再想下去脚下的大地就会塌陷;再想下去,我就将死无葬身之地……

一个令人惊怵的念头又突然跳了出来:是不是李湘的立场有问

题,是不是她的思想变得很反动,像我过去对怀疑我们"大方向"的人所理直气壮的批驳的那样?可是,直觉告诉我,不是。她说的是真话。

一时间,我的内心翻江倒海。在心的深处,在远远的地方,一个声音在怯怯地说,她是对的,她看到的是事实……可是另一个声音却在以千万倍的能量轰响——在我的头上,在我的身旁,在天空,在四周——不能想下去,不能想下去……这是大逆不道,这是死罪……

我已身不由己。我不能再想下去。我不敢再想下去。我必须令这另类的思想停止,我必须把这异端的幼芽马上掐死。我立刻把思想拉回到现实,拉回到现实的主流意识。我们是毛主席的红卫兵,是跟着毛主席干革命的,毛主席是不会让我们犯错误的……而且,不是我们一群人这样做,是全国的红卫兵……不可能这么多人都错……即使错了,责任也会由上面负。不知从什么时候起,我已懂得了不能按自己的直觉去思考,不能根据见到的事实去思考,而必须按照主流意识的规定去思考,或者说,不思考,只服从,"理解的执行,不理解的也执行"……

我的目光,悄悄地从满是期待的李湘的脸上移开……

我可悲地做了一只鸵鸟。错失了自己及时走出文革的机会,更永远错失了最好的朋友。

6月1日开始,柳州两派的对峙骤然升级,以至隔江而治。大规模的武斗频频发生。6月23日夜间,南宁联指公交兵团南下柳州,和柳州联指一起,夜渡柳江,大规模袭击这边的阵地磨滩。战斗十分惨烈。李湘被调往前线救护,遇难。

十五年后的1983年,广西迎来了文革"处遗"。李湘的遇难得到清查。凶手是工务段的电工戴某某。凶手没有受到任何惩处,甚至也没有道歉,因为是武斗中杀人。但当时是短兵相接,凶手可以清楚地看到他射杀的是一个女中学生,赤手空拳。

正如李湘自己所预料的,她不是烈士。处遗中,李湘的年迈的双亲,得到一纸关于李湘之死的结论:"非正常死亡。"

莫兆明(1947.5.4—1968.1.21)

柳铁一中高 28 班学生,革命造反联合战队"大喊大叫"战斗队(毛泽东思想文艺宣传队)成员。1968 年 2 月 21 日的早上,莫兆明和"大喊大叫"队长陈宪中等四人一行,到柳州市地区文工团(地处柳北)去借小号。行至市内,发现因为此前不久这里打死了人,造反大军群众群情激愤,围住解放军辩论。有新近从越南回来的新兵,年纪小,对文革毫不知情,被不明真相的群众围住。莫兆明等利用是观点相同的组织成员身份,说服造反大军群众散开。但群众情绪愤激,那两位新兵走几步,旋被围。莫兆明等人考虑到返校路径和那两位解放军回驻地路径方向一致,于是和他们同行,以免他们再次被围。行走至探矿厂(联指据点)前的马路(这是他们回校的必经之路),发现此地已被当街筑了工事。随即从厂内冲出由探矿厂武斗队长兰某某为首的几人,朝莫兆明等不由分说一阵射击,莫兆明当即遇难。陈宪中腿部受伤。后柳铁两派并柳铁军管会代表组成调查组,对此事进行调查。虽然事情非常明朗,但不知何故,调查组没给出任何结果,不了了之。凶手兰某某后来被调往鹿寨武斗,被打死。

张立玮(1947.2.13—1968.5.25)

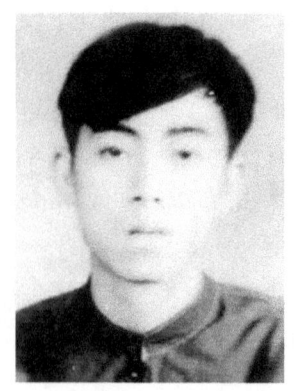

柳铁一中高三年级三十一学生,班团支部委员,一个高高个子,大大眼睛的俊美男孩,学业优秀,又写得一笔好字。张立伟热心助人,同情弱者。读书的时候,常主动把自己的教辅资料借给同学使用。运动初期,批判资产阶级教育路线,某同学险被作为资产阶级教育路线的培养对象、修正主义苗子抛出来,处境很困难。张立玮深表同情。常常默默地陪这个同学坐在教室里,有机会就帮些忙,例如抄大字报等。

文革中,张立玮参加革命造反联合战队,被选为一支队队长。

1968年2月,柳铁两派成立"大联委",下设巡逻队,负责铁矿路地区的治安。不久,联合战队学生莫兆明在途经探矿厂回学校时,被探矿厂联指武装力量无端杀害。有关方面对追查凶手不作为。工机联群众群情激愤,旋即有人抓了大联委巡逻队联指派成员某某,并把他交到联合战队,由一支队看管。是夜,一支队成员中有人主张打某某一顿,以报复莫兆明的被害。愤激之下,大部分人支持。张立玮坚决反对打人,在这种情况下力辩群雄,竭力说服了全体队员。就在第二天,市造反大军攻打探矿厂,柳铁工机联增援,一支队被派往前线。张立玮不幸遇难。

丘黔桂(1947.4.15—1968.6.21)

柳铁一中高三年级高31班学生,团支部组织委员。1963年从柳州西部一个叫流山的小站考入铁一中高中部。

团支部每次开会,丘黔桂都很认真,但从不发表意见,总是若有所思的独来独往。渐渐的大家也看出他对支部工作有意见,问他,他就有些无可奈何地笑笑,不说话。终于有一天他递上来一份思想汇报,说希望团支部要提高理论水平,不要一开会就只是颠三倒四地讲那些老话,空喊口号。这意见对大家震动很大。后来团支部遇事就常征求他的意见。发现他读书多,知识面广,看问题很有见地,常常一套一套的引经据典。他关注时政,对报刊上学术界理论界的讨论和争鸣,很关心,很熟悉。诸如秦兆阳的"现实主义广阔道路论",邵荃麟的"写中间人物论",对电影《舞台姐妹》《早春二月》小说《三家巷》的批判,他都很熟悉,能一一列举要点。他还有一套独特的学习方法，注意积累资料，像一个学者一样，做了厚厚的读书卡片。并能背诵不少李杜苏辛的诗词。大家对他刮目相看了，渐渐地把他的情况反映到团委会，新一届支部改选的时候，他当选为班团支部组织委员。

他常跑图书馆，图书馆的负责老师对他很赏识，让他做了图书馆的资料员，负责收发图书馆每天新到的报纸杂志。他得以先睹为快，经常把报纸上的学术讨论情况讲给同学们听。

文革开始了。初期，学校一些同学批判旧教育路线，邱黔桂也积极参加。后来，有把矛头指向学生的苗头，邱黔桂觉得不对，就退了出来。开始组建战斗队后，由于血统论的影响，丘黔桂一度被排除在战斗队之外。批判血统论后，丘黔桂以本班同学为主体，组织了海燕战斗队。

文革中有一个很怪异的现象。由于长期以来阶级路线的强力贯彻，阶级分析的深入人心，许多人对所谓出身不好的同学，内心深处也认为他们有"原罪"。

运动以来，原有的阶级路线加上血统论的流毒，这个问题变得前所未有的突出。那就是，相当一部分人看人看事，持双重标准。先是或排斥，或疏远，对一些出身有这样那样"问题"的人，排斥他们加入自己所在的群众组织，怕别人说自己的组织"不纯"；血统论被批判后，对他们的言论行为，又另有一番评定标准。大家都年轻热情，血气方刚，可同样一件事，出了些格，出身好的人做，是出于革命义愤；出身不好的人做，则被怀疑"阶级报复"；同一个观点，同一个看法，深刻了些，或另类了些，对出身好的人，会说你思想新锐，敢想敢干，而对出身不好的人，则可能说他别有用心……

整个文革，海燕队参加的具体行动很少。丘黔桂似乎一直有意地保持着疏离，而只是处在观察和思考当中。他是一个博闻强识，有较深厚的理论修养的人，对运动对形势常有这样那样的看法，常找主要头头，向他提这样那样的建议，表现得比较活跃。这些建议这些看法，当然不可能和每个人的认识一致，有时候对头头的指令不同意，就怀疑那主意原出自他，对他有些微词。从后来发现的他遗留下来的文字看，他对那场运动有从根本上的深刻洞悉，远远走在了大多数同时代人的前面。

我从学友山东作家刘烨园的《精神收藏》里读到，就在那一个夏天，邱黔桂写下《林彪理论批判》《毛泽东是人不是神》等文章。

运动越来越混乱，越来越难以把握。到1968年，已陷入全面武斗了。6月21日，对方从南宁调来全副武装的联指公交兵团，深夜渡过柳江，扑向工机联的阵地磨滩。此处只有二三十个中学生驻守，而且对这场强力进攻完全没有警觉。那一仗打得很惨烈，前往救人的女生李湘遇难，李能在受伤后，被对方扔入柳江，初中部和师范部各有一名女生被抓到柳北，关押大半个月方才放回。

开完李湘的追悼会，未及痛定思痛，大家发现，邱黔桂不见了。有人想起，"6.21"那天他是上了前线的。他本是一介书生，手无寸铁，上前线干什么，谁叫他去的，都是一个秘密了。

负责后勤的龙炳宏就到前线的阵地上去找。是时已是事发三天以后。龙炳宏在阵地上找到一具对方遗弃的男尸，六月天气，已全身肿胀，面目不辨。右腿小腿以下已被砍去一截。熟悉的同学从他身穿的红色背心，和旁边扔着的绣着"永远忠于毛主席"的军用书包，辨认出这就是邱黔桂。他被时代残酷的杀害了。被害前他显然做过反抗，他用脚踢过刽子手，刽子手才会砍下他的右脚。但他的文字给我们留下了深邃的思考，他的死给我们留下了反抗的姿势。

王慧萍（约 1952—1968.6）

1868年六月一日（联指整体撤过柳江那天）黄昏，机关总部有个人领着个女孩子到我们学校来，说是被联指抓的人，联指撤走后把她扔在铁路分局的办公室了。来人我不认识，寥寥几句，把女孩子交给我，就走了。

我于是带女孩去买饭和洗澡。她告诉我，她是南宁铁中初二的学生，四二二观点。女孩情绪很低，对被抓后的情况不愿多说。时值夏天，透过她穿的短袖衬衣，我清楚地看见她的手臂延伸到后背有一道道鞭打的伤痕。我问她："他们打你了？"她咬着嘴唇，神情怪异，低下头去，不愿谈及。只说了一句："王慧萍被他们带到柳北去了。"

她刚洗完澡，一个低年级的男同学来对我说，钱文俊（联战的主要负责人）要他把这女孩带到他那里去。（钱的家在南宁，初中也就读于南宁铁中）我就没有再参与此事。

后来听人说，这两个女孩被抓的原因是，因为南宁的四二二已处在被围剿的极端困难的处境中，她们就到柳州来，想运一些子弹到南宁去。她俩把子弹装在铝质提桶中，上面盖上东西，坐六次列车返回南宁。因为子弹重，铝桶轻，在车上引起注意，轻易地被联指抓获。这个女孩家长是联指观点，联指撤退时就把她放了，而王惠萍全家都是四二二的，就被带到柳北去了。

自己组织有人被抓，是很大的事。但此时我们已被巨变的形势弄得不知所措了。死人，被抓，失踪的事接连不断，应接不暇，军管会对于这些行为也或视而不见，或无所作为。再说对方已全部撤到对河，你抗议呐喊，又给谁听？王慧萍的事，已无可奈何。

大约又过了大半个月，联指开始陆续放回被他们抓捕但还活着的人。一天工机联总部被军管会通知去柳江大桥（这是当时连接两派的唯一通道）接王慧萍。（据参与接人的工人师傅说，王慧萍是赤身裸体，仅余一口气，被扔在铁桥头，才由军官会通知去接的）去接的是军管会的一位解放军干部老宋和总部指派的几名工人师傅。

下面的情况，就是老宋亲口告诉我的。

王慧萍交过来的时候，已不能行走，躺在担架上，一丝不挂，全身浮肿，只剩一口气。老宋看不下去，脱下自己的军衣盖在她身上。

回到这边，气息奄奄的王慧萍说的第一句话，就是"我快要死了"，她还说，柳警司的人很坏（这是当时带有派性观点的表述），"那些女兵的强迫我吃一种白色的小药片"，"她们还老是拿鞋底压我的肚子……"说完这几句话，她就断气了。

她的遗体被放到铁路林场，用一张白被单盖着。一位李姓女医生为她做了检查，确认她已被强暴。

我对王慧萍的话很纳闷：她被对方抓去，折磨将死回来，为什么不控诉对方的罪行，只讲警司呢？警司的女军人的行为也很奇怪，给她吃白色小药片是什么意思？若是给她治伤，那为什么不用外用药？要杀害她，也不至于由警司出面……再有，用鞋底压她的肚子，这是要干什么呢？

写悼词的时候，就只好写惨遭毒打致死。过了两天，一个低年级的女同学找着我，说有话要对我说。可说话又吞吞吐吐的："……我妈说，王慧萍的情况不是你们理解的那样的……哎……你不懂……"

我说："那是怎么回事啊？"

她欲言又止，又低下头来，很不好意思地笑笑，嘴里只是反复地说："哎，你不懂……不是那样的……"

我正急着有别的事，闹不清她到底是怎么回事儿，就边听边走。

她追着我喊："哎，我妈说，不是那样的……哎，你不懂……"

我真的一直没懂。

八十年代初期的一天中午，我坐在床上读《中篇小说选刊》。一个中篇写抗日战争时期的慰安妇的悲惨遭遇。她们每天要遭受到数十个强盗的强暴，入睡时，就用烤热的鞋底压自己的肚子，把那些畜生在体内的遗留物排出来……

我忽然如炸雷轰顶！记忆的闪电，蓦地撕开了警司的女军人压王惠萍肚子的往事……天啊，王慧萍遭受了怎样难以言状的残酷蹂躏！天啊，她还没有成年啊……纯洁如水的小姑娘，对畜生的暴行难以启齿，濒临死去，用警司女军人的行为，委婉的控诉了他们的罪行。

七月底，两派代表进京办学习班的时候，工机联总部的代表带了王慧萍家长对王慧萍受迫害致死的控诉材料。车到长冈岭的时候，遭到全副武装的联指武装力量的拦截，所带材料悉被搜走，到了北京也没有任何言说机会。

关押王慧萍的地方，是原柳州市人委的驻地。那时是柳州联指保卫部私设的黑监狱。1968年的5—7月，曾有六、七百人（其中包括十余名女性），从街头闹市、武斗战场以致家庭中抓来，关押在那里，被施以各种酷刑，试图以此获得口供，供政治上制造一系列假案。[1] 其中47人被以各种骇人听闻的手段被杀害。[2] 其中女性囚徒的下落未见任何披露。王慧萍的情况是偶然撕开的黑暗一角。

龚晶（约1953—1967）

龚晶是柳铁一中新初一学生。所谓新初一学生，指1966年小学毕业，被录取到铁一中，尚未开学报到就爆发文革的那一拨孩子。龚晶柔弱似水，美貌如花。能歌善舞，会游泳。这个年纪的孩子，本是在路上跳橡皮筋的时候，是在桌子旁抓子儿玩的时候。这个年纪的孩子，不懂什么是反修防修，什么是保卫无产阶级司令部，什么是两条路线的斗争……这个年纪的孩子，参加文革只是好玩儿。学校没有书读，街上一片混乱，他们干什么好呢？只好跟着哥哥姐姐和大孩子去混文革。这些孩子当时联战有十来个，少数参加了中学生们的战斗队，多数人自行组织了一个组织，取名"捣乱"队，也学样出过两三期队刊，此外就是玩儿了。

柳铁防腐厂有个青年工人名李龙赐，喜欢摆弄一下汽车，文革中无师自通地学会了驾驶汽车，但并没有受到相应的安全教育和掌握相关安全知识。一天，他开着一辆卡车带着几个学生到邻近的一个县城去，龚晶随着去看新鲜。她站在驾驶室旁的踏板上，随着呼啸的卡车前进。前面说过，李龙赐的驾驶技术是"自学成才"的，没有受过安全教育，当时一切又都是无政府状态：没人限制车速，没人提安全要求，汽车在高速行驶中一个急转弯，龚晶从车上猛地摔下来，美丽的眼睛从此没有睁开。

---

[1] 参照本书张启文的自述。
[2] 详见《柳州市文革大事件》。

1968年清理阶级队伍中,李龙赐也被抓起。事实是清楚的,罪名却定不下来。放又不愿意放,判又判不下来,关押了四年后,"从宽处理"把他放了。

方天行（约1951—1967.9.5）

方天行是铁二中初二学生。二中联战观点。1967年八月底的一天,柳铁二中教学楼被封,引发两派争斗。又过了两天,东方红公社一行人（主要是铁一中学生）前来围攻教学楼。与方天行等二中联战同学在楼下发生混战,慌乱之中,方天行用梭标刺中东方红公社成员铁一中学生袁玉坤腹部。东方红公社大造舆论要抓凶手。方天行害怕,跑到柳铁一中。

1967年9月5号,有人开着汽车到铁一中来,说要到来宾武装部抢枪,方天行要去,有人劝他不去,他说:"反正去是死,不去也是死,不如去算了。"——十六岁的孩子,被自己闯的祸吓坏了——他于是爬上汽车,和工总成员一起去到来宾人武部。

此前,中央发有文件,针对各地的抢枪,军队一律不许针对群众开枪。这次抢枪就是在这样的背景下去的。1967年9月5日中央又下达了"9.5"命令,该命令通知部队在遇抢枪时可以开枪。方天行一干人出发时,是9月5日下午,当时群众组织尚没得到"9.5"命令的传达,而部队已经得到命令。于是当方天行一干人一进入来宾人武部的院子,立刻遭到伏击,一共20人被射杀。方天行本来伤不致命,但受伤后口渴难耐,无人救助,忍痛爬到自来水龙头下喝下大量生水,造成伤口流血过多而死。

李能（1947—1968.6.21）

李能是柳铁一中高三 28 班学生。1963 年由南宁铁中考来。他父亲在公安系统工作，运动初期即受冲击，被打成走资派。

李能也是"6.24"武斗中失踪的。进攻的联指撤走以后，我方清点人数，发现他失踪了，但阵地上没有他的遗体。只有一种可能，就是对方在撤走时带走了他。后来，被对方抓走的人，只要还活着的，也陆陆续续放了回来，但没有李能。

联指回到柳南后，他们的群众就渐渐露出些话，说他们抓走的人，酷刑打死的不少。打死的，就丢进柳江喂鱼去了。又有被抓到柳北的同学，在市人委那个集中营里，曾听到犯人点名时，叫到李能的名字。但过了几天就没听到了。这似乎也从另一个角度印证了李的遇难。但当时完全无法调查。

直到广西文革"处遗"后，证实那次攻打磨滩的，系从南宁调来的南宁联指公交兵团，这边有人有当年的老同学在其中。当事人讲述，公交兵团撤退时，把李能当作他们的伤员带走，船行到半途，有人发现系对立派成员，当场把他丢进了柳江。李能连坟茔都未能留下。

胡超亮（1947.12.8—1967.8.3）

胡超亮，柳铁一中高三 28 班学生。联合战队所属"1.3"造反团成员。

1967 年 8 月 3 日，胡超亮在铁路局后门的大路边大字报栏看大字报。因观点不同和东方红公社也在看大字报的成员有口角。旋被对方绑架至铁路局党校（柳铁钢联指总部所在地）。消息传到联战所在地柳铁一中，胡超亮所在的战斗队旋即拉起十二三人，到党校试图救回胡超亮。来人全部赤手空拳。到后他们冲入东方红人员活动的一楼，逐间寻找胡超亮。东方红公社人员退上二楼，将椅子、茶杯，从房顶揭下的瓦片（两尺见方的大红瓦）往下丢，砸对方。并很快打电话调来全副武装的桥隧队工人武斗队伍[3]，头带藤帽，手持钢叉、长矛，他们很快就包围了大楼，见联战学生就用钢叉、长矛戳……当时党校驻有解放军，但人数很少，他们奋力冲破工人武斗队伍，打开包围，留出东门掩护联战学生撤离。混战中胡超亮、葛自牧、王匡三人被刺伤或楼上丢下的器物砸伤。其中胡超亮被刺重伤，身上多处血流如注，倒地不起。一位解放军背起他急送医院，因伤太重，中途气绝，遇难。

龙继军[4]（约 1948—1968）

龙继军，柳州铁路运输学校学生，井冈山联合战队成员。1968 年 5 月，在解放军 163 医院的操场上打球，被联指据点探矿厂射来的子弹打中，遇难。

其姐姐系柳铁五小老师，龙继军的遇难，使她遭受重大精神刺激，一度精神失常，最终不能再从事教育工作，被调离铁五小。

周忠（约 1947—1968）

周忠，柳铁一中原初 54 班学生，初中毕业后为机务段工人。柳州铁路局监委书记周海如之子。周忠为人谦和低调，颇得同学和工友好评。

1968 年六月中旬，周海如一家被柳铁军管会接到铁路局，安置在西大楼予以保护。一日，一颗炮弹在西大楼前爆炸，周忠正从二楼

---

[3] 他们的电话是打往钢联指总部，总部调来的工人武斗队，还是他们打电话直接调来的武斗队，不详。
[4] 关于龙继军的遇难情况，几方说法不一，待知情人进一步订正。

房间走出，被弹片击中，遇难。其母俞静（柳州铁路局运输学校原党委书记）因此精神受到重创，一度失常。

乔铮（约 1947—1968）

柳铁一中高三 29 班学生，东方红公社成员。1968 年被统一调动到柳州郊区飞鹅乡参加武斗，遇难。

庾桂生（约 1948—1968）

庾桂生，柳铁一中高二学生。东方红公社成员。武斗中遇难。

倪志超（1948—1968）

倪志超，柳铁一中高二学生。东方红公社成员。倪志超爱好文艺，善吹长笛，是校乐队成员。1968 年驻守在铁路技术馆。六月一日，柳铁工机联攻打技术馆，倪志超被子弹击中，遇难。

附二：就《柳铁一中大事记》中关于文革历史部分的一些错谬致李遂武老师

尊敬的李老师：

您好！

欣逢母校六十周年大庆之际，读到您组织编撰的《柳铁一中校史》暨<柳铁一中大事记>，荦荦大观，耗费了您和其他编撰者多少心血。它记下了母校一代又一代的师生，六十年来筚路蓝缕，艰苦奋斗，创建名校的辉煌历程，记下老师们严谨科学的教学态度，细致热情的名师风范，一代代青少年学子积极向上，朝气蓬勃的求学精神。作为母校的学生，读来感念深深。老师们当年的谆谆教导，殷殷关切，再次萦绕着我的身心，让我重沐春风……学生对您和其他所有编撰者所做的工作深为敬佩。

历史是一面镜子，小可正人衣冠，大能借鉴兴亡。因此对史实的的叙述贵在客观准确。细细读来，可能因为年代已久远，知情人所处分散，有的甚至已离世，编撰工作繁重而庞杂，感到校史大事记中，1966——1968部分关于铁一中文革历史事实的叙述，有一些错谬，对一些历史事件的讲述，其提法有待商榷。

您是文革的受害者，我亦是文革参与者和受害者。鉴于对十年浩劫的没齿记忆，近年来开始对文革历史进行反思，也接触到不少史实。下面逐条提出，供编撰者参考，希望在以后的修订中去伪存真，去芜存菁。

一、1966年9月条"我校第一个红卫兵组织'联合战队'成立，学校党政机构瘫痪，日常工作停顿"。

这里有两个问题：

1. 我校第一个红卫兵组织不是联合战队。

约 1966 年八月，（这时铁路局进驻铁一中的文革工作队已撤出）从北京传来出现"红卫兵"这一事物的消息。我校高三学生窦立成（原"六六六"小组成员）、蔡京城、王智慧等人效仿北京做法，买来红布，写上"红卫兵"几个字，做成袖套，宣布成立红卫兵。有高三和师范班同学二三十人参加。基本没有什么活动。因为是第一个红卫兵组织，后来被称为"老大红卫兵"。

此后不久，铁路局党委组织成立了全校性的红卫兵。以铁路局各级干部的子弟为骨干，由"纯红五类"子弟组成。排斥了一大批所谓出身不好的同学（即所谓"黑五类"子弟，出身职员的"灰五类"，以及虽出身红五类，但被认为"不纯"的同学。推行的是"血统论"。

他们被称为"红卫兵第二司令部"，简称"老二红卫兵"。他们可以说是正统的红卫兵。

联合战队是在全校纷纷自发地成立各个战斗队的基础上，联合观点大致相同的一些战斗队，成立的一支学生队伍。时间已是 1967 年元月份了。他们已是广义上的红卫兵。

2. 关于"学校党政机构瘫痪，日常工作停顿"，在工作队撤出后，即由校革筹小组主事，党政机构已经瘫痪，日常工作已经停顿。与联战没有半分钱关系。联战成立已是半年之后。

二、1966 年 10 月条："……'逍遥派'学生自行至铁路局部门的工厂学工"

11 月条："部分学生组织学习队到机务段，木材防腐厂，机电厂，水电段，与工人一起闹革命，学习钳工，电焊等技术。帮职工写大字报，工厂发给劳动保护用品，夜餐费。"

首先，下厂的学生不是逍遥派，而是"造反队""海燕""红心向党""浪遏飞舟"等属于联合战队前身的一些战斗队，目的是和工人相结合，调查了解四清工作队在前段四清工作中是否执行了资产阶级反动路线。时间在 1966 年 12 月，有些工厂延续到 1967 年初。

其间生活费用全部自付，绝无"发劳保用品，夜餐费"等情况。

三、1966 年 12 月条：关于"教师何文正、李育成、李遂武、刘家祥首批被红卫兵批斗,拉开了批斗教师的序幕"。

何老师等老师被揪出来批判(当时仅限于批判,没有打人行为),是在6月份工作队进校后由工作队组织的。"红卫兵第二司令部"成立后,由红卫兵管理,被罚参加各种重体力劳动等。并非到12月份才"拉开序幕"

1968年清理阶级队伍时,工宣队进校,追查《今日哥达纲领》"黑后台",对教师进行残酷迫害,已不限于前面被揪的老师。前后两拨的主使者均不是学生。(当然前台执行者有学生)

四、1967年8月3日条:"柳铁一中红卫兵组织联合战队攻打另一派红卫兵的据点柳铁党校,揭开柳州市两派武斗的序幕。学生胡超亮在此次武斗中死于非命。"

此条完全颠倒了黑白。"8.3"事件的事由是:1967年8月3日,铁一中高28班学生、联合战队成员胡超亮在铁路局后门的大字报栏看大字报,因观点不同,和同在一起看大字报的东方红公社社员发生口角,激烈争论,后被绑架到党校。在校的联战成员闻讯,胡超亮所在战斗队十一二人 赶往党校,试图救回胡超亮。他们全部赤手空拳。但党校随即调来的大批全副武装的工人武斗队伍,手持长矛、钢叉、大棒,见联战学生就打。胡超亮被刺死成重伤,浑身是血,倒地不起。在党校支左的解放军奋力背起他赶往医院,走到半途,人已断气。且当时联合战队尚没有任何一件武器,那有什么"攻打另一派红卫兵据点柳铁党校"的事?

五、1968年1月条:" 学生以家庭成分划线,'红五类''黑五类'学生严重对立。""广西师院造反派组织'桂林老多'撤离柳铁一中"。

1. "学生以家庭成分划线",此事发生在1966年,"红卫兵第二司令部"所为。1968年一月 两派学生已经分而治之,互不见面,已不是什么以家庭成分划线的问题了。

"学生严重对立"提法不准确。当时是血统论对所谓"出身不好"的学生的歧视和迫害,一部分人对另一部分人排挤、压制、打击,不是什么"严重对立"的问题。

2. "桂林老多撤离柳铁一中"不知从何说起？"桂林老多"何时进驻过柳铁一中？没有进驻，又何来撤离？此说系子虚乌有。

六、1968年3月9日条："中央文革听取铁路会议部分代表汇报，柳铁军管会代表王国瑞汇报柳铁一中学生肖普云等五人写的《今日的哥达纲领》……"

1968年4月—8月条："柳铁军管会到校查《今日的哥达纲领》有关的黑教师爷后台。事实证明，这篇引起中央文革十分惊异的文章，确是我校学生的集体创作。"

事实及后来的反复审查均表明，《今日的哥达纲领》系肖普云一人所写。起草过程中钱文俊曾参与讨论，但未参与写作。其余无任何人参与。不是集体写作，更没有黑后台。这是有定论的事。妄言五人参与，"集体创作"（"创作"一词也不准确）是毫无根据的，也是不负责任的，在特定历史条件下，可能引发严重后果。

是否"柳铁军管会代表王国瑞汇报柳铁一中学生肖普云等五人写的《今日的哥达纲领》"，也存疑。此事当年系全国性大案，被康生直接点名，要"抓黑手"，倘若当时军官会便肯定系五人所写，为什么后来从中央到地方的大规模清查中，从未提及其他作者呢？

七、1968年10月条："校长雷扶九，化学教师杨芳遭受连续批斗，被迫死于非命。"

雷校长投水自尽，是在1968年9月23号，（有雷校长的遗书为证）。杨芳老师被迫自尽，具体时间是1968年12月20日，她三十九岁生日的那天。均非10月。

八、1964年6月条："应届高中毕业优秀学生段达慰等17人赴来宾县农村插队。"

1965年6月条："第二批优秀学生赴鹿寨县插队。"

1964、1965笔者尚在校读书，是校团委委员，对这两批上山下乡的同学的情况大体清楚。他们是优秀学生没错。但他们下乡插队，并不是因为他们是优秀学生而被选拔去的（还有许多优秀学生升入大学）。他们全都参加过高考，其中许多人（我不了解全部）也都学业优秀，例如段达慰，谢绍群，还有那位下到柳州郊区，文革中在饮食店吃饭时，被当地农民枪杀的男同学，等等。我的同班同学李湘的姐姐，在贵阳一中也是如此。他们没有被录取的原因，是1964、1965两年高考招生贯彻阶级路线，极"左"，对所谓出身不好的学生采取排斥态度，不予录取。这无疑在一定程度上改变了他们的人生。现在简单地给他们冠以"优秀学生"的头衔，容易误导后人。

　　李老师，您为校史的编撰作了很多工作，这是很有意义的事，学生我对您很敬佩。对文革真相的记录与反思也极其重要，此事很复杂，也很困难。毕竟时间已过去太久，牵涉的理论问题也很多。尽管校史存在一些不足，对您和有关执笔的老师的繁重工作仍表示理解和尊重。但既是写史，就要力求准确，力求客观，方能对当事者负责，对历史负责，也有利于今天的安定团结和构建和谐社会。您和我都是文革的受害者，我们尤其希望所有传世的历史纪录均为信史。所以冒昧地提出以上意见，供您参考。希望再有机会的时候能加以核实订正。

　　谨叩
　　健康快乐！

学生　黄玉梅
2012.11

附三:"7.3"布告前后,柳铁工机联联合战队《红卫兵战报》集中发表的几篇文章

编著者按:以下五篇[1]文章,全部由广西四二二柳铁工机联革命造反联合战队的几位中学生在"7.3"布告前后写出。"7.3"布告后,广西四二二的命运面临重大转折。[2] 焦急、焦虑、惶惑,不知所措,是弥漫整个组织的普遍情绪。联战的几个中学生,基于自己的认识和责任感,发出了他们的一束呐喊,成为混沌中一束短暂而明亮的光——尽管这光的色彩是驳杂的,局限性是明显的。在汹涌澎湃的历史巨变中,他们不可能挽狂澜于既倒,他们不代表正确,更不代表完美,他们只代表一种担当和求索。对今天的人们了解文革,了解文革中的中学生造反派,他们的历史责任感,他们对正确思想理论的渴求、他们当时的惶惑以致困顿,他们的历史局限,并以此引发对教育和时代的思考,都不无意义。

今日的"哥达纲领"——评"倒旗协议"

本报编辑部[3]

马克思主义对机会主义在理论上批判的光辉典范——《哥达纲领批判》发表近一个世纪了,到今天仍然没有失去它那夺目的光辉。

---

[1] 当时前后一起发表在联合战队《红卫兵报》并引起中大反响,遭到全自治区、全铁路局大张旗鼓批判的,共有六篇文章。笔者选入时,只选了五篇。
[2] "四二二"正由中央定性的"革命群众组织"变为军队定性的"反动组织",面临整体的被整垮以致剿灭。
[3] 指革命造反联合战队所办《红卫兵战报》编辑部。作者为肖普云。时为柳铁一中高三30班学生,革命造反联合战队常委。

《哥达纲领批判》是无产阶级的革命导师马克思对科学社会主义的巨大贡献,是国际共运史上对机会主义做不调和斗争的光辉典范,这一伟大著作,为我们今天的无产阶级提供了极为重要的教训。

《哥达纲领》发表于1875年。当年在各国存在着两个工人组织,一个是李卜克内西和倍倍尔所领导的社会民主工党(称为艾森纳赫派)另一个是哈森克烈尔的人领导的德国总工人协会(称为拉萨尔派),那时拉萨尔派执行一条迎合资产阶级需要的机会主义政治路线。1875年,这两个工人组织决定"倒旗"——合并成为德国社会主义工人党,并由李卜克内西起草两派达成协议——《哥达纲领》,由于李卜克内西的让步,《哥达纲领》对《共产党宣言》作了严重的歪曲和修改,对德国的工人运动进行了原则性的出卖,对资产阶级和机会主义的拉萨尔派在一系列重大原则问题上做了妥协,这个纲领的实现,将会给德国的工人运动带来不可估量的损失。

对无产阶级革命事业具有高度责任感的马克思和恩格斯,对这个机会主义的纲领进行了严肃的批判。"这个纲领中表明的一个断然的退步,就不能不强烈地使我们感到愤怒",恩格斯在《哥达纲领批判》序言中一开始表明了他们就对这个文件的态度。

严格地说,马克思和恩格斯对德国这两个工人党的联合是赞同的,但是,他们认为联合是有原则的,绝不在"彻底铲掉山头,砍倒派旗,打倒派性,增强党性"的口号下向拉萨尔派做出卖原则的让步。在马克思看来,向拉萨尔派让步,就是出卖党性。

但实际上,李卜克内西向机会主义投降了,正像恩格斯所说的,"李卜克内西因为急于达到合并,为了合并不惜任何代价,结果把整个事情弄糟了……然而我们的人竟允许了这些,自愿接受了奇耻大辱"。马克思尖锐地批评了艾森纳赫派在纲领中的妥协性,他严厉的指出,如果对拉萨尔派妥协,"就是说,向那些本身需要援助的人们无条件投降。"他说:"我的义务也不允许我……承认一个我认为应当根本抛弃,并且使党瓦解的纲领。"恩格斯也针对艾森纳赫派在纲领中的妥协性愤然指出:"同意在委员会中有三个拉萨尔分子,而只有两个我们的人,这是何等的软弱!"

同志们，是马克思和恩格斯派性发作了吗？不！绝不是！只能表明，我们的革命导师斗争的旗帜是多么的鲜明，对机会主义的斗争是何等的尖锐和坚决，对无产阶级革命事业的责任心是何等的高！在于机会主义的斗争中，为我们树立光辉的榜样。

《哥达纲领批判》给我们提供的历史教训是极为深刻的，他告诉我们：一、对机会主义路线必须做彻底的批判；二、大联合必须建立在革命的原则上。

请同志们再仔细读一读这个光辉文件，好好想一想，在无产阶级文化大革命的今天，柳铁两派达成的所谓"倒旗协议"，不正是当年《哥达纲领》的翻版吗？

在无产阶级文化大革命深入向前发展的关键时刻，革命的大联合形成一股伟大历史潮流，汹涌澎湃而来，对这一片大好形势，某些人却反其道而行之，背离毛主席的革命路线，借大联合之名，变本加厉的推行一条机会主义路线，在某些"钦差大臣"的幕后活动下，工机联总部某些人，借工机联名义与联指达成的"倒旗协议"，就是这条路线的产物。

这个协议从根本上抹杀柳铁地区两条路线斗争的实质，全盘否定柳铁地区一年以来无产阶级文化大革命的丰硕成果，把柳铁地区一年来轰轰烈烈的无产阶级文化大革命恶毒的污蔑为"派性斗争"，实质上企图否定毛主席亲自发动的无产阶文化大革命。

这个协议抽掉毛主席革命大联合的灵魂，歪曲和篡改中央关于革命大联合的精神，用资产阶级实用主义和机会主义的烂货贴上金色的标签后，冒充和偷换毛主席的革命路线。

这个协议脱离柳州和广西无产阶级文化大革命的实际情况，在纸上空谈收缴枪支，助纣为虐。

这个协议出卖原则，出卖柳铁地区广大革命造反派，出卖柳铁地区的工人运动和学生运动，出卖为捍卫毛主席的革命路线而英勇牺牲的革命烈士的鲜血。

这个协议长了联指一小撮坏头头的威风，灭了广大造反派的志气，鼓励和纵容联指一小撮坏头头破坏"三个照办"。这个协议的实现，将造成柳铁地区严重的资本主义复辟恶果。

总之，这个协议就是20世纪60年代的《哥达纲领》！

总部的决策老爷们，当你们以判官的姿态，拿笔在协议上签字，对柳铁无产阶级文化大革命作"公平"裁判的时候，你们想到了一些问题吗？

请问，柳铁地区，乃至广西一年多来你死我活的斗争，是"资产阶级派性斗争"呢，还是两条路线的殊死搏斗？请问，柳铁地区可以成为脱离两条路线斗争，脱离广西阶级斗争的世外桃源吗？

请问，面对着毛主席的忠实红卫兵莫兆明同志的鲜血，面对着联指滴血的屠刀，能要革命造反双手解除武装吗？

请问，你们口口声声说今天是无产阶级专政条件下的无产阶级文化大革命，不能用过去的方法来处理，但是柳州的无产阶级专政表现在哪里？对杀人放火的凶手的屁都不敢放，联战小将打伤一条骡腿，却大做文章，这是"无产阶级专政"吗？再请问总部的老爷们，我们死去的战友到底算烈士还是被白死于"资产阶级的派性斗争"？你们这样做，忠魂在酒泉下能瞑目吗？

这些问题你们想过没有？说老实话，我们很怀疑你们根本没有想到这些，在你们的脑袋里，只有一顶诱人的乌纱帽！

资产阶级要破坏和阻挠革命，无产阶级队伍内部的机会主义者是他最好的助手，"资产阶级需要这样的奴才"，列宁说道，他们"比资产阶级亲自出马还好"。

在当前，革命大联合的伟大历史潮流滚滚而来时，在这革命成败的关键时刻，如果看不准方向，认不清形势，就会断送一年来无产阶级文化大革命的胜利果实，正如我们伟大领袖毛主席在《抗日战争胜利后的时局和我们的方针》这一光辉著作中所告诫的那样，"这个时期如果有机会主义的话，那就是不力争，自愿把人民应得的果实送给蒋介石。"，而现在，不正是这么一个危险局面吗？

恩格斯曾经说过，"……在一切稍微长久的革命时期中，广大的人民群众容易被那些拼命挤到前看面来的少数人用骗人的花言巧语所迷惑……工机联总部的老爷们，你们目睹着血淋淋的事实却总是用谎言来欺骗自己，也总是企图想欺骗群众，说得不客气，你们的很多言行跟当年中国的赫鲁晓夫在抗日战争胜利后对国民党的投降路线是一样的。1946 年，这个中国的赫鲁晓夫不是胡说什么"内战挑拨者和主战者已失败，中国革命主要斗争形势已经变为和平的，议会的了吗？"他不就是在那时用骗人的花言巧语欺骗中国人民，大肆鼓吹什么"六相信"："相信内战会停止"，"相信国民党蒋介石不打我们了"，"相信国民党蒋介石能和我们办民主建国"，"相信国民党蒋介石能搞民主改革"，"相信中国走向和平民主新阶段"；此外，还相信帝国主义头子的杜鲁门的声明吗？

你们如果高姿态不生气的话，我们还可以告诉你们，你们所谓"铲平山头，砍掉派旗，交出武器，"也不是什么新鲜玩意，这不过是机会主义的老祖宗中国的赫鲁晓夫早在 20 多年前就发明了的"三交换"的翻版：交出军队，"统一于国防部"，"换得全国民主化"；交出党权，"换得我党的合法地位"，交出中国人民流血奋斗的胜利果实，以"换得有些人去做官，中央政府的官"。而你们，不正是这样吗？交出武器，统一于大联委，共同组成武装巡逻队；交出大权，砍掉派旗，以求得合法地位，"可以掌一半权"，交出柳铁无产阶级革命造反派一年来浴血奋战的结果，要得一些人到大联委，甚至到将来的革委会去做官。

我们伟大领袖毛主席对这一套谬论早就痛加驳斥了。毛主席说："捆住手脚的官不好做。""没有一个人民的军队，就没有人民的一切。""人民的武装，一支枪，一粒子弹，都要保存，不能交出去。"在当前我们就是要记住毛主席的谆谆教导，坚持这个原则。

历史是不容篡改的。教训是血换来的，从人类历史上无产阶级第一次夺取政权的巴黎公社起，到今天人类历史上第一次无产阶级文化大革命止，革命每次巨大的牺牲，大多是机会主义造成的罪孽。

远的不说，如果你们不健忘的话，在去年的"三月黑风"中，工总不就是差一点断送在机会主义路线手里吗？再说近点，去年九月，你们不是在大反"5.16"思潮的借口下，继续推行你们那条错误路线，"高姿态"的几乎全部上交武器吗？事实无情地给了你们一记响亮的耳光：景阳冈上的老虎，你不惹它也是要吃人的。

鉴于历史的教训，我们对"协议"的态度是鲜明的。"我们和陈独秀的方针绝不相同，任何骗人的东西都骗不了我们。我们要有清醒的头脑和正确的方针，要不犯错误。"(《抗日战争胜利后的时局和我们的方针》)在当前柳铁一系列重大问题上，我们与工机联总部的几个同志是有原则分歧的，这些分歧，我们本来不愿意公开讨论，但局势的发展，逼得我们公开来了。既然如此，我们将在以后的时间里，逐步用公开或内部的形式阐明我们的观点，以统一思想，将无产阶级文化大革命进行到底。

在这里，我们也不得不声明一点，工机联总部的机会主义路线虽然有他一定的历史根源，但是，当前柳铁地区的形势，与铁道部大联委派来的什么宣传队(实际上是工作队)和柳铁军管会是有密切联系的，并且要负主要责任。不要以为你们这样是按中央指示办的，恰恰相反，正是你们背离了毛主席的革命路线。这个账，我们以后再慢慢算。"彻底的唯物主义者是无所畏惧的，"为了捍卫毛主席的革命路线，我们不怕有人给我们扣上各种诸如"极左""5.16"的帽子，下定决心，为实现柳铁的革命大联合，将无产阶级文化大革命进行到底而浴血战斗！

最后，在本文结束之际，让我们重温一遍《共产党宣言》的最后一段话吧！

"共产党人认为隐瞒自己的观点和意图是可鄙的事情，他们公开宣布：他们的目的，只有用暴力推翻全部现存的社会制度才能达到。让那些统治阶级在共产主义革命面前颤抖吧！无产阶级在革命中失去的只是自己的锁链，而他们所能获得的却是整个世界！。"

全世界无产者，联合起来！

1968年2月10日

(原载四二二柳铁工机联红卫兵战报第12期)

广西革筹必须转向[4]

一、镇压革命群众是资产阶级反动路线的要害

如何对待群众和群众运动，从来是毛主席的革命路线和资产阶级反动路线的根本分水岭。从去年"三个照办"[5]下达到现在广西两条路线斗争最激烈、最集中的表现形式就是资产阶级右倾翻案与无产阶级的反右倾翻案的斗争。

这一场斗争从去年冬天就开始了。到今年初就已经极为激烈、极为明显！三月初，无产阶级司令部向全国无产阶级革命派向资产阶级右倾翻案黑风全面大反攻的号令。

随着全国无产阶级革命派的全线反击，资产阶级就必然对革命的群众进行镇压，在阶级斗争激烈的地方，资产阶级干脆就赤裸裸地对无产阶级革命派施行暴力镇压。

广西，就是资产阶级施行暴力镇压革命的群众运动的典型地区。

广西还没有建立革命委员会，广西政权就是区革筹这么一个领导班子。在这场右倾翻案和反右倾翻案的斗争中，区革筹小组的动向，极大地影响了广西的斗争形势。至"三个照办"下达至今的八个多月的广西阶级斗争形势充分证明，区革筹小组的屁股坐到了资产阶级方面，区革筹小组对群众和群众运动采取的是资产阶级的镇压方法。

随着斗争的白热化，随着资产阶级对无产阶级革命派疯狂的反扑与无产阶顽强卓绝的斗争，两个阶级两条路线斗争发展到非常尖锐复杂激烈！资产阶级不要一切伪装与政治欺骗，采用屠杀的手段消灭革命派，阶级斗争发展到最高阶段！

---

[4] 本文作者为李铁柱。时为柳铁一中高二 35 班学生，革命造反联合战队成员。
[5] 指 1967 年 11 月 8 日，毛泽东在中共中央、国务院、中央军委、中央文革小组《关于处理广西问题的决定》《广西两派大联合协议》《成立广西革命委员会筹备小组》等三个文件上批示"已阅，照办"，史称"三个照办"。

无产阶级司令部，我们伟大领袖毛主席对这种阶级斗争的转化早就发现了。

为了给全国无产阶级革命派以巨大的支持，为了痛击资产阶级的反抗，为了击中敌人的要害，光芒万丈的"6.1"指示发表了。

"'6.1'指示公开的鲜明的点出了当前两条路线斗争的关键："对广大人民群众是保护还是镇压，是共产党和国民党的根本区别，是无产阶级和资产阶级的根本区别，是无产阶级专政和资产阶级专政的根本区别。"

这一把利剑，刺中了敌人的要害。

请看，"三个照办"下达后区革筹小组控制下的广西目前已成了什么样子——

全区除柳州外，基本上都成立了清一色的资产阶级派委会。为了不至于太赤裸裸的，区革筹小组进行了千方百计的工作。总想把这清一色的资产阶级派委会打扮成像两派都有的无产阶级革委会的样子。

首先对敢于反抗的四二二战士实行法西斯专政，踏平了以后就装模作样的来一个"拉郎配[6]"，搞成表面上两家分享，掩盖资产阶级独裁的本质。

因为不合法，于是就扯起许多似是而非的旗子，什么"贫下中农最高人民法院"啦，什么"贫下中农掌权的革委会"啦，应有尽有，不一而足。唯独有一点，不敢正视中央对广西问题的"三个照办"，不敢正视中央关于无产阶级文化大革命的文件，如不准挑动农民进城，不准阻拦火车，不准破坏钢轨……等等。

资产阶级虽然打出许多红旗，打是他们的言行往往和中央的许多文件相对抗，这是因为这一点，他们总是心虚，不踏实。

区革筹小组的心虚，已经到了连起码的事实都不顾的程度。居然

---

[6] "拉郎配"，原为上世纪五十年代一部香港电影名，大意是面对皇宫选美，民间有适龄女孩的家庭，为了避免自家女儿被抓入深宫的悲惨命运，急忙给他找适龄男青年婚配，以至于强力拉扯的做法。此处系比喻用法。

放出空气："我们镇压的不是四二二，真正的四二二早就和联指大联合成立革委会了，剩下的都是反革命故意捣乱。"真是欲盖弥彰，一句话道出了自己心里埋藏的话：本意就是四二二大多数都是该镇压的反革命。因为除了无产阶级革命派的败类，叛徒外，（他们根本就不配称为捍卫毛主席的革命路线的我四二二光荣战士）全区的四二二无不反对资产阶级派委会。

　　资产阶级的这种策略，用得着毛主席解剖胡风反革命集团所总结的一个真理，这就是"反革命分子的攻击少数人不过是他们的借口，他们的一种策略。他们的本意是'几乎没有一块干净的土地'。"

　　言中了。本来资产阶级就收要消灭四二二，何必又欲吐难言，不敢开口呢？

　　其实，资产阶级的反扑，已经是众所周知的事情了。请问，谁会忘记三月末四月初全国反击右倾翻案的时候，区革筹的喉舌《广西日报》就居然一个多月不提广西严重的右倾翻案现实，不提"三个照办"的贯彻，而是连续抛出好几篇矛头针对四二二的黑社论。对他们这种公开的背叛行为，我们当时就进行了严肃的斗争。

　　人们更会看到，广西的资产阶级为了镇压革命的群众运动，为了消灭四二二的革命势力，竟敢中断铁路运输，公开号召农民拦截火车，从中央最关心的援越抗美这个问题开刀。

　　多少个铁和血的日子，四二二战士倒在资产阶级的屠刀下；多少无辜的革命群众死于非命，家破人亡，背井离乡……

　　那一队队全副武装的民兵，在人武部长和县革委会主任的带领下，源源不断地从各县调来柳州，向城内的四二二战士杀来……

　　……

　　早在1967年11月8日《三个照办》中广西军区的检查报告中，就承认过去亲了一派压了一派，从而导致犯方向路线错误，时间还不到一年，区革筹小组以及广西军区的所作所为又是这个问题。这难道不应该引起广西某大人物的注意么？广西革筹小组并连广西军区必须转向。不这样就不能平民愤，不这样就不能取得中央的谅解。

二、你们根本就没有"照办"

"三个照办"是我广西四二二革命造反派及英雄的55军、6955部队广大战士用生命和鲜血换来的，是毛主席党中央对广西问题最科学、最公平、最正确的总结。因此，我们每一个革命者都应该改无条件照办！但广西变色龙及其爪牙操纵下的走资派、叛徒、特务，却极力破坏"三个照办"。于是一场照办与不照办的你死我活的斗争通过各种形式，激烈地表现出来了。

在这场激烈的斗争中，革筹小组的某些人究竟扮演了什么角色呢？

前一段时间，你们对"三个照办"很害怕，在你们的报纸上，报告中，根本不提。不久，你们改变策略，开始施展反革命两面手法，一面高喊"三个照办"，一面却与"三个照办"背道而驰。你们口口声声自我表白"革筹对'三个照办'是照办的"，那么，请问："你们在报告中承认'南宁警备区司令部、政治部发出《致新工总、翻江倒海某些负责人的忠告警告书》'和六月二号发出的《致四二二火线指挥部的通告书》，错误的指责他们，给他们在政治上造成很大压力，起了压制造反派的恶劣作用。这种做法加剧了两派之间的对立情绪。"声明《忠告、警告书》《通告书》是错误的，应当作废，但柳警司步你们的后尘，抛出所谓"4.12"责令，你们却充耳不闻，保持缄默呢？

既然你们在《报告》中承认"军管的广西日报"有缺点、有错误，特别是有篇评论员文章有原则性错误，并且还说"小将对此和军管广西日报的工作提出了严厉的批评和抗议，我们没有对他们的革命热情给予必要的支持"，那为什么在今天的《广西日报》上大放厥词，发出三篇毒草社论？只不过招牌由军区变成革筹了。

既然你们在《检查报告》如有所悟地说道，"对待革命的群众运动，看大节少，概括起来就是看枝节问题多，看大方向少。"而且看到这样的恶果是"致使毛主席的革命路线不能正确贯彻"，但为什么你们今天对"花生油事件"[7]这么感兴趣呢？

既然你们已经承认，"在归口闹革命时，我们没有从分析形势入手，团结大多数，正确执行中央指示，而是操之过急，简单生硬，没有很好的走群众路线而是强调班级联合，把原来的组织解散了"，你们不是不懂，"这些做法，引起革命小将的强烈不满"，但是你们不但不接受教训，反而一错再错，"倒旗协议"便是你们重蹈覆辙的铁证！

既然你们后悔在四月中旬，伍晋南到群众中支持造反派，我们没有表示欢迎和支持，但为什么你们的报纸却又矢口否认"4.19"声明[8]，重新唆使联指绑架伍晋南同志呢？

种种事实告诉我们，你们根本没有照办！

由于你们的不照办，反动的所谓342人请愿书出笼了，南宁街头竟然出现了"广西军区检查报告必须批判"的标语；

由于你们的不照办，联指更为嚣张，进而绑架了革筹小组成员伍晋南、孙凤章、郝忠云同志；

由于你们的不照办，各县的所谓革委会在四二二战士的尸骨上垒起来了，你们却洋洋自得的宣布"已达到百分之八十六"。

中央三令五申，"任何人和任何组织都一律不准以任何借口挑动农民进城武斗"，而在柳警司发出反动的"4.12"责令以后，数十个县的农民进城，一个军分区人武部出枪，进城农民（联指）出人的反革命农村包围城市形成了，鹿寨人武部张春峰赤膊上阵亲自出马率领武装民兵屠杀造反派，就是不容抵赖的事实！

中央文件明明规定，"不准以任何借口挑动农民在铁路、公路、水路沿线设置关卡，阻拦车船，破坏交通运输"，而广西军区司令部12日命令却说什么"哨卡是在县革委会人武部统一领导下，由民兵对不明身份的来往人员和车辆进行检查"，你们无视中央，对抗中央，已经到了赤裸裸的地步！

"三个照办"指出，广西两派都是革命群众组织，但实际上你

---

[7] 指南宁四二二抢劫了一车花生油，被指斥为"反革命事件"。具体情况不详。
[8] 指1967年伍晋南等领导干部发表的支持四二二造反派的声明。

们仍然对四二二不予承认，韦国清不是对联指常委说，"你们要好好团结四二二"吗？以至于不过三天，魏佑铸又公开辩解，"有人说我们依靠联指，团结四二二，这是敌人说的"。可笑之至！

周总理第八次接见时，强调55军、6955部队支左支得好，《人民日报》也多次报道55军的支左经验，你们却在各个方面对这两支部队施加压力，挑动联指围攻他们，把再三被中央肯定的郝忠云同志调离南宁……

目前你们垄断了革筹。但我们坚信这不过是回光返照。

三、前面是急转弯

《七评苏共中央公开信》指出，"古往今来，真正的革命家，真正的无产阶级战士，真正的马克思列宁主义者——战斗的唯物主义者，是大无畏的，是不怕反动派和修正主义咒骂的。因为他们知道，代表未来的，不是那些看起来好像很可怕的反动派和修正主义这样的庞然大物，而正是自己这样的小人物。"

在去年反动的"二月镇反"中，资产阶级反动路线简直猖狂到了极点——

在河南，"二七公社"几乎被踏平；

在武汉，"钢工总"被取缔；

在湖南，"湘江风雷"被打成反革命组织；

在青海，赵永夫把冒烟的枪口对准了"八一八"；

在广西，你们也步后尘表演了一番：砸了南宁工总，逮捕了熊一军，邓承刚，取缔了柳州红铁军，把专政的矛头完全对准了革命群众，企图把风起云涌的群众运动镇压下去。

毛主席、党中央下令改组了那些军区，并亲自给受害者平了反，翻了案。

毛主席的革命路线在各省的胜利，严重警告了你们：群众是真正的英雄，凡是镇压群众运动绝没有好下场！

"三个照办"的精神，就是要你们改变态度，改变立场，改变方向，回到毛主席的革命路线上来，正确对待群众。

你们所犯的错误，很多已超过一般性质了，有的甚至达到了十分严重的地步。你们还准备沿着这条反动路线滑多远？你们究竟打算把广西引向何处去呢？

良药苦口利于病，忠言逆耳利于行。

我们本着爱护革筹，拥护革筹，帮助革筹的高度革命责任心，向你们大声疾呼：十字路口的红灯已亮了，前面是急转弯！广西革筹，必须转向！

原载广西四二二柳铁革命造反红卫兵联合战队 1968 年 7 月 2 日第 3 期《红卫兵战报》

必须全盘否定资产阶级派委会[9]

本报编辑部

今年以来全国各地进行着右倾翻案和反右倾翻案的激烈的两条路线斗争，现在已经看出个眉目了，我们伟大领袖毛主席"6.1"指示的发表，就是对右倾翻案势力的摧毁性打击。击中了他们镇压群众这一致命点。

围绕毛主席这一指示，中央对广西问题的一系列文件也完全体现了这一精神。

康生同志对广西问题的"8.6"讲话也体现了这一精神。

在我们伟大的党四十一周年生日里，《人民日报》《红旗》杂志，《解放军报》三家社论《发扬党的紧密联系群众的作风》是为庆祝党

---

[9] 本文作者为熊传朴。时为柳州铁路一中高29班学生。革命造反联合战队成员。

的生日而作的，也是为巩固和建设全国的革命委员会而作的。这篇重要社论提的是作风问题，其实他反复强调的是无产阶级文化大革命中两条路线斗争的根本性问题，也就是对待群众和群众运动问题。这片社论也是毛主席"6.1"指示精神的体现。

从"6.1"指示到"7.1"社论，我们可以极明显地看出：

在反击右倾翻案风的斗争中，毛主席的革命路线得到更进一步的发展，资产阶级右倾翻案势已濒于破产的边缘。

在广西，有许多具体情况是不同的，但是，毛主席革命路线的基本精神、"6.1"指示、"7.1"社论的基本精神，正是我们广西无产阶级革命派用来和资产阶级翻案势力作斗争的最有力武器。

在这个大好形势下，对于广西资产阶级右倾翻案、资产阶级发动路线重要体现的资产阶级派委会，必须全盘否定，彻底批判。

其实，广西的特产，资产阶级派委会刚一出世，我广西四二二无产阶级革命派就以他敏锐的嗅觉发现这不是毛主席革命路线的东西，捍卫毛主席革命路线的高度责任感使我们在全区范围内对这个的资产阶级派委会作了抵制，进行了针锋相对的斗争。

现在，我们不过对此做一个总结。

早在四月中旬，对广西各县的资产阶级派委会像雨后的蚯蚓都从地下爬出的时候，广西的政治中心南宁的资产阶级派委会成立了，桂林也成立了。这样重大的事情，中央照例不报道，不广播，中央认为这不符合毛主席革命路线的精神，事实上，这就是对广西资产阶级派委会的最初否定。

近来，贵州军区接管都匀分局的三支两军工作以后，以高屋建瓴、势如破竹的气魄，凭着毛主席革命路线的高度原则性，一举否定了都铁工务段、铁小、医院的资产阶级派委会，建立了以四二二无产阶级革命派为核心的革委会。

对于拼命鼓吹广西资产阶级派委会的人，这简直是一个晴天霹雳，对于广西四二二无产阶级革命派，这可真是天大喜讯。

一喜一忧，两个阶级，两条路线，两种感情。

都铁无产阶级革命派的胜利，敲响了资产阶级派委会的丧钟。

广西资产阶级派委会 的产生，并不是什么不可理解的神秘东西，他其实是广西长期以来就很强大的资产阶级右倾翻案势力，在全国普遍的雨后春笋般的建立革委会的大好形势下，利用这个形势来推行资产阶级反动路线，以达右倾翻案目的的一种反革命形式。

这种资产阶级派委会是靠暴力镇压和法西斯统治来建立和维持的。

我们了解广西三十三个成立了这种派委会的专县，有十九个专县是在四二二被踏平、驱逐的背景下成立起来的，剩下的即使四二二占优势也被压制，不能公开活动，更谈不上"四大"[10]。

这种派委会成立以后，四二二就受压，最好的也是作为团结对象，分化对象。"革委会"可以随便抓人，随便宣布任何一个对四二二的强制法令，四二二的大字报根本不能上街。在5月22日成立了"革委会"的陆川县，四二二 的 13 个常委，被枪杀 9 个，抓捕 2 个。这种情况，遍地都是，触目可见，触耳可闻。

广西的资产阶级右倾翻案势力，就是这样通过对四二二派的残酷迫害，通过执行资产阶级反动路线，来建立和维护政权，一旦政权建立起来，他们又利用政权来变本加厉的执行资产阶级发动路线，已达彻底消灭四二二这个捍卫毛主席革命路线的左派势力，成功地进行全区全面的右倾翻案，复辟资本主义的罪恶目的。

不论革命还是反革命，对政权问题从来就是不让半步的。政权从来就是阶级斗争的最有用的工具。经过反复的大屠杀，几个月的时间内，全区的资产阶级派委会就基本成立了，捍卫毛主席革命路线的左派势力，在广西农村极其微弱。在这种形势下，资产阶级就必然把矛头转向造反派势力比较强大的城市，尤其是柳州。"4.20"以来到如今的事实已经证明和正在证明这一点。在这个问题上，资产阶级充分利用了他们手中已经掌握的政权工具"革委会"。他们就是利用"革委会"来动员和组织武装民兵进城屠杀造反派。他们的政治口号，也

---

[10] 指大鸣大放大字报大辩论。

毫不掩饰地赤裸裸的提出"捍卫革委会"。例如"6.16"象州革委会就公开发了一个"声讨"柳州造反大军和柳铁工机联的"严正声明"，其实就是向柳州造反大军进攻的檄文。还有个什么"鹿寨县革委会常委特别会议精神记录"等都是此类东西。

"6.17"鹿寨县上千民兵进攻窑埠事件，就是县人武部长"县革委会"主任张春峰全盘策划的。

利用"革委会"来干镇压革命的事，甚至连资产阶级本身也不想掩饰下去了，这正说明敌人的垂死挣扎已经到了最后阶段。

可以断言，随着广大造反派的坚决顽强的斗争，资产阶级利用的进行右倾翻案的资产阶级派委会这块招牌快要失灵了，它的死期为时不远了。当然，这还要靠我们的不懈斗争。

广西资产阶级派委会是直接违反毛主席革命路线的最新体现"7.1"社论的。"7.1"社论尤其强调毛主席的"人民自己不能向自己专政，不能由一部分人民去压迫另一部分人民"的光辉思想。但遍及全区历时几个月的资产阶级派委会的建立和维护，就是站在错误路线上的贫下中农中的一部分人，在走资派的暗中操纵下用武力压迫捍卫毛主席革命路线的四二二群众这一部分人民。

至于现在还在调全广西农民进城攻打四二二革命派的行动，则更是公开同毛主席的革命路线对抗。

我们清楚地知道，为了挽救将要灭亡的命运，资产阶级反动派有时竟会冒着当头击来的大棒咬人的，这一狗急跳墙的挣扎，我们必须充分警觉。

中央一系列精神，毛主席革命路线的光芒，已经一次又一次敲响了警钟，让与之对抗的资产阶级派委会见阎王去吧！

在广西，要真正解决"不能由一部分人民去压迫另一部分人民"这个毛主席革命路线的关键问题，还得回到政权问题上来。

政权，这一革命的法宝，正如林彪同志所说的，有了政权，工人阶级和劳动人民就有了一切，丧失了政权，工人阶级和劳动人民就丧失了一切。广西之所以出现"由一部分人民去压迫另一部分人民"的疯狂的右倾翻案，就是因为政权掌握在资产阶级手里。只有政权回到毛主席的革命路线上来，这个问题才能真正解决。只有当代表毛主席的革命路线的四二二派这一部分人掌握了政权，（当然包括军队对我们的支持）。才不会出现" 由一部分人民去压迫另一部分人民"的事情。可以说，哪里出现了"一部分人民去压迫另一部分人民"的事情，哪里的政权问题就没有解决，哪里就一定不是无产阶级而是资产阶级掌权。这一真理，就是我们看待广西夺权斗争的准绳。目前，广西的政权问题就没有解决，有待我们四二二战士持久不懈的斗争。

我们否定资产阶级派委会，实际上是否定广西革筹前一段的路线。我们肯定地说，前一阶段，截至目前，广西革筹的路线就是错了，错定了。

作为捍卫毛主席革命路线的广西四二二无产阶级革命派，对于广西革筹的错误，我们是痛心的。我们沉痛的回忆"三个照办"下达时，周总理在解释"三个照办"的精神的第八次接见中广西革筹成员苦口婆心、语重心长的讲话。

本来，只要正确理解"三个照办"的精神，并且切实的执行下去，广西是不会出现今天的如此严重的右倾翻案的。"三个照办"的基本精神是什么？是毛主席革命路线。"三个照办"把广西四二二和广西联指都定性为革命群众组织，这正是毛主席革命路线的体现。"三个照办"的灵魂，正是也恰恰是政权问题。这就是以代表毛主席革命路线的四二二无产阶级革命派为核心建立政权。这就保证了毛主席革命路线在广西的胜利。"三个照办"的精神和周总理八次接见广西两派谈话的精神是一脉相承的。谁忘记了政权，谁否认四二二派应掌握政权这一基本问题，那就是对毛主席的革命路线的背叛。广西革筹正是在这一点上滑下去的。"三个照办"的核心和灵魂，就是在两派都是革命群众组织这一基础上承认两派的差别。四二二是先进的，激进的左派组织。周总理在第八次接见就已明确指出过。革筹恰恰把这最重要的一点忘记了。

在第八次接见中，周总理分析了广西两派的历史后，总结说："四二二这方面是在八月以后比较得到支持了，本来也是支持的咯，中央就更支持一些了。""你们四二二这方面受压制大，所以说你们是造反派，你们也确实激进，敢于斗争"，你们两派经过这半年多的考验嘛，应该说，四二二在前，联指也跟上。"

……

中央的意思，是要广西革筹成员回到正确贯彻毛主席的批示精神的立场，坚定地站在毛主席革命路线这一边。依靠四二二，团结帮助联指，正确解决广西的政权问题。可是，广西革筹执行的是依靠联指，打击甚至屠杀四二二的右倾机会主义路线。这就必然违反"三个照办"和中央的一贯精神，这就必然堕落成资产阶级右倾翻案势力，而炮制出广西的资产阶级派委会。

这就是广西资产阶级派委会产生的上层原因和历史原因。

所以，资产阶级派委会必须彻底否定。

所以，广西四二二必须起来反对这条资产阶级反动路线，起来反对资产阶派委会。

广西资产阶级派委会的彻底垮台，将是广西无产阶级文化的革命的重大胜利。这个胜利已经不远了。

（原载广西四二二柳铁红卫兵联合战队 1968 年 7 月 6 日第 24 期《红卫兵战报》

最高指示

凡是镇压学生运动的人都没有好下场。

今日向何方[11]
——从军管会"3.17"决定到"3.29"事件综评

本报编辑部

柳铁革命造反红卫兵联合战队主办的《红卫兵战报》编辑部文章《今日的哥达纲领——评倒旗协议》在柳铁乃至全区全国引起了一场浩大的风波，整整延续了两个月。起初，是由批判无政府主义、派性、极左思潮开始的，照军管会"3.17"决定精神，它已经发展成为"反党反社会主义发毛泽东思想"的"三反"文章了，是"湖南省无联"反动纲领的翻版，"必须揪出黑手和黑后台"的反革命事件了。3月29日更是变本加厉，竟然置中央一再强调"不准把矛头指向革命小将"的指示于不顾，悍然抓捕了《今日的哥达纲领》的作者》肖普云。

那么，用军管会的话来说，在这"大是大非"面前，我们为什么还要保持缄默呢？

"我们现在不能再放任了。我们要开始向他们反攻。"

一、正确对待极"左"

有些人，他们口口声声高喊"打倒'极左'"，而又对什么是"极左"根本不知道。因此，在本文开始，我们来谈谈对"极左"的认识。

对于制定政策的人来说，有"右倾"和"左倾"路线的错误。对于群众运动来说，存在过火和越轨等偏差。所以所说的反"极左"，是对于那些制定政策的人而言。革命的历史表明，一个真正的马克思列宁主义者毕生任务就是"毫不妥协地同披着各种时髦外衣的机会主义路线作斗争"（列宁语）。革命的历史表明，"当我们党克服'右'的错误以后，容易产生'左'的错误，当我们党克服了'左'的错误，又容易产生'右'的错误。"（林彪语）

---

[11] 作者为刘洲林，柳铁一中高一学生。革命造反联合战队成员。

而如果我们所说的反极"左",是指的革命群众运动,那就大错特错了。这其实就是反对革命,反对造反,反对毛主席的革命路线。

的确,在群众运动中,往往会出现"过火""越轨"和极"左",我们说这是十分必然的事。一个真正的马列主义者,在群众极"左"的行动面前,总是首先以满腔的革命热情讴歌群众的无限的首创精神。事实证明,那站在敌人立场的人,才总是埋怨革命的人们"左"了,"过火"了,甚至不惜联合敌人来反对。

震惊世界的太平天国运动,不也是有人攻击他们"拳匪","乌合之众","杀人放火,""左"了吗?那么,要不要再来一个"反极左"运动呢?

伟大的湖南农民运动,不是也有人咒骂他们是"越轨""过分""痞子运动"吗?难道也要来一个什么反"极左"运动吗?

在党领导下的1958年大跃进,不是也有人攻击革命人民的干劲是"狂热性",是"左倾冒险主义",是"违反历史客观规律"吗?以中国赫鲁晓夫为代表的当时的右倾机会主义分子,不是也宣称要来一个"反右倾"吗?

革命的群众运动是天然正确的,在革命的群众运动中,不去热情歌颂革命人民的革命干劲,而泼妇骂街似的提出所谓"反左倾"的人,全然不是无产阶级革命派。

当代的列宁,我们的伟大舵手毛主席,始终以无产阶级的胆略和胸怀,满腔热情的歌颂和赞美革命群众的首创精神,说革命人民的斗争"表现了中国人民不甘屈服于帝国主义及其走狗的顽强的反抗精神,上述那些所谓过分的举动,都是由于农民在乡村中由大的革命热情鼓动出来的革命力量所造成的"。"所有一切所谓过分的举动,在第二时期都有革命意义。""矫枉必须过正,不过正不能矫枉"。(毛主席:《湖南农民运动考察报告》)

无产阶级文化大革命全部的简短历史表明,所谓"右"即保守思潮,是完全为党内一小撮走资派服务的,其本质就是力图把人们拉向资本主义道路,是整个文化大革命中必须批判的错误思潮。

当文化革命发展到今天，注意防"左"也是必要的，必须指出，犯有左倾思潮的同志，不管主观意识如何，发展下去，势必起到公开对抗毛主席伟大战略部署的地步去。

但是我们已经说过，少数左倾分子和大量的革命派的激烈行动是混在一起的。即使有左倾思潮的同志，尤其是青年学生，"不过是由于共产主义运动中的左派还只是一种刚刚产生的还很幼稚的思潮"，这些犯有错误的同志，抱有共产主义的革命热情，"这是一种非常可笑、可贵的革命精神。"，"应该爱护，应该竭力帮助"。这种思潮同右倾保守思潮比较起来，"其危害性不及后者千分之一"。（列宁：《共产主义运动中的'左派幼稚病'》）

二、正确对待革命小将

文化革命始终围绕的问题，就是如何正确对待革命群众，如何正确对待革命小将。

很显然，革命群众，尤其像我们这样刚刚登上政治舞台的青年学生来说，在阶级斗争的风浪中，难免要呛几口水，要犯这样那样的错误。但是，这是不足为奇的。毛主席的革命路线，就是始终信任群众，尊重群众的首创精神。而党内走资派和资产阶级反动路线的执行者，却总抓住群众运动中的枝节问题，捕风捉影，无限上纲，千方百计地力图把革命群众打成反革命

如何对待《今日的哥达纲领》作者及曾持有这些观点的同志，也是这种截然不同的路线斗争的反映。

诚然，《今日的哥达纲领》是有错误的，这些错误概括起来说就是：1.混淆了无产阶级专政条件下和非无产阶级专政条件下不同性质的革命；2.违背了毛主席的最新指示，不利于今天革命大联合的实现。

但是，"在历史的急剧转折关头，往往连先进的政党都在相当长的时间内不能理解局势而重复着旧的口号，这种口号昨天还是正确的，可是到今天已经失掉了意义，历史之急剧转变来得如此之突然，旧口号也是这样突然的丧失了它的意义。"（列宁语）

由于对主席最新指示学习得不够，对革命新形势理解不深，而犯了错误，本来也就不足为奇，只要认识就行，只要改正了就是好同志。

然而军管会不是这样做。明明知道只是一个红卫兵写的文章，却硬要谎报军情，欺上瞒下，要搞什么抓"黑手""黑后台"；明明知道作者肖普云已经认识到了自己的错误，却硬要显显自己的威风，把一个中学生五花大绑押送监狱。

这就不是什么简简单单的唯心主义的认识问题了，而是一场反革命事件。

我们和走资派们的看法针锋相对：我们从来不屑于要和作者划清什么界限不界限，我们是始终支持他的，同时又从团结的愿望出发，说明我们的意见和认识，这正是毛主席的红卫兵的革命原则。

列宁曾毫不隐瞒的指出，"马克思主义者对于那些不同程度上犯过错误的无产阶级革命战士，总是提出有好的善意的批评。""通过错误的例子说明俄国社会民主党应当学会避免这些错误。应当更严格的要求符合革命马克思主义的精神。"而当工人运动中的修正主义分子，工团主义者，自由取用革命者的缺点来恶意攻击革命运动，哗众取宠蛊惑人心的时候，列宁不止一次地用一个著名寓言来嘲笑和讽刺他们，"鹰有时飞得比鸡低，但鸡却永远飞不了鹰那么高。"鲁迅也说："有缺点的战士终究是战士，完美的苍蝇也终究是苍蝇。"

当代的列宁毛主席，更加明确的指出，要"要正确区分两类不同性质的矛盾，要分清延安和西安。"

请问柳铁军管会，你们究竟准备把柳州的"延安"和"西安"的界限，搅乱到什么程度呢？

三、"3.17"决定和"3.29"行动

柳铁军管会"3.17"决定下达后17天，出现了柳铁历史上空前的拘捕学生的反革命事件。

柳铁军管会"3.17"决定的本质，就是要揪出《今日的哥达纲领》的"黑手""黑后台"，这显然是要把群众性的批判《今日的哥达纲

领》，实现革命大联合三结合的高潮引入"揪黑手""黑后台"的歧途，是别有用心的。

鲁迅先生曾无情的嘲笑过那些扑风捉影的唯心主义论者："自己先立一个梦境，而即以这个梦境来污人，倘是无意未免可笑，倘是有意，便是可恶，卑鄙。"

也许有人会说，军管会的"3.17"决定、"3.29"是根据中央首长"3.9"指示的精神来的呀！

不对，同志们。在批判《哥达纲领》的时候，恩格斯对拉萨尔的宣传品有一段十分精彩的内容："在他们的宣传文章里，从马克思那里剽窃来的正确东西和拉萨尔自己并且通常是错误的议论，紧密的交织在一起，二者几乎是不可区分开来。"

对待军管会"3.17"决定也是这样。打着捍卫毛主席革命路线的幌子干着镇压学生的勾当，为资产阶级反动路线效劳；打着执行中央首长"3.9"指示的招牌，塞进自己为"3.29"反革命事件服务的私货。

究竟如何理解中央"3.9"指示呢？我们认为"3.9"指示的精神是：一、《今日的哥达纲领》是有错误的，甚至是反动的，我们必须批判；二、如果这是一个学生写的，可能是认识问题，改正了就好。三、假使有黑后台，就应当揪出来。

"3.17"决定，"3.29"行动，已经把"3.9"指示的革命灵魂践踏、歪曲得不成样子了。我们必须警惕地看到：有一小撮人正在靠曲解"3.9"指示过活，干着阴谋勾当。

"3.17"决定一次又一次的提醒人们，当前揪"黑手"，"揪后台"，这是大是大非问题；在"三月黑风"中，军管会一小撮走资派残酷镇压造反派，通令勒令满天飞，这是大是大非问题；去年"8.24"以后，有一小撮人疯狂炮打周总理，炮打党中央，这是大是大非问题；毛主席关于广西问题的"三个照办"下达后，还是那一小撮人炮打革筹，大揪孙凤章、郝忠云、伍晋南，妄图推翻新生的省革筹，以及后来广西342人所谓"报告书"，这也是大是大非问题。

在资产阶级司令部向无产阶级司令部猖狂反扑的每一个关键时刻,他们都或是默不作声,或是暗中助威,而对革命小将写的一篇文章,兴趣盎然,言之凿凿的肯定有黑手,黑后台,并且"要把这种斗争进行到底!"

我们不能不怀疑你们这次大规模行动的动机和后台。

我们十分忧虑地看着你们正在重蹈葛冲[12]之流的覆辙,大概一年多来无产阶级革命路线的东风没有把你们去年三月的酣梦吹醒吧。

柳铁地区面临着一派大好形势。"3.29"事件只不过是一股小小的逆流。但我们必须清醒地看到,全国各地两条路线斗争是紧密配合着中央内部两个司令部的激烈斗争的。随着谭震林的翻案,杨成武等人的反扑,柳州地区也出现了一个为"一卅"反革命事件翻案,为"1.25"假夺权翻案,为镇压红铁军翻案的反动逆流。在革命的大好形势下,革命每进入一个高潮,为了挽回自己失败的命运,阶级敌人总是十倍的疯狂,百倍的仇恨来反攻倒算,妄图颠覆历史。这是阶级斗争的普遍规律。在这个意义上说,"3.29"事件是一件好事。它用严酷的事实教育了善良的人们,阶级斗争是多么的曲折复杂。由于资产阶级反动路线的流毒还远远没有肃清,柳铁地区决心将无产阶级文化大革命进行到底的无产阶级革命派,肩上的担子还很重。即使革委会成立了,这种斗争也不会结束,而只是在新的时间和地点,以新的形式出现罢了。也许,当本文"出笼"之际,又是军管会大揪黑手、黑后台之时吧!

然而,所老实话,我们没有什么"黑手",我们只有伟大的舵手毛主席;我们也没有什么"黑后台",我们强硬的靠山是伟大的中国共产党和全国人民。

因而,我们压不垮,打不烂,骗不了,拖不散,我们无往而不胜。

今日向何方,直至武夷山下。山上山下,风展红旗如画。

最后让我们高呼:

---

[12] 葛冲,1967年春季柳铁地区军管会主任,后被调离。

打倒刘、邓、陶！

打倒杨成武！

打倒傅崇碧！

打倒余立金！

打倒谭震林！

粉碎右倾翻案黑风！

粉碎资产阶级反动路线的新反扑！

伟大领袖毛主席万岁！万岁！万万岁！

1968年3月29日

广西军区必须改组[13]

今年三月以来，在各种有关广西问题的事件中，中央越来越少地再提到广西军区了；从"6.13特急电"和"7.3"布告这两个伟大的文件里，人们更加明显地看到这样一个事实：中央解决广西问题，却不要广西军区参加！

这就是说，广西军区靠边站了。

这就是说，广西军区把好端端的一个广西搞得越来越糟，中央自己动手来收拾了，而广西军区呢，现在暂时"停职反省"，听候处理。

人们还记得，去年广西军区犯错误的时候，中央还给了它许多事情做：例如，接济首都医疗队一些药品，赶快搞好《广西日报》的机器。

今年，为什么广西军区连"戴罪立功"的机会都没有了呢？

---

[13] 本文作者系柳铁一中高三29班学生，革命造反联合战队常委。佚名。

这就是说，错误是严重的。在文化革命的第五个回合中又一次站错队，绝不能仅仅作一般的认识问题来处理。

这就是说，仅仅靠悔过和检查已经不再可以挽救广西军区，而需要以坚决彻底的革命精神来整顿它。

广西军区，必须改组。这已经是大势所趋，越来越显然的事情了。

我们竖看一年多来文化大革命的运动史，有哪一个地方，不是以军区的介入运动为大乱的顶峰，而以军区的彻底改组为胜利的基本告终？

军队是国家的根本，军区是地方政权的支柱。哪一个军区在镇压群众，哪一个地方的运动就必然局势不稳定，出现大反复；哪一个军区问题解决了，哪一个地方的革命委员会便在阶级斗争的凯歌声中胜利诞生。要想越过军区而解决问题，那简直是不可能的。

这便是我们向来坚持的基本观点。丰富生动的事实，无容驳辩的论据以及不可战胜的逻辑，有力地支持着我们的这些浅显的道理。

广西军区是以镇压群众运动开始了它在文化大革命中的政治生涯的。

调动数连军队镇压桂林老多，这是它登上政治舞台的开始。那时候，一个洪钟般的声音就在警告它："镇压群众运动的人绝没有好下场！"可是它仍然执迷不悟，我行我素。

去年一月，在广西军区正式介入运动的时候，当时区、市、县各级旧党委的领导在强大的群众运动洪流的冲击下，都已经完全瘫痪了，广西军区实际上成了广西的权力在握者。本来，它应该按照中央的期望，带动它属下的各地人武部坚定地支持革命造反派的一月夺权斗争，迅速建立新生的革命委员会以代替瘫痪了的各级旧党委。但是它没有这样做，它统领着各县市人武部，继承了旧区党委的衣钵。接着在"二月逆流"里，它便扮演了一个很不光彩的角色。

"二月逆流"的要害是什么？就是否定无产阶级文化大革命，复辟资本主义。人民群众是历史的创造者，肯定者，推动者，正是亿万革命群众创造了文化大革命的历史。一小撮死不悔改的党内走资派和阶级敌人要否定、颠倒历史,要复辟资本主义,就必然要首先否定革命群众,镇压革命的群众运动。因此,"二月逆流"的最集中表现就是对革命群众的残酷迫害与疯狂镇压。在南宁,是广西军区砸了广西工总,强行解散了红总、八·三一等红卫兵组织,以后,他又连连对四·二二造反派发出"忠告""警告""通告"书,盗用人民解放军的声誉,不顾广大革命群众的意愿,演出了世界上最难看的一幕抬韦[14]丑剧。在抬韦的幌子下支一派压一派,"从而影响了各军分区和各市、县人武部,给南宁以及整个广西的文化革命造成了很大曲折和严重损失"。在广西军区的影响下,柳州军分区逮捕了刘占云,取缔了红铁军,在梧州、钦州、百色、玉林,没有一处不沉浸在对四二二战士的大搜捕、大迫害的狂热里!对创造了历史的人民群众,对在文化大革命中建立了丰功伟绩的革命造反派进行如此的否定和镇压,怎么能不使运动出现巨大的反复呢?

"二月逆流"是广西文化大革命中的一个大反复,这个责任该由广西军区来负。在标志着四二二战士反击"二月逆流"的斗争取得了胜利,对"二月逆流"的种种问题做了定论的《广西军区检查》里承认这次大反复,"责任在军区党委"。斗争的一次反复可以教育千百万群众,"二月逆流"使人们懂得了,广西问题的根底在那里,应该怎样去斗争。

金光灿灿的三个"照办"下达了,这里面包含着四·二二战士多少艰苦卓绝的斗争!"三个照办"宣告广西谭震林式的人物掀起的"二月逆流"彻底破产,韦国清、广西军区在第三个回合的较量中完全失败!三个"照办"决定,"建立由韦国清、欧致富、魏佑铸、孙凤章、焦洪光、郝忠云、王斌、安平生同志以及革命群众组织代表参加的广西壮族自治区革命委员会筹备小组。"中央当时期望,广西能像其他的地方一样,在三个回合决战之后,能够建立革命的新秩序,搞好广西地区的斗批改。

但是阶级斗争的规律并不能由人们的愿望来决定,一切没落的敌人在灭亡之前总要顽强地表现自己。从"三个照办"下达的那一天

---

[14] 指支持坚持资产阶级反动路线的韦国清站出来。

起，广西的变色龙、小爬虫就刮起了一股猛烈的右倾翻案妖风，广西的文化大革命又五次出现了空前规模的大反复。

这场围绕广西政权问题展开的激战，争夺的焦点，是捍卫还是推翻"三个照办"，集中的表现，仍然是对广大革命群众是保护还是镇压。这次反复的根源，同样出自广西军区。通过镇压革命群众，企图推翻"三个照办"，以达建立资产阶级政权之目的，这是广西军区一些死不悔改的党内走资派的如意计划，它也确实这样去干了。请看：

"三个照办"指出：广西两派都是"革命群众组织"，"两派要在毛泽东思想的原则基础上，团结起来实现革命的大联合"，广西军区吴华副司令员说："一派是保皇，一派是牛鬼蛇神，没有大联合的希望"。[15]

"三个照办"中的"十条协议"规定：各级领导班子"应吸收两派对等人员和革命领导干部参加"，广西军区政委魏佑铸说："不一定对等"[16]，韦国清则更为"大方"地说："联指人多，出多少人都可以"。[17]

"三个照办"通知，"广州军区、广西军区并转各群众组织，现将韦国清同志在文化大革命中所犯错误的检讨发给你们参阅"，广西军区政委魏佑铸愤愤地说，这是想把韦国清的检讨"作为线索来搞资产阶级反动路线"！[18]

"三个照办"说，"（广西）军区对支左工作中发生的一些错误和缺点所作的检查是深刻的，中央同意这个检查"，广西军区的三百四十二名支左干部却说《广西军区检查》"检查不全面"，是"应付过关""瞒着广西军区党委的多数成员、由少数几个人包办"写出来的，必须"坚决抵制""彻底批判"。

《广西军区检查》承认："军区支持了一派，压制了另一派，犯了方向路线错误，并且影响了各军分区和各市、县人武部，给南宁以

---

[15] 见欧致富、吴华1968年2月26日接见融安联指控告团时的讲话。
[16] 见魏佑铸2月13日接见广西大联筹工作人员时的讲话。
[17] 见韦国清1968年4月24日和联指常委的讲话。
[18] 见魏佑铸2月13日接见广西大联筹工作人员时的讲话。

及整个广西的文化大革命造成了很大曲折和严重损失",广西军区司令员欧致富却明目张胆地硬说,"我们支持'联指',屁股没有坐错"![19]政委魏佑铸也叫嚷什么我们犯的错误"与两派无关""绝对不能说军区犯了错误,所有的军分区、人武部都犯了错误。"[20]

事实俱在,不容抵赖,广西各地推翻"三个照办"的右倾翻案风,就是这样地策源于广西军区,由军区极少数人一手导演出来的。

这股右倾翻案妖风和否定"三个照办"的企图,遭到全区广大四二二战士的最坚决抵制。"战争是政治的另一种手段的继续",于是广西一小撮变色龙、小爬虫在政治上继续不下去的时候,开始诉诸武力进攻了。

首先,他们亲自出马,四处游说,大造舆论;支一派压一派,"吹捧一部分人,攻击一部分人。"他们称赞联指说,"他们是天然的左派"[21]"对我们支持很大"[22];他们诬蔑"造反大军坏人多","国民党军官多""造反大军吹牛皮""影响生产"[23];甚至干脆赤裸裸地说,"他们(指四二二)指挥部不行!"[24]杀气腾腾露骨地声称,他们要带领群众"打个硬仗",并且"一打就要打翻在地、全线崩溃,不能让他们又翻身!"[25]

接着,他们在"踏平四二二,成立革委会"的口号下进行了武斗的组织准备。他们关切地对联指说,民兵集中起来,"够不够人家打?""你们现在力量散了,你们把力量组织好",要"组织群众,保卫自己",我们"给你们发枪"![26]

就这样,一场血腥的大屠杀在全区开始了。当四二二战士被从一个又一个的县城里赶出来的时候,是军区的要人们心满意足地在扳

---

[19] 见欧致富1968年2月27日接见南宁联指《红色铁路》代表的讲话。
[20] 见魏佑铸2月13日接见广西大联筹工作人员时的讲话。
[21] 见欧致富、吴华1968年2月26日接见融安联指控告团时的讲话。
[22] 见韦国清1968年4月24日和联指常委的讲话。
[23] 见欧致富、吴华1968年2月26日接见融安联指控告团时的讲话。
[24] 见魏佑铸1968年3月29日在广西大学的讲话。
[25] 见韦国清1968年4月24日和联指常委的讲话。
[26] 见欧致富、吴华1968年2月26日接见融安联指控告团时的讲话。

着手指头叨叨,"全区八十六个县市已经有七十二个县市成立了革委会"……

就这样,在四二二战士的尸骨上,军区的要人们建立起一个又一个的资产阶级派委会!

谁是这场右倾翻案风的罪魁祸首?是谁策划了这场全区大规模的屠杀?是混进广西军区内的几个变色龙!这个结论,有哪一个能推翻得了吗?!

有人说:"对当前某些地区发生的武斗,有的人说是什么是军分区、人武部挑动和指挥的。这种说法是极端错误的、别有用心的"。[27]

那么,对于以上种种,我们请问:对于以上我们所列举的铁铮铮的事实你们抵赖得了吗?

还有,像你们以柳州警备司令部的名义发出的那样挑动农民进城、制造大规模武斗的"4.12"责令,你们否认得了吗?

调动数个专区、十余县武装民兵来围剿柳铁工联和柳州革命造反大军,这又是一般人所能做到的吗?

康生同志说:"农民不会无缘无故的进城,各地的规律是军分区、人武部的动员。凡是动员农民进城,大体都是军分区、人武部搞的,大家对这点不要怀疑。"照你们的话来说,那么康老难道也成了"别有用心"?

我们柳铁的文化大革命和运输生产也是你们一手破坏的。柳铁犹如广西的骨骼、动脉和神经,抓住了柳铁,就等于抓住了广西的精粹。因此周总理说:"死不悔改的走资派、社会上的牛鬼蛇神搞破坏,首先就要破坏铁路交通。"在把地方的武斗引入铁路后,你们"做了很多说服工作",动员钢联指撤往柳北,致使柳局的运输生产瘫痪;你们甚至以广州军区司令部的名发布通知,命令各地的武装民兵在铁路沿线"设置关卡","对来往人员和车辆进行检查"。正如中央首长六月十七日所说的那样,"全国铁路断这么长时间的车还没有过",

---

[27] 见韦国清1968年3月21日代表区革筹小组在南宁两派举行的大会上的讲话。

"你们要负完全责任"！

康生同志说："凡是军队亲一派、疏一派的地方必然反复大，局势不稳定"。这不是把广西问题的根源，清清楚楚地说出来了吗？

铁案如山，罪证俱在，广西和柳铁文化大革命这一次出现的空前反复，广西军区要负完全责任！

为什么说广西军区是前阶段右倾翻案和反革命大屠杀的主角？因为它掌握着广西的实权。只有它，才有能力掀起这样巨大的逆流；只有它，才能够使得广西的文化大革命出现这样空前的反复。

广西革筹小组的成立，是带有军管性质的，九个成员中，七个是军人。身居革筹第一、二、三位的都是原来在广西军区稳坐头几把交椅的人。

在全区资产阶级派委会尚未成立的时候，广西革筹推行的右倾机会主义路线，是依赖着广西军区在各地的层层机构军分区、人武部来实施的；当资产阶级派委会突然像厕所里的蛆爬出来，在一个早上布满全区之后，各地军分区、人武部的头面人物都摇身一晃，纷纷地变成了革委会的正副主任。所谓"新生红色政权"还软弱得很，它们完全靠着仰仗当地军分区、人武部的鼻息才能过活。这些地方武装部门的当权者，有相当人数是一些思想没有改造好的分子，他们是地方上的一霸；是资产阶级反动路线最忠实、最有力的执行者，广西军区正是靠了这些人，才得以维持它根深蒂固的统治。请设想一下，不对这些地方武装部门进行彻底的整顿和改造，根本触动不到这些刘、邓、陶在广西地方上的代理人，要取得广西文化大革命的全面胜利，难道是可能的事情吗？

鹿寨县"革委会"派遣武装民兵来柳州围剿四二二造反派战士，是鹿寨县人武部部长张春峰的命令；

在西线一带拦截、搜查、袭击列车、带着"洛满区革命委员会纠察队"袖章的，是柳江县人武部的武装民兵。

事实充分证明，这些军分区、人武部的权力大得很，他们是各地资产阶级政权的支柱，是广西军区推行右倾机会主义路线的执行者。

广西军区在文化大革命的第五个回合中又一次犯了严重的方向、路线错误，这是有它深刻的历史根源和一定的社会基础的。对于以前所犯的历史错误，广西军区并没有很好的吸取教训，没有用毛泽东思想来分析自己，分析群众，彻底纠正自己对群众的错误态度。去年第八次接见时，周总理指示广西军区回去后"要把所有的干部、战士教育好"；军分区、人武部要"根据军区检讨的错误来审查自己的工作。"但是广西军区没有照办，军区负责人不但不肃清自己对各军分区、人武部的错误影响，反而带头翻"三个照办"的案，翻《军区检查》的案，这就是它重犯错误的历史根源。广西军区的所为，正好迎合了各地军分区、人武部一些坚持资产阶级反动路线，在一月革命，二月逆流中对群众深怀不满，不愿认错的人的心理，加上死不悔改的党内走资派和联指坏头头，这一切，便构成了广西军区大规模右倾翻案活动的社会基础。因此，把希望仅仅依赖在中央对广西的资产阶级派委会的表态上是不行的，事情并没有这样简单，这些人不会一下子认错，也不会一下子垮台；即便会，一纸检查和表面的转向也不能真正解决问题，这已经为历史的教训所证明。那么，办法只有一个：把这些顽固分子集中起来整训，撤一批，换一批，该调职的调职，该清洗的清洗，彻底、坚决地改组广西军区！

武汉军区镇压群众，武汉军区被改组了；

河南军区镇压群众，河南军区被改组了；

在《中共中央关于处理江西问题的若干决定中》中央指出："江西省军区及军分区的某些领导人在支左工作中，违背了毛主席的无产阶级革命路线，犯了严重的方向、路线错误，支持了保守派，镇压了革命派，并挑动农民进城参加武斗，切断交通"，"大发枪弹给保守派，镇压了革命派"，"对革命造反派和红卫兵小将进行了武装镇压"，"为此，中央决定改组江西军区"，江西广西，何其相似，谁敢说江西军区的命运，不会是广西军区的将来呢？

"群众是真正的英雄"，古今中外，凡是镇压群众运动的人都没有好下场。前车之鉴，本不该重蹈的，可是广西军区不听中央的劝告，不接受群众的帮助，不吸取前面的教训，一意孤行，自以为是，到今天，已经深深地陷入资产阶级反动路线的泥潭里不能自拔，那么，它又会有什么好的结局呢？

从派兵武装弹压"桂林老多"，到挑动农民进城大搞武斗，一年多来，广西军区背离毛主席的革命路线越来越远了。它自己的行动在广西文化大革命中写下的历史，是一部镇压革命群众的历史。

毛主席最新指示告诉我们，"对广大人民群众是保护还是镇压，是共产党和国民党的根本区别。是无产阶级和资产阶级的根本区别，是无产阶级专政和资产阶级专政的根本区别。"广西军区在某些负责人的把持下，始终镇压群众，说明他在对待群众这个基本问题上和共产党、和无产阶级有根本的区别，他所执行的专政是资产阶级专政，摧毁混进无产阶专政机构里的党内走资派所执行的资产阶级专政，正是这次无产阶级文化大革命的重要目的——

现在，必须彻底改组广西军区。

（原载广西"四二二"柳铁《工机联战报》1968年7月17日第45期）

附四：柳州铁路局革命委员会斗批改小组关于批判《今日的哥达纲领》等六篇大毒草的通知

最高指示

凡是错误的思想，凡是毒草，凡是牛鬼蛇神，都应该进行批判，决不能让它们自由泛滥。

通　知

为了彻底揭露阶级敌人的阴谋活动，深入开展革命的大批判，现将中国赫鲁晓夫为首的党内最大的一小撮走资派及其在广西和柳铁的代理人贺、霍、傅、谢、袁、张炎等，操纵[1]"广西四二二""柳铁工机联"中的反革命分子及其坏头头所炮制的反动黑文《今日的哥达纲领》《今日向何方》《广西革筹必须转向》《二论广西革筹必须转向》《广西军区必须改组》《必须全盘否定广西资产阶级派委会》等大毒草转发给你们，仅作批判时参考。

毛主席教导我们说："凡事要推翻一个政权，总要先造成舆论，总要先做意识形态方面的工作。革命的阶级是这样，反革命的阶级也是这样。"这些大毒草的出笼绝不是偶然的，是张炎一小撮阶级敌人蓄谋已久的为复辟资本主义、颠覆无产阶级专政先做舆论准备，是有组织、有计划、有目的的炮制出来的，也是张炎之流一小撮阶级敌人的反动本质的大暴露。

毛主席又教导我们说："人民靠我们组组织。中国的反动分子，靠我们组织起人民去把他打倒。凡是反动的东西，你不打，他就不

---

[1] 此处所说"操纵"，完全是想当然和莫须有，几篇文章，全部是学生独立完成。

倒。这也和扫地一样，扫帚不到，灰尘照例不会自己跑掉。"望各级革命委员会、革命领导小组、大联委充分发动群众，高举毛泽东思想伟大红旗，用毛泽东思想的照妖镜深入的揭发批判，从政治上、组织上、理论上、把它批深批透，批倒批臭，彻底肃清其流毒。

柳州铁路局革命委员会斗批改小组。

1968 年 9 月
（注意保管 用完销毁）

www.ingramcontent.com/pod-product-compliance
Lightning Source LLC
Chambersburg PA
CBHW052045220426
43663CB00012B/2450